Het Churchillcomplex

Van Ian Buruma verschenen eerder

Oosterse Arcadiën
De spiegel van de zonnegodin
Anglomanie
Occidentalisme (samen met Avishai Margalit)
De toekomst van China
Dood van een gezonde roker (*Moord in Amsterdam*)
Dromen van China
Het circus van Max Beckmann en andere essays
God op zijn plaats
Het loon van de schuld
Slechte elementen
1945
Hun beloofde land
Tokio mon amour

Ian Buruma

Het Churchillcomplex

Opkomst en ondergang van de Anglo-Amerikaanse orde

Vertaald door Arthur Wevers

Uitgeverij Atlas Contact
Amsterdam/Antwerpen

Eerste druk oktober 2020
Tweede druk oktober 2020

Oorspronkelijke titel *The Churchill Complex. The Curse of Being Special, from Winston and FDR to Trump and Brexit*
Oorspronkelijke uitgeverij Penguin Press
Omslagontwerp Zeno
Omslagbeeld Getty Images
Foto auteur Merlijn Doomernik
Ontwerp typografie binnenwerk Wim ten Brinke
Drukkerij Wilco

ISBN 978 90 450 4190 2
D/2020/0108/766
NUR 695/697

www.atlascontact.nl

FSC
www.fsc.org
MIX
Papier van verantwoorde herkomst
FSC® C004472

Voor Hanca

Inhoud

1

Het teken van de overwinning

Ik denk dat God in zijn oneindige wijsheid en kennis het Angelsaksische ras voorbereidt op een uur dat zeker zal aanbreken.[1]

Eerwaarde Josiah Strong, 1885

Na de oorlog zullen we in een Anglo-Amerikaanse wereld leven. Er zullen andere grote mogendheden zijn, maar de ideeën waarvoor Engeland en Amerika hebben gestreden en gezegevierd en de instellingen die deze schragen, zullen de beginselen zijn waarop het Westen zal steunen.

Cyril Connolly

Ik heb Winston Churchill een keer gezien. In 1958, op mijn zevende verjaardag. Mijn grootouders hadden mijn zusje en mij meegenomen naar *Peter Pan* in het Scala Theatre in Londen. Sarah Churchill speelde de rol van Peter, wanneer ze tenminste niet te dronken was om te acteren. Ze speelde die rol ook vaak als ze dronken was. Een keer kwam ze ongemakkelijk neer nadat ze slingerend aan een koord over het toneel was gevlogen en zei ze hoorbaar: 'Fuck!'

Zoiets gebeurde niet toen wij er waren. Als dat wel zo

was, kan ik me dat in elk geval niet herinneren. Maar het moment waarop Sarahs vader arriveerde staat me nog duidelijk voor de geest. De herinnering is een soort audiovisueel waas: een bleek gezicht in de schijnwerpers, een mollige hand die tevoorschijn komt uit een bonten mof en het v-teken maakt, en alle mensen om me heen, onder wie mijn zeer patriottische Britse grootouders, die uitbundig beginnen te applaudisseren. (Dat van die bonten mof weet ik alleen door de foto die de volgende dag in de kranten stond.) Mijn grootouders waren Joods en waren ervan overtuigd dat Churchill hun leven had gered. De uitbundigheid van dat ogenblik, de glanzende ogen en het wilde gejoel voor een oude man in een theaterloge zijn me altijd bijgebleven. Het was alsof ik volwassenen zag die zich als onstuimige kinderen gedroegen, wat eigenlijk wel paste bij het verhaal van Peter Pan, de jongen die niet volwassen wil worden.

Waarschijnlijk had ik slechts een vaag idee wie Winston Churchill was. Maar overblijfselen uit de oorlog waren nog overal te zien: bomkraters vol water in Londen, dronken soldaten van het Britse Rijnleger die stonden te kotsen op de boot van Hoek van Holland naar Harwich en een gestaag dieet van Britse stripboeken vol zwierige Spitfire-piloten en beestachtige Duitsers. Thuis in Den Haag, waar ik ben geboren als kind van een Nederlandse vader en een Engelse moeder, maakte ik Airfix-bouwmodellen van Lancaster-bommenwerpers. En op familiefeestjes in Engeland spraken Britten de buitenlanders nog altijd toe op de beleefde maar neerbuigende toon die het volk dat net zijn *finest hour* had meegemaakt aansloeg tegen degenen die zich indertijd aan de Duitsers hadden overgegeven.

Mensen van mijn leeftijd beleefden de recente geschiedenis – ik ben maar zes jaar na de oorlog geboren – grotendeels als een mythe waarin Churchill een belangrijke rol speelde. We kregen een dag vrij van school om naar zijn uitvaart te kijken op de tv (nog in zwart-wit natuurlijk). Daardoor werden we er alweer aan herinnerd dat we van de Duitsers waren bevrijd door mensen die Engels spraken. De Canadezen hadden het werk in het voorjaar van 1945 afgemaakt, maar Amerikaanse en Britse troepen waren al in 1944 met de Canadezen het zuiden van het land binnengetrokken en in de herfst van datzelfde jaar bij de Rijn gedropt voor de rampzalige Slag om Arnhem. Ook Poolse troepen hadden een heldhaftige rol gespeeld, maar dat was niet algemeen bekend. De taal van de vrijheid was Engels. In het huis van mijn grootouders in Nijmegen werden Canadese troepen ingekwartierd. Vrouwen dansten met hun bevrijders op de klanken van 'In the Mood' van Glenn Miller. Soldaten deelden met gulle hand Hershey-repen en zijden kousen uit in ruil voor gunsten die hun vaak sowieso wel waren verleend. En niemand zou ooit vergeten dat Britse en Amerikaanse bommenwerpers in de Hongerwinter zakken meel, cornedbeef, margarine en kauwgum boven de hongerende bevolking hadden gelost.

Mijn beeld van de bevrijding van Europa was net als dat van de meeste van mijn leeftijdgenoten grotendeels op films gebaseerd. Sommige van de beelden uit die films zijn onvergetelijk, maar niet zozeer door hun artistieke kwaliteit of hun historische nauwkeurigheid. Wanneer ik naar *The Longest Day* kijk, Darryl Zanucks Hollywood-docudrama over de landing op D-Day, krijg ik nog altijd tranen in mijn ogen. Alle Anglo-Amerikaanse stereotypen zijn vertegenwoordigd: Robert Mitchum, de typisch Amerikaanse macho die zijn manschappen voorgaat op Omaha Beach met een grote sigaar in zijn mond, Sean Connery als kranige Schotse soldaat, Peter Lawford als Lord Lovat, die wordt begeleid door zijn eigen doedelzakspeler – het hele idee van iemand die doedelzak blijft spelen terwijl hij door de Duitsers onder vuur wordt genomen is al genoeg om in snikken uit te barsten –, John Wayne, die in Normandië wordt gedropt om orde op zaken te stellen, en Kenneth More, de onverstoorbare kapitein van de Royal Navy die door de branding waadt met zijn buldog, Winston.

Het spook van Churchill waarde tijdens mijn jeugd dus rond in Den Haag, maar zijn aanwezigheid was nog duidelijker voelbaar in Washington en bleef daar ook veel langer hangen. John F. Kennedy, George W. Bush en latere presidenten namen de grote oorlogsleider als voorbeeld en droomden ervan in zijn voetsporen te treden als redders van de democratie. Ze moesten voldoen aan de verwachtingen die door zijn heroïsche mythe waren gewekt.

De aura van Churchill bleef zo hardnekkig standhouden dat er in 2016 zelfs een politieke rel om zijn buste in het Oval Office ontstond toen Donald Trump daar zijn intrek zou nemen. Het personeel van Trump plaatste met veel bombarie een borstbeeld van Churchill in het kantoor en beweerde dat president Obama dat had vervangen door een beeldje van Martin Luther King Jr.

Boris Johnson – de Britse politicus die zijn warme gevoelens voor Trump nooit onder stoelen of banken heeft gestoken, een oppervlakkige hagiografie van Winston Churchill schreef om vleiende vergelijkingen met de auteur te ontlokken en later premier van Groot-Brittannië zou worden – schreef deze 'verwisseling' toe aan een 'voorouderlijke afkeer van het Britse Rijk'.[2] Het beeld dat Obama had vervangen was in werkelijkheid door Tony Blair uitgeleend aan George W. Bush toen een oudere buste van Churchill, die ooit door Groot-Brittannië aan Lyndon B. Johnson was geschonken, werd gerestaureerd.

Obama had de nieuwe buste netjes teruggegeven toen de oude eenmaal was gerestaureerd. Nu prijkt de oude buste achter het bureau van Trump, wiens grimas je zou kunnen zien als een poging tot churchilliaanse gewichtigheid.

In de Verenigde Staten was en is Churchill veel populairder dan zijn land ooit is geweest. Hij werd zelfs vereerd door presidenten die bepaald niet dol op de Britten waren. Daarvoor is een aantal mogelijke verklaringen te vinden. In bloemrijke toespraken die hij overal in de Verenigde Staten hield, gaf Churchill geregeld uiting aan zijn (latere) sentimentele gevoelens voor het geboorteland van zijn geliefde moeder, Jennie Jerome uit Brooklyn, New York. Amerikanen uit een bepaald milieu voelden zich waarschijnlijk wel aangesproken door zijn frequente verwijzingen naar 'de Engelssprekende volkeren' en Angelsaksische 'broeders en zusters'. Maar de aantrekkingskracht van Churchill schuilt volgens mij voornamelijk in de mythe die ook mijn jeugd heeft gekleurd en nauw aansluit bij het idee dat de meeste Amerikanen over zichzelf hebben: het baken van de vrijheid, het uitverkoren land dat de wereld heeft bevrijd van dictators. Churchill was weliswaar slechts half Amerikaans, maar werd wel het symbool van deze strijd tegen de tirannie. De kop van Churchill is het symbool geworden van het Anglo-Amerikaanse zelfbeeld: koen en onversaagd.

Er is een ander spook dat, net als dat van Churchill, nog steeds in Washington rondwaart, en trouwens ook in Londen. De twee zijn nauw met elkaar verbonden. Dat is het spook van München, de stad waar de Britse premier Neville Chamberlain in september 1938 een verdrag met Hitler tekende waardoor Duitsland straffeloos een stuk van Tsjecho-Slowakije kon annexeren. Chamberlain meende dat hij *peace for our time* had gekocht, 'vrede voor onze tijd'. In het parlement noemde Churchill het verdrag een 'complete en regelrechte nederlaag'. Hij dacht dat Groot-Brittannië telkens opnieuw deze 'bittere beker' gepresenteerd zou krijgen zolang het land zijn 'morele gezondheid en krijgshaftige moed' nog niet had herwonnen en was herrezen om 'net als voorheen op te komen voor de vrijheid'.

Het zou kunnen dat, zoals sommige mensen beweren, Hitlers drang om Europa te veroveren inderdaad zou zijn gefnuikt als Groot-Brittannië en Frankrijk in 1938 niet waren gezwicht. Anderen betogen nog altijd dat Chamberlain geen keuze had omdat Groot-Brittannië niet klaar was voor een oorlog met Duitsland, en de Verenigde Staten er beslist niet bij betrokken wilden raken. Maar de overlevering die nog altijd in politieke toespraken wordt herhaald en in films wordt verheerlijkt, is dat Chamberlain een kortzichtige en lafhartige *appeaser* was en Churchill de grote held. Sinds die tijd wordt, telkens wanneer er een buitenlandse crisis dreigt, of het nou bij het Suezkanaal, op de Falklandeilanden of in Korea, Vietnam, Bosnië of Irak is, het spook van München opgeroepen door Anglo-Amerikaanse leiders die de geschiedenis in willen gaan als Churchill en niet als Chamberlain.

Churchill wordt vaak beschouwd als de bedenker van de uitdrukking *Special Relationship*, de Bijzondere Relatie. Hij heeft de uitdrukking in elk geval populair gemaakt, al was het alleen maar om de Amerikanen over te halen om Groot-Brittannië bij te staan tijdens de hachelijke beginjaren van de Tweede Wereldoorlog. Hoewel Churchills mythische geest nog altijd voortleeft in het Witte Huis was de band tussen de Verenigde Staten en Groot-Brittannië voor Londen altijd al specialer dan voor Washington. Gezien de groeiende kloof in relatieve macht en invloed tussen de beide landen was het ook onvermijdelijk dat het daarop zou uitdraaien. Naarmate de macht van Groot-Brittannië afnam, werd het vasthouden aan de Bijzondere Relatie voor de Britten steeds meer een manier om te blijven geloven dat de gloed van hun glorietijd onder Roosevelt en Churchill niet helemaal was gedoofd. Britse leiders waren dan misschien wel veroordeeld tot het spelen van een steeds kleinere en soms zelfs vernederende rol van de verarmde maar wereldwijze Grieken in het Amerikaanse Rome, maar ze hadden daardoor in hun eigen ogen althans wel recht op een betere plek aan tafel dan de andere Europeanen.

De verziekte relatie tussen Groot-Brittannië en het Europese continent, die op het moment van schrijven is uitgelopen in verbitterde onderhandelingen over de brexit, is deels het gevolg van het Britse nostalgische verlangen naar de Bijzondere Relatie. Churchill zelf heeft zich in 1946 uitgesproken voor een verenigd Europa (hoewel hij in het midden liet in hoeverre Groot-Brittannië daarbij betrokken moest zijn) maar door zijn spirituele nalatenschap is het voor Groot-Brittannië wel moeilijker geworden om zichzelf te zien als een Europees land dat op gelijke voet staat met Duitsland of Frankrijk, en om zijn eigen plaats te vinden in de gemeenschappelijke Europese politieke en financiële instellingen.

Je kunt het verhaal over de Bijzondere Relatie die Groot-Brittannië en de Verenigde Staten met elkaar hebben onderhouden, vanaf het moment dat ze hun krachten bundelden in de Tweede Wereldoorlog, vanuit verschillende hoeken belichten. Je zou de nauwe samenwerking tussen de Britse en Amerikaanse inlichtingendiensten kunnen beschrijven. Je kunt het ook hebben over de oprichting van internationale financiële instellingen als het

Internationaal Monetair Fonds en de Wereldbank. Een van de dingen die Churchill en Roosevelt in hun Atlantisch Handvest van 1941 hadden beloofd, was 'wereldwijde economische samenwerking'. De strijd tegen Hitler, het fascisme en het Japanse Keizerrijk was een internationalistische onderneming. De naoorlogse orde, die in de Koude Oorlog zijn vaste vorm kreeg, is door Groot-Brittannië en de Verenigde Staten geschapen om democratieën tegen hun despotische vijanden te beschermen. Er werden ook heel wat uiteenlopende anticommunistische despoten gesteund, maar zolang ze de Anglo-Amerikaanse belangen dienden werd dat in Washington en Londen over het algemeen als een noodzakelijke vorm van hypocrisie gezien.

Dit boek is echter geen verhaal over instituties. Ik heb ervoor gekozen om over de ontwikkeling en erosie van een idee te schrijven, over de Anglo-Amerikaanse mythe waarmee ik ben opgegroeid. Alle Amerikaanse en Britse leiders zijn beïnvloed door de geschiedenis van de Tweede Wereldoorlog, zelfs degenen die nog niet waren geboren op het moment dat Roosevelt en Churchill het Atlantisch Handvest opstelden. Het verhaal van deze leiders en van hun onderlinge relaties is ook het verhaal van hun respectieve landen en van de manier waarop ze de rest van de wereld hebben beïnvloed, zowel in het Westen als het Oosten.

Ik geloof dat deze gedeelde mythe zowel een zegen als een vloek is geweest. De geschiedenis kan inspireren, maar ook tot verwarring leiden. Het verhaal over het oorlogsbondgenootschap dat met de onmisbare hulp van Stalins Rode Leger Hitler heeft verslagen en na meer dan een halve eeuw vrede en welvaart in het Westen eindigde in het ontluisterende en gevaarlijke gebral en zelfbedrog van Trump en de brexit, stemt tot treurigheid. Ondanks al hun gebreken werden Groot-Brittannië en de Verenigde Staten ooit als een lichtend voorbeeld van openheid, liberalisme en ruimdenkendheid gezien. Beide Engelstalige landen voldeden zeker niet altijd aan deze idealen, maar boden wel hoop voor wat de in Hongarije geboren schrijver Arthur Koestler ooit 'de inwendig gewonde veteranen van het totalitaire tijdperk' noemde.

Inmiddels hebben de internationalistische idealen die waren vastgelegd in het Atlantisch Handvest – misschien slechts voorlopig – plaatsgemaakt voor populistische hetzes tegen immigranten, een vechtscheiding tussen Groot-Brittannië en Europa en een Amerikaanse president die graag een grote muur wil bouwen om asielzoekers en immigranten buiten de grenzen te houden. Enoch Powell, een Britse conservatieve politicus die veel verwerpelijke meningen huldigde, heeft ooit de verstandige opmerking gemaakt dat alle politieke carrières in een mislukking eindigen 'omdat dat nu eenmaal eigen is aan de politiek en de mens'. Je zou hetzelfde kunnen zeggen over landen die ooit glorierijk waren. Dat maakt de hoop die zij boden niet minder bewonderenswaardig.

2
Bloed en geschiedenis

> Engeland is het aan zijn stand verplicht andere naties te leren hoe ze moeten leven.
>
> John Milton (tegen het parlement)

Voor de Tweede Wereldoorlog waren de Britten en Amerikanen niet echt dikke vrienden. Er waren ook weinig mensen die het zich konden permitteren om de Atlantische Oceaan over te steken. De historische wonden – de Boston Tea Party, de onafhankelijkheidsoorlogen, 1812 – waren misschien niet meer heel vers, maar in Amerika nog zeker niet vergeten. De Verenigde Staten hadden zich tijdens de Eerste Wereldoorlog in 1917 weliswaar als 'aangesloten mogendheid' bij de Geallieerden gevoegd en meer dan vijftigduizend soldaten geofferd op de Europese slagvelden (er overleden er nog eens zestigduizend aan ziektes, vooral door de griepepidemie van 1918), maar veel Duitse en Ierse Amerikanen en anderen die niet van Britse afkomst waren, waren terecht verbitterd omdat ze in eigen land als verdachte buitenlanders werden beschouwd. De bekende Amerikaanse journalist H.L. Mencken, die nog Duits sprak met zijn ouders, was hierdoor zo gekwetst dat hij later de strijd met Hitler-Duitsland als niets anders dan 'Roosevelts oorlog' wenste te beschouwen.

Er bestond natuurlijk ook anglofilie in Amerika, maar net als in Europa was dat vooral een soort snobisme, het na-apen van de manieren van de hogere standen, vooral populair onder de elite in Boston, Philadelphia of Washington, het soort mensen dat hun zonen naar kostschool stuurde en later naar de Ivy League-universiteiten. In zijn *History of the American People* (1902) prees Woodrow Wilson, een zuiderling van Schots-Ierse afkomst en de man die zijn land de Europese oorlog in loodste, de bijzondere deugden van 'het zelfredzame Engelse ras'.[1] Dit uitzonderlijke ras, zei hij dweepzuchtig, dat de geslepen Fransen te slim af was geweest, voorzag de Nieuwe Wereld van de noodzakelijke ruggengraat. Toen de oorlog in 1918 eenmaal was gewonnen, was Wilson gegriefd over de binnenlandse kritiek dat hij zich te gemakkelijk door de Britse belangen had laten leiden. Daarom temperde hij zijn eerdere gevoelens bij een overwinningsbanket waarop hij in Buckingham Palace door koning George de Vijfde werd onthaald: 'U moet degenen die u hier komen bezoeken niet omschrijven als neven, en zeker niet als broeders, want we zijn het een noch het ander. U moet ons ook niet als Angelsaksen beschouwen, want zo kan de bevolking van de Verenigde Staten niet langer worden omschreven.'[2]

Toen de Britten in 1940 en 1941 wanhopig wachtten op de hulp van de Amerikanen in een oorlog waarin ze onder de voet dreigden te worden gelopen en hun fraaiste retoriek over gedeelde waarden, de gemeenschappelijke Engelse taal en de Anglo-Amerikaanse liefde voor de vrijheid van stal haalden, hadden de meeste Amerikanen daar geen enkele boodschap aan. Die zoetgevooisde Britten zouden hen vast weer beduvelen, en vochten alleen maar in die oorlog om hun imperium in stand te houden, iets waarvoor de meeste Amerikanen geen enkele sympathie hadden. Aan het einde van 1941 had generaal George Marshall, de chef van de Generale Staf, nog steeds niet veel zin om aan alle wensen van de Britten te voldoen. Maar zelfs hij had het gevoel dat zijn collega-militairen zich al te zeer lieten meeslepen door 'anti-Britse gevoelens': 'Onze mensen waren toch al altijd geneigd om Albion perfide te vinden.'[3]

Maar veel Britse kopstukken die op pad waren gestuurd om de hulp van de Verenigde Staten in te roepen waren op hun beurt ook niet gesteld op de Amerikanen. Toen lord Halifax in december 1940 in dienst trad als ambassadeur in Washington schreef hij aan de voormalige premier Stanley Baldwin: 'Op een enkeling na ben ik nooit dol geweest op Amerikanen. Als geheel heb ik ze altijd verschrikkelijk gevonden.' Lord Linlithgow, de stuntelende onderkoning van India, de man die in 1943 de afgrijselijke hongersnood in Bengalen nog veel erger zou maken, beklaagde zich ook: 'Het is zwaar werk dat stel opgeklommen parvenu's te vleien! Wat een land, en wat woont er een horde barbaren!'[4] John Maynard Keynes werd in 1917 naar Washington gestuurd om leningen af te sluiten voor de Britse oorlogsinspanning. Zijn indruk: 'Het enige sympathieke en oorspronkelijke aan Amerika zijn de negers, die innemend zijn.'[5]

Winston Churchill ging nogal prat op zijn vriendschap met Roosevelt, die hij als de hoeksteen van de Bijzondere Relatie beschouwde: 'Ik maakte Roosevelt nog meer het hof dan een jongeman een meiske het hof maakt.' Maar in privégesprekken was hij zeer kritisch over Amerika. Tijdens een diner bij hem thuis in 1928 beschreef hij de Verenigde Staten als een land dat 'arrogant is, fundamenteel vijandig tegenover ons staat en de hoofdrol op het wereldtoneel wil opeisen'.[6] Toen Roosevelt in 1918 tijdens een diner in Londen kennismaakte met Churchill was hij geenszins met hem ingenomen. Roosevelt, destijds onderminister van Marine, vond Churchill, toen minister van Munitie, een onuitstaanbare snob. Churchill gedroeg zich, in Roosevelts herinnering, 'als een verwaande kwast [...] die over ons allemaal de baas speelde'.[7] Bij de volgende ontmoeting tussen de beide leiders, in 1941 in Placentia Bay, in Newfoundland, was Churchill die eerste ontmoeting glad vergeten. Roosevelt niet.

Ondanks zijn quasi-aristocratische allures was Roosevelt helemaal geen anglofiel. Hij was eerder trots op zijn Nederlandse afkomst. Net als de meeste Amerikanen had hij een afkeer van Europese koloniale rijken, maar blijkbaar maakte hij een uitzondering voor Nederlands-Indië, hoewel de Nederlanders hun koloniale onderdanen waarschijnlijk nog slechter behandelden dan de Britten. Verwijzingen naar Angelsaksische wortels en bloedbanden konden het kille en berekenende hart van de Amerikaanse president dus niet beroeren.

Churchill had het daarentegen vaak over zijn stamboom, en niet alleen uit opportunisme tijdens de oorlog. Toen hij in 1943 een eredoctoraat ontving aan Harvard vertelde hij zijn bewonderende publiek (rond die tijd was hij in de Verenigde Staten populairder dan Groot-Brittannië dat ooit was): 'In het Britse Gemenebest en het imperium treft u goede kameraden. Onze hechte banden zijn niet alleen ontstaan door politiek en landsbelang, maar ook door ons bloed en onze geschiedenis. Daarvan ben ik me als kind van beide werelden natuurlijk bewust.'[8]

Sommige historici beweren dat Churchill de Bijzondere Relatie heeft verzonnen omdat het een noodzakelijke zet was om de oorlog te winnen. Dat is tot op zekere hoogte waar. De Anglo-Amerikaanse band zou misschien nooit zijn gesmeed als Frankrijk in het voorjaar van 1940 niet onder de voet was gelopen. Maar Churchill maakte de uitdrukking zes jaar later pas beroemd toen hij de Amerikanen tijdens zijn toespraak in Fulton, Missouri, aanspoorde om tegen het communisme te blijven strijden en de 'broederband van de Engelssprekende volkeren in stand te houden'. Hij benadrukte de 'bijzondere relatie tussen het Britse Gemenebest en het Britse imperium en de Verenigde Staten'. Voor Churchill was het idee van Engelssprekende volkeren en trans-Atlantische vrienden en verwanten veel meer dan een nuttige strategie: het was voor hem bepalend als mens. Zijn band met de Verenigde Staten was een persoonlijke versie van een romantisch idee dat al veel langer bestond.

Voordat hij in 1902 overleed, had Cecil Rhodes een stichting opgericht aan de universiteit van Oxford die beurzen verstrekte aan studenten uit de Verenigde Staten en het Britse imperium om een gemeenschappelijk idee van het Rijk te ontwikkelen en 'de eenheid van Engelssprekende volkeren in de hele wereld' te bestendigen. Dat sloot mooi aan bij de imperialistische sentimenten van Rudyard Kipling, die zijn gedicht 'De last der blanken' ('Neem op de last der blanken –/ Stuur uit der natie bloem...') in 1899 had opgestuurd naar Theodore Roosevelt, destijds gouverneur van New York, om de Amerikanen aan te sporen de Anglo-Amerikaanse verlichting naar de overwonnen Filipino's te brengen – 'Een buitgemaakt, balsturig volkje,/ Half kind en half demon.'

In datzelfde jaar, toen de Britten in Zuid-Afrika de Boerenopstand probeerden neer te slaan, riep Joseph Chamberlain, die niet alleen premier was maar ook minister van Buitenlandse Zaken, op tot een nieuwe 'triple entente tussen het Germaanse ras en de twee voornaamste takken van het Angelsaksische ras'. Aan de andere kant van de Atlantische Oceaan riep Albert J. Beveridge, aanhanger van Theodore Roosevelt en 'progressief' senator uit Indiana, uit: 'God heeft de Engelssprekende en Germaanse volkeren niet al duizend jaar voorbereid zodat deze ijdel en zelfingenomen kunnen blijven navelstaren. Nee! Hij heeft van ons meesterbestuurders van de wereld gemaakt zodat we orde op zaken kunnen stellen op plekken waar de chaos heerst.'[9]

Het idee dat de Angelsaksische rassen waren uitverkoren om de barbaren te onderwerpen en de wereld te besturen was dus al gangbaar toen Churchill en Franklin Delano Roosevelt nog kinderen waren. Dit soort gedachtegoed diende als rechtvaardiging van het koloniaal bestuur en was ook de oorzaak van een aantal van Churchills naarste karaktertrekken, zoals zijn weerzin tegen Indiërs ('Ik haat Indiërs. Het is een beestachtig volk met een beestachtige godsdienst'). Als je bij dergelijke ideeën ook nog de 'Germaanse' gedachte betrekt, kom je snel uit bij een soort cryptonazisme, een ironische ontwikkeling gezien de geschiedenis van de twee wereldoorlogen.

Hier zit bovendien een kern van waarheid in. Een van de intellectuele vaders van het negentiende-eeuwse angelsaksisme was de historicus en politicus Edward Augustus Freeman, die beroemd was geworden door zijn *History of the Norman Conquest*. Hij bewonderde de Verenigde Staten, wat nogal ongebruikelijk was voor een Engelsman uit zijn tijd. En hij was duidelijk een racist. Benjamin Disraeli was volgens hem 'een vuile Jood'. Freeman vergoelijkte ook de Russische pogroms en de anti-Chinese rellen in Californië. Die waren tenslotte, zo meende hij, slechts het gevolg van 'het natuurlijke instinct van iedere fatsoenlijke natie om zich van smerige vreemdelingen te ontdoen'.[10]

En toch was Freeman niet conservatief, maar een progressieve aanhanger van William Gladstone. Het idee dat

Angelsaksen en Germanen een superieur ras waren, was niet zozeer gebaseerd op gemeenschappelijk bloed, als wel op de stellige overtuiging dat ze over een unieke zucht naar vrijheid beschikten. Dat sprak de Duitse romantici ook wel aan, deze oude Germaanse vrijheidszin die tot uitdrukking kwam in de Duitse literatuur, maar ook, zoals sommige Duitsers beweerden, in de schilderijen van Rembrandt en de toneelstukken van Shakespeare, wiens 'Noordse' grootsheid, zo geloofden zij, alleen in een Duitse vertaling aan het licht kwam. Maar het idee gaat nog veel verder terug dan de tijd van de grote bard. Hier nogmaals Freeman, nu over de mythische overwinning in het jaar 9 na Christus op het Romeinse leger van een Germaanse stam onder leiding van Arminius: 'Arminius "liberator Germaniae" is slechts de eerste naam op een lijst die doorloopt naar Hampden en Washington.'

John Hampden, een van Churchills helden, was een politicus die tijdens de Engelse Burgeroorlog in het kamp van Cromwell voor parlementair bestuur en tegen de absolute macht van de koning streed. Hij sneuvelde in 1643 op het slagveld. Het is twijfelachtig of je een lijn kunt trekken van Arminius naar Hampden of George Washington, maar het is een typisch voorbeeld van een bepaald soort politieke hoogmoed.

Een naam die nog niet is genoemd in dit politieke pantheon is die van Perikles, die leefde in een tijd dat nog helemaal niemand van de Angelen, de Saksen of de Germanen had gehoord. Maar zijn rede over de uitzonderlijkheid van Athene, uitgesproken in 431 voor Christus, na de Eerste Peloponnesische Oorlog, zou gelezen kunnen worden als een soort blauwdruk voor de Angelsaksische uitzonderingspositie. Hij sprak over de wetten waardoor alle burgers verzekerd waren van gelijke rechten en over 'de vrijheid die wij in onze staat genieten'. De Atheners leefden, net als meer recentelijk de denkbeeldige Engelssprekende volkeren, in een land 'dat in de opeenvolging van de geslachten tot op deze dag steeds door dezelfde mensen werd bewoond en dat door onze voorouders als een vrij en onafhankelijk land aan ons is overgedragen'.

Het concept van Engelssprekende volkeren heeft nu een imperialistische bijklank omdat het in onze tijd wordt uitgedragen door een bepaald slag conservatieve historici. Churchill zelf zei tegen de Amerikanen in Fulton dat de 'zeventig of tachtig miljoen Britten over de hele wereld' (hij bedoelde Australië, Nieuw-Zeeland, Canada en Zuid-Afrika) klaarstonden om 'onze tradities en levenswijze' te verdedigen. In een brief uit 1953 aan Eisenhower bracht hij duidelijker onder woorden wat hij eigenlijk bedoelde: 'Groot-Brittannië met zijn bevolking van tachtig miljoen blanke Engelssprekende onderdanen.'[11] Maar oorspronkelijk had het idee van 'Engelssprekende volkeren over de hele wereld' ook een minder bekrompen betekenis.

Tijdens de Amerikaanse Burgeroorlog steunden de voornaamste Britse politieke partijen en de hogere klassen het Zuiden. Radicale leiders als Richard Cobden en John Bright steunden echter de Noordelijke Staten in hun strijd tegen de slavernij. Bij 'Engelssprekende volkeren' zagen zij iets heel anders voor zich: de solidariteit van de arbeidersklasse in de strijd tegen de grootgrondbezitters in beide landen. William E. Forster, een liberaal in de regering van Gladstone, schonk zijn naam aan een stroming die door zijn baas 'forsterisme' werd genoemd: het idee dat de Anglo-Amerikaanse protestanten door God geroepen waren om de democratie te verspreiden onder de achtergebleven volkeren. Het idee van eensgezinde, verlichte, democratische Engelssprekende volkeren werd dus eerst verkondigd door

Forster, Cobden en Bright, en niet door de autocratische hogere klassen waaruit Churchill afkomstig was.

Churchill was überhaupt niet radicaal. Bovendien had hij zo weinig belangstelling voor het angelsaksisme dat hij een einde maakte aan een hobbyproject van zijn beminde moeder, het dure tijdschrift *The Anglo-Saxon Review*. Maar de liberale opvatting dat de zucht naar vrijheid misschien niet al sinds de Germaanse opstand tegen Rome, maar in elk geval sinds koning Alfred het geboorterecht van de Engelssprekende volkeren was, maakte zeker deel uit van zijn gedachtegoed. Churchill refereerde er bij enkele onverwachte gelegenheden aan. Toen Joseph Chamberlain de economie van het imperium wilde beschermen door een tolmuur om de Britse gebiedsdelen te bouwen, verzette Churchill zich en pleitte hij voor vrijhandel: 'De kracht en de pracht van ons gezag,' oreerde hij, 'komt niet voort uit onze fysieke krachten, maar uit moreel overwicht, vrijheid, gerechtigheid, Engelse verdraagzaamheid en Engelse oprechtheid.'[12]

Franklin D. Roosevelt zou er niet echt van onder de indruk zijn geweest. En toch nam Roosevelt in 1939, kort nadat Groot-Brittannië Duitsland de oorlog had verklaard, ondanks zijn eerdere bedenkingen over Churchill contact op met de Britse politicus. Op dat moment was Churchill minister van Marine. In zijn brief, die aan 'Mijn beste Churchill' was gericht, uitte Roosevelt de wens om 'persoonlijk te worden ingelicht over alles wat ik volgens u moet weten.' Dit was een nogal ongebruikelijk verzoek van een Amerikaanse president aan een gewone Britse minister. Maar tegen zijn ambassadeur in Londen, de rabiaat anglofobe Joseph Kennedy, zei de president dat Churchill naar alle waarschijnlijkheid premier zou worden en dat hij daarom nu alvast 'met hem wilde aanpappen'.[13]

Behalve een voorkeur voor aristocratische maniertjes – de lange sigarettenhouder, de sigaar, de hoge hoeden – hadden de twee volleerde politieke showmannen nog iets met elkaar gemeen: een liefde voor de zee en dus voor de zeevaart. In zijn brieven aan Roosevelt noemt Churchill zichzelf 'Marineman', en nadat hij premier is geworden 'Voormalige Marineman'. Roosevelt was een verwoed lezer van de boeken van admiraal Alfred Thayer Mahan en had met de auteur gecorrespondeerd. In zijn boek *The Influence of Sea Power Upon History* uit 1890 legt Mahan uit dat de Britten hun grootsheid te danken hadden aan hun heerschappij over de zeeën. Net als in het geval van de Nederlanders, die de zeeën al eerder hadden veroverd, had dat volgens Mahan te maken met een natuurlijk instinct voor handel dat, zo betoogde hij, voortkwam uit de geografische ligging van het land, de cultuur, politiek, religie en het ras. (De Engelsen en de Nederlanders, beweerde hij, waren 'in wezen van hetzelfde ras.'[14]) Mahan sprak voor een Amerikaan uitzonderlijk lovende woorden over het kolonialisme: 'Ook op een andere manier beïnvloedt de volksaard de groei van de zeemacht in de breedste zin van het woord; dat wil zeggen dat het over het vermogen om gezonde kolonieën te stichten beschikt.'[15] De Verenigde Staten moesten Groot-Brittannië navolgen, meende hij, misschien door kolonieën te stichten of anders in elk geval door over de zeeën te heersen in een 'goede verstandhouding' met Groot-Brittannië, aangezien beide landen 'worden beheerst door een gevoel voor recht en rechtvaardigheid dat voortkomt uit dezelfde bron en diep in hun instincten is geworteld.'[16]

In zijn boek *Land und Meer* uit 1942 liet Carl Schmitt zich tamelijk gunstig uit over Mahan. Schmitt was een Duitse jurist die in 1933 lid was geworden van de NSDAP en Hitlers dictatuur van een juridische rechtvaardiging voorzag. In *Land und Meer* betoogt hij dat Mahan gelijk had: Groot-Brittannië en de Verenigde Staten hadden hun immense macht te danken aan hun heerschappij over de zeeën, en dat was het gevolg van een typisch protestantse ondernemingszin. Katholieke machten, meende hij, waren eerder aan land gebonden. Wat Mahan volgens Schmitt echter niet had voorzien, was dat macht over de zeeën een achterhaald idee was in het machinetijdperk, waarin vliegtuigen 'de mens hoog boven de vlaktes en de golven hadden verheven'.

Zover wilde Roosevelt misschien niet gaan, maar hij was het wel zo'n beetje met Schmitt eens. In 1940 zei hij in zijn State of the Union dat hij begreep dat de meeste Amerikanen hun zonen niet weer naar Europa wilden sturen om oorlog te voeren, maar maakte hij ook duidelijk dat de Verenigde Staten, in het tijdperk van moderne vliegtuigen en oorlogsschepen, niet konden overleven 'als onafhankelijke eenheid [...] binnen de hoge muren van het isolationisme, terwijl daarbuiten de rest van de Beschaving en de handel en de cultuur van de mensheid ten onder gaan'. De Amerikaanse regering zou aandringen op een verbod op alle militaire handelingen binnen een zone van vijfhonderd kilometer vanaf de Amerikaanse kust. De Marineman had al in 1939 op Roosevelts brief geantwoord met de belofte dat 'we op alle mogelijke manieren zullen helpen om de oorlog buiten de Amerikaanse wateren te houden'.

Maar Churchill wilde natuurlijk veel meer. Hij wist dat Duitsland niet verslagen kon worden zolang de Amerikanen niet deelnamen aan de oorlog. Het probleem was dat er, ondanks Roosevelts verzet tegen de isolationisten, bij lange na niet genoeg politieke bereidheid was om aan Churchills wens te voldoen. Veel Amerikanen, onder wie ambassadeur Joseph Kennedy, waren er in 1940 van overtuigd dat Groot-Brittannië de oorlog zou verliezen en begrepen trouwens ook niet waarom ze voor de Britse belangen moesten strijden. Roosevelt was zich er ook maar al te zeer van bewust dat Woodrow Wilson er in 1919 niet in was geslaagd om de steun van de Senaat te verwerven voor zijn buitenlandse verbintenissen, met name zijn poging om een nieuwe wereldorde te scheppen via de Volkerenbond. De president mocht zich dan intensief bezighouden met de wereldorde, het was niet iets waar de meeste Amerikanen zich druk om maakten.

Enkele weken nadat hij op 10 mei 1940 minister-president was geworden, smeekte Churchill de Amerikanen in te grijpen toen Frankrijk dreigde te bezwijken onder de Duitse blitzkrieg. Zonder succes. Hij vroeg of ze dan tenminste Amerikaanse torpedojagers konden sturen. Die waren noodzakelijk, zei hij, voor de verdediging van Groot-Brittannië. Het was 'de enige hoop om de ineenstorting van de beschaving af te wenden'.[17] Om het Britse moreel hoog te houden in sombere tijden, en misschien ook om zijn eigen moreel op te krikken, bleef Churchill geloven dat de Amerikanen snel op andere gedachten zouden komen en zouden ingrijpen. In de Verenigde Staten verscheen een bundel met de vooroorlogse toespraken van Churchill, *Blood, Sweat and Tears*, met de nadrukkelijke bedoeling de Amerikanen ervan te overtuigen dat ze te hulp moesten komen. Een van deze toespraken had hij in oktober 1938 op de Amerikaanse radio voorgedragen: 'Als er ooit een tijd is geweest voor serieus overleg tussen de mannen en vrouwen die de idealen van de opstellers van de Britse en de Amerikaanse grondwet zijn toegewijd, is het wel nu.'[18]

Ook deze proeve van retoriek borduurde voort op oude

ideeën over de Britse en Amerikaanse overeenkomsten. De Engelssprekende volkeren waren niet met elkaar verbonden door ras of taal, maar door hun politieke verworvenheden. Churchill, en hij niet alleen, legde graag een direct verband tussen de Magna Carta en de Amerikaanse Onafhankelijkheidsverklaring. Tijdens een toespraak op 4 juli 1918 beweerde hij dat er een 'overeenkomstige harmonie bestaat tussen de beginselen van die Verklaring en alles waarvoor het Britse volk wil staan en wat het zowel in eigen land als in de autonome Dominions heeft weten te bereiken'.[19] Hij was zo tactvol om voorbij te gaan aan het feit dat juist op die dag de Amerikaanse onafhankelijkheid van de Britse kroon werd gevierd.

Er waren ongetwijfeld Amerikanen die gevoelig waren voor dit soort praatjes. De oorlogsredevoeringen van Churchill werden op veel plekken in de Verenigde Staten uitgezonden. Roosevelt maakte zich echter te veel zorgen over de publieke opinie om zich zomaar te laten overhalen. Maar de Verenigde Staten konden wel profiteren van de Britse nood. In 1940 ging Roosevelt akkoord met het uitlenen van vijftig oude torpedojagers in ruil voor het recht om Britse militaire bases in Newfoundland en het Caribisch gebied te gebruiken. Het was, in Roosevelts eigen woorden, 'een "deal" – en voor onze handel een heel geslaagde'.[20]

De schepen waren in slechte staat, en daarom duurde het wel even voordat ze operationeel waren. De Verenigde Staten leverden ook kanonnen, tanks en vliegtuigen, die onmiddellijk moesten worden afbetaald omdat er vanwege de US Neutrality Act geen krediet kon worden verleend aan oorlogvoerende landen. Men hoopte dat Groot-Brittannië dankzij deze maatregelen in staat zou zijn zich zonder Amerikaanse inmenging te verdedigen. Maar het bleek zo'n aderlating voor de Britse schatkist dat Roosevelt in 1941 een plan bedacht dat de Verenigde Staten in staat zou stellen defensiematerieel te lenen, verhuren, verkopen, ruilen of anderszins te leveren aan hun bondgenoten. De Verenigde Staten zouden, in Roosevelts woorden, 'het belangrijkste arsenaal van de democratie' worden. Maar voordat de Leen- en Pachtwet op 11 maart 1941 in werking trad moest Groot-Brittannië bezittingen ver onder de waarde in de Verenigde Staten verkopen en zelfs de Zuid-Afrikaanse goudvoorraad afstaan. En de huurprijs van oorlogsmaterieel moest nog steeds worden afbetaald door de Verenigde Staten gebruiksrechten te verlenen voor de Britse bases in overzeese gebieden. Het was een tamelijk ongunstige deal, die door Churchill tactvol maar niet geheel juist werd omschreven als 'de fatsoenlijkste daad in de hele geschiedenis'.[21]

Roosevelt verdedigde zijn besluit om de Geallieerden bij te staan in een van zijn meest geciteerde toespraken, de State of the Union van 6 januari 1941. Hij zei dat de Verenigde Staten zich niet afzijdig konden houden in de oorlog tegen dictators. De Amerikanen moesten bereid zijn zich te verdedigen en de vrije naties te helpen. Maar hij ontvouwde ook zijn visie op de toekomst, die een mengeling van oude en nieuwe ideeën was. Amerika moest de taak op zich nemen om voor de vier fundamentele vrijheden van de mens te strijden: vrijheid van meningsuiting, vrijheid van godsdienst, vrijwaring van gebrek en vrijwaring van angst voor fysieke agressie. En deze moesten 'overal ter wereld' worden verdedigd. Het leek wel alsof de New Deal een universeel doel van de Amerikanen was geworden. De toespraak eindigde met deze woorden: 'Deze natie heeft haar lot in de handen en hoofden en harten van haar miljoenen vrije mannen en vrouwen gelegd en haar geloof in vrijheid onder de leiding van God geplaatst. Vrijheid betekent het primaat van de mensenrechten overal ter wereld. Onze steun gaat naar de mensen die strijden om die rechten te verwerven en ze te behouden. Onze kracht is onze eensgezindheid.'

De woorden die de Bijzondere Relatie zouden blijven achtervolgen, zeker zolang Churchill nog in leven was, waren 'overal ter wereld'. En 'het primaat van de mensenrechten' was gewoonlijk niet de reden waarom landen ten strijde trokken. Maar het doel om de wereld van de barbaren te redden en een liberale orde te vestigen was geworteld in oudere stromingen zoals Manifest Destiny – de Amerikaanse beweging die in de tweede helft van de negentiende eeuw voor nationale expansie pleitte – en de bekeringsijver van het christendom, vooral in zijn protestantse gedaantes. Toen de territoriale conflicten tussen Groot-Brittannië en de Verenigde Staten in 1871 waren geregeld en het Verdrag van Washington was getekend, was er kortstondig sprake van een Anglo-Amerikaanse Unie, die, in de woorden van een krant uit Washington, 'de Engelssprekende volkeren in staat zal stellen om de wereld gerechtigheid te schenken en tegelijkertijd het middel zal zijn om mensen die overal ter wereld strijden om zichzelf en hun kinderen te verzekeren van de onschatbare zegen die wij nu genieten – het door God gegeven recht op zelfbestuur – te versterken en te steunen'.[22] Roosevelts woorden waren minder hoogdravend en Manifest Destiny was niet onmiddellijk wat hij in gedachten had, maar de Anglo-Amerikaanse betrekkingen begonnen, in elk geval in retorisch opzicht, steeds meer te lijken op het bondgenootschap waarop Churchill al die tijd had gehoopt.

Harry Hopkins, New Dealer en vertrouweling van de president, werd verzocht toe te zien op de tenuitvoerlegging van de Leen- en Pachtwet. In januari 1941 werd Hopkins, een fragiele man die altijd problemen met zijn gezondheid had, naar Groot-Brittannië gestuurd om de situatie in ogenschouw te nemen. Hopkins zei recht op de man af dat hij de indruk had dat Churchill een hekel had aan Amerikanen, onder wie hun president. Churchill antwoordde dat die indruk volkomen onjuist was. Het was ongetwijfeld een gemene roddel die door die Iers-Amerikaanse ambassadeur, Joseph Kennedy, was verspreid.

Na een luisterrijk diner bij kaarslicht dat ter ere van Hopkins in Ditchley Park was gegeven, hield Churchill een warrige toespraak, die misschien speciaal was toegesneden op de New Deal-sentimenten van zijn gast. Churchill sprak over een nieuw tijdperk van vrijheid en vrede waarin de nederige Engelse arbeider zich veilig zou voelen in zijn cottage, gelijk zou zijn voor de wet en niet bang hoefde te zijn dat er op de deur zou worden geklopt door de geheime politie. Dat, besloot hij, waren de enige oorlogsdoelen van de Britten. Hopkins kwam overeind en zei lijzig met zijn accent uit Iowa: 'Nou, meneer de premier, volgens mij kunnen die arbeiders de president geen ene bal schelen.' Hij zweeg even terwijl de geschokte toehoorders hun adem inhielden: 'Weet u, we willen alleen dat die vuile smeerlap van een Hitler ervanlangs krijgt.' Toen zag Churchill dat het allemaal in orde was en vermaakten de gasten zich met een nieuwsuitzending over de ontmoeting tussen Hitler en Mussolini bij de Brennerpas, die volgens een van de gasten 'grappiger was dan alles wat Charlie Chaplin in *The Great Dictator* had laten zien'.[23]

Maar de Amerikanen hadden zich nog steeds niet bereid verklaard om aan de oorlog deel te nemen. Er gingen brieven heen en weer tussen de Voormalige Marineman en president Roosevelt, waarin de president op de hoogte werd gehouden van de veelal rampzalige militaire operaties in Noord-Afrika en het Midden-Oosten. Duitsland viel in juni 1941 de Sovjet-Unie binnen, en Churchill zei tegen zijn assistent-privésecretaris Jock Colville dat ze de Russen moesten helpen. Hij was nog steeds een onverzettelijke anticommunist, maar als Hitler de hel zou binnenvallen, zou hij lovend over de duivel spreken in het Lagerhuis.

Eind juli ging Churchills wens om Roosevelt te ontmoeten eindelijk in vervulling. Harry Hopkins meldde dat de president bereid was hem te spreken. Deze tweede ontmoeting kon natuurlijk niet plaatsvinden op neutraal Amerikaans grondgebied en vond daarom heel toepasselijk plaats op zee, in Placentia Bay, Newfoundland.

Churchills eigen memoires over de oorlog zijn niet altijd even betrouwbaar. Aan het einde van de jaren veertig en het begin van de jaren vijftig schreef hij zijn meerdelige *Memoires over de Tweede Wereldoorlog*, of zag hij in elk geval toe op het schrijfproces van de reeks. Hij moest zich nogal discreet uitlaten over de soms moeilijke relaties tussen Groot-Brittannië en de Verenigde Staten. Nadat hij in 1953 het laatste deel had voltooid, verzekerde hij president Eisenhower dat hij niets had geschreven wat 'de vriendschap en de band die tussen onze beide landen bestaat zou kunnen schaden'. Maar er is geen enkele reden om te twijfelen aan de waarachtigheid van zijn beschrijving van zijn zeereis naar Newfoundland.

Churchill vertrok op 4 augustus met Harry Hopkins en enkele leden van de Britse legertop aan boord van de Prince of Wales. De Voormalige Marineman stuurde de president een brief om hem eraan te herinneren dat het 'vandaag 27 jaar geleden is dat de moffen hun vorige oorlog begonnen. Dit keer moeten we het zaakje grondig opknappen. Tweemaal moet genoeg zijn. Verheug me zeer op onze ontmoeting.'[24] Misschien rekende hij zich iets te gemakkelijk rijk aangezien volgens de opiniepeilingen 80 procent van de Amerikanen nog steeds tegen Amerikaanse militaire betrokkenheid bij de oorlog was.

Churchill was echter hoopvol gestemd toen hij zich eenmaal op de woelige zee bevond en er eens goed voor ging zitten om de roman *Captain Hornblower R.N.* van C.S. Forester te lezen, over een kapitein van de Britse zeemacht die zich manhaftig een weg baant door de napoleontische oorlogen. Hij keek ook naar *That Hamilton Woman*, een film die hij al vier keer had gezien (en die hij niettemin ten onrechte aanduidt als *Lady Hamilton*). Laurence Olivier weet admiraal Nelson uitstekend neer te zetten. De Slag bij Trafalgar wordt met veel zwier uitgebeeld. Een paar maanden eerder had de criticus van *The New York Times* de film in bezielende bewoordingen aangeprezen: 'Nu de geest van Nelson weer rondwaart boven de zeeën en glorieus aan de verwachtingen van Engeland wordt voldaan, is het al met al heel passend dat de glansrijkste admiraal in de historie van de Britse vloot nu met veel liefde en diep respect op het doek wordt vertoond.'[25]

Na afloop van de film hield Churchill een korte toespraak: 'Heren, ik meende dat deze film u zou interesseren daar er grote gebeurtenissen in voorkomen van dezelfde soort als die, waaraan u heeft deelgenomen.'

Ondertussen was Roosevelt, die graag de indruk wilde vermijden dat hij zijn land direct bij deze belangrijke gebeurtenissen wilde betrekken, zogenaamd op vakantie gegaan op zijn presidentiële jacht. Toen hij eenmaal op open zee was, ging hij stiekem aan boord van de USS Augusta met de chefs van zijn strijdkrachten, onder wie generaal George Marshall. In tegenstelling tot de gecamoufleerde

Britse oorlogsschepen waren de schepen van de Amerikaanse marine smetteloos grijs geschilderd.

Toen ze in de buurt van Newfoundland kwamen, hulde Churchill zich in een uniform van Trinity House, een Britse compagnie die verantwoordelijk was voor het beheer van de vuurtorens, wendde zich enigszins zenuwachtig tot Hopkins en vroeg of Roosevelt hem wel zou mogen. Hopkins verzekerde hem van wel. 'Je zou denken,' herinnerde hij zich later, 'dat Winston naar de hemelen was gevoerd voor een ontmoeting met God.'[26] Je kunt nauwelijks een beknoptere beschrijving geven van de manier waarop de Bijzondere Relatie zich uiteindelijk zou ontwikkelen.

Wat volgde was een hoop broederlijke pracht en praal, bezoeken over en weer tussen de Prince of Wales en de Augusta, bijeenkomsten voor de bemanningsleden van beide schepen, muziekkorpsen die de beide volksliederen ten beste gaven en gesprekken tussen Britse en Amerikaanse admiraals en generaals die weinig opleverden: de door de oorlog geharde Britten vonden dat de Amerikanen nog niet droog achter de oren waren en de Amerikanen twijfelden nog aan de goede bedoelingen van de Britten. Churchill wachtte vol ongeduld tot Roosevelt zou verklaren dat de Verenigde Staten zich bij de Geallieerden zouden aansluiten en zich in de oorlog zouden mengen. Maar de president had iets heel anders in gedachten: een soort gemeenschappelijke beginselverklaring, ongeveer zoiets als zijn State of the Union en de Vier Vrijheden.

Dit was niet waarop Churchill had gehoopt. In zijn oorlogsmemoires schrijft hij enigszins defensief: 'Wanneer ik alle praatjes over mijn reactionaire, ouderwetse visie en de last die deze, naar men zegt, de president bezorgd moet hebben, in aanmerking neem, leg ik hier met genoegen voor de geschiedenis vast dat de hoofdinhoud en de geest van datgene, wat later het "Atlantisch Handvest" genoemd zou worden, in oorspronkelijk ontwerp een Britse schepping was, vervat in mijn eigen woorden.'[27]

Dat is misschien wel waar. Er stond veel in waarover de twee leiders het eens konden zijn: dat beide landen niet zouden streven naar uitbreiding, hetzij van grondgebied, hetzij anderszins; dat er geen gebiedswijzigingen zouden plaatsvinden die niet in overeenstemming waren met de wens van de betrokken volkeren; dat volkeren het recht zouden hebben om hun eigen regeringsvorm te kiezen; dat de belangrijkste goederen eerlijk en billijk zouden worden verdeeld, niet alleen binnen hun territoriale grenzen maar ook tussen de verschillende volkeren; en dat een internationale organisatie de wereldvrede zou waarborgen en mensen in staat zou stellen 'de zeeën en oceanen te bevaren zonder vrees voor onwettige aanvallen of de noodzaak zware bewapeningen in stand te houden'.

Uit een paar knelpunten bleek echter wel dat er barsten zaten in de Anglo-Amerikaanse broederschap (dit was nog een mannenwereld). De Verenigde Staten eisten wereldwijde vrijhandel 'zonder onderscheid'. Hoewel Churchill de vrijhandel vurig had verdedigd tijdens Joseph Chamberlains pleidooi voor een tolmuur in 1903, voelde hij zich nu genoodzaakt om de speciale handelsovereenkomsten met de Dominions en de koloniën van het Britse imperium (de *imperial preference*) te verdedigen. Churchill wilde dat de woorden 'zonder onderscheid' werden geschrapt en dat er een clausule over 'behoorlijke eerbiediging van hun bestaande verplichtingen' werd toegevoegd. Hij kreeg zijn zin.

Belangrijker was de kwestie van het recht op zelfbestuur. Churchill zag dit terecht als een poging om het kolonialisme in het algemeen en het Britse Rijk in het bijzonder te ondermijnen. Hij was geenszins van plan om de Britse kolonieën onafhankelijkheid te verlenen. Dat lijkt misschien huichelachtig gezien zijn vele toespraken over vrijheid en democratie, maar Churchill weigerde hier een inconsequentie in te zien. Hij zag Groot-Brittannië, met zijn 'eilandras', graag als het middelpunt van een hechte familie onder de Britse kroon, waarvan de leden uit vrije wil blijmoedig samenwerkten voor een gemeenschappelijk doel. (Dat Indiase nationalistische leiders als Gandhi en Nehru dat helemaal niet uit eigen vrije wil deden was voor Churchill een van de voornaamste redenen om zo'n hekel aan Indiërs te hebben.) Toen de Amerikaanse generaal Patrick Hurley, de man die de Chinese communistische leiders in 1944 de stuipen op het lijf joeg door ze in hun schuilplaats te begroeten met een oorlogskreet van de Choctaw-indianen, in 1943 vanuit Iran berichtte dat de Britten de grondstoffen van dat land monopoliseerden om hun aftakelende imperium te bekostigen, schreef Churchill een woedende brief aan Roosevelt: 'De generaal heeft klaarblijkelijk een aantal ideeën over het Britse imperialisme waarvan ik eerlijk gezegd nogal opkijk. Zo verkondigt hij dat imperialisme en democratie per definitie met elkaar in conflict zijn. Ik durf echter te suggereren dat het Britse imperialisme meer heeft betekend voor de verspreiding van de democratie dan alle andere regeringssystemen sinds het begin der tijden.'[28]

Voor de Britten eindigde de belangrijke ontmoeting in Placentia Bay in een anticlimax. Churchill was er niet in geslaagd de Amerikanen bij de oorlog te betrekken. Het enige tastbare resultaat was een verklaring vol verheven beginselen. Het Atlantisch Handvest was geen wet en ook geen overeenkomst. Het had vooral symbolische waarde, en Churchill, een meester van de symboliek, maakte er zo goed mogelijk gebruik van. Hij loofde het realisme van de laatste paragraaf, waarin sprake was van een 'breder en bestendiger stelsel van algemene veiligheid' dat in de toekomst tot stand zou worden gebracht, en waarin, volgens hem, 'duidelijk en zonder schroom wordt aangegeven dat de Verenigde Staten na de oorlog samen met ons de orde in de wereld zouden handhaven totdat de vestiging van een betere orde bereikt zou zijn'.

Op zondagochtend 10 augustus 1941 werd er een gezamenlijke kerkdienst gehouden aan boord van de Prince of Wales. Roosevelt, die veel pijn had in zijn door polio aangetaste benen, liep aan de arm van zijn zoon over het hele dek van het schip en nam plaats naast Churchill tegenover de kansel waarover de Britse en de Amerikaanse vlag waren gedrapeerd. Churchill had de liederen hoogstpersoonlijk uitgekozen. Britten en Amerikanen zongen samen 'Onward, Christian Soldiers' en sloten af met 'O God, Our Help in Ages Past', dat de aanhangers van Cromwell ook hadden gezongen toen zij het lichaam van John Hampden, Churchills held, die in 1643 was gestorven na een veldslag tegen het leger van de koning, ten grave droegen. 'Elk woord,' schreef Churchill, 'greep ons sterk aan. Het was een prachtig ogenblik om mee te mogen maken.'

Churchill vertrok twee dagen later aan boord van de Prince of Wales. De Britten speelden 'Auld Lang Syne'. De kapel op het andere schip reageerde met 'There'll Always Be an England'. Bijna op de dag af vier maanden later werd de Prince of Wales voor de kust van Malaya door Japanse bommenwerpers tot zinken gebracht. Daarbij kwam de helft van de mannen die stonden te zingen toen ze uit Placentia Bay vertrokken om. Drie dagen eerder hadden de Japanners Pearl Harbor aangevallen.

Churchill was net aan het dineren met de Amerikaanse

ambassadeur toen het nieuws over de aanval op de radio bekend werd gemaakt. Hij sprak met Roosevelt over de telefoon en zei, volgens zijn eigen memoires: 'Hierdoor wordt alles ongetwijfeld eenvoudiger. God zij met u.' Roosevelt stuurde Churchill vervolgens een telegram met de beroemde woorden: 'We zitten nu met jullie en de volkeren van het Britse Rijk in hetzelfde schuitje, en dat is een schip dat niet tot zinken kan en zal worden gebracht.'

Niemand heeft ooit bevredigend kunnen uitleggen waarom Hitler zo roekeloos was om de Verenigde Staten de oorlog te verklaren op het moment dat hij zijn handen al overvol had aan de Sovjet-Unie. Maar zijn ideeën over Amerika waren zowel kenmerkend voor de gebruikelijke opvattingen van dictators over democratische landen als voor Hitlers eigen politieke en raciale vooroordelen: 'Voor het amerikanisme voel ik slechts haat en een diepe weerzin. [...] Uit alle gedragingen van de Amerikaanse samenleving blijkt dat deze half verjoodst en voor de andere helft vernegerd is. Hoe kun je verwachten dat zo'n land verenigd blijft – een land waar alles is gebouwd op de dollar.'[30]

Churchills bezoek aan Washington in de laatste dagen van 1941 vormde een van de hoogtepunten van zijn persoonlijke bijzondere band met de Verenigde Staten en de president. In militair opzicht zag de toestand er somber uit. De eerste Britse overwinning in El Alamein zou nog een jaar op zich laten wachten, en de veel verpletterender nederlaag van de Duitsers door het Rode Leger in Stalingrad nog langer. Veel mensen in Groot-Brittannië meenden dat de Japanse aanval het verdiende loon van de Amerikanen was omdat ze hun land niet te hulp waren geschoten. Maar volgens zijn lijfarts, lord Moran (Charles Wilson), was Churchill na Pearl Harbor een ander mens. Gekleed in slechts een kamerjas, of nog minder, zwierf hij dag en nacht vol jeugdig enthousiasme door het Witte Huis en liep Roosevelts slaapkamer binnen wanneer hij daar zin in had. Hij zou in het nieuwe jaar de Verklaring door Verenigde Naties tekenen, sprak met Kerstmis over 'het gemeenschappelijke doel van roemrijke volkeren die dezelfde taal spreken' en hield de eerste van zijn twee redes voor het Congres van de Verenigde Staten. De officiële naam voor Churchills bezoek aan Washington was 'Arcadia'.

Zijn toespraak werd zelfs geprezen door een aantal isolationisten in de Senaat. Churchill wees zijn toehoorders opnieuw op zijn Amerikaanse voorouders. 'Deze gebeurtenis,' herinnerde hij zich, 'was van belang voor de naar mijn vaste overtuiging onoverwinnelijke alliantie van de Engelssprekende volkeren.' Maar Roosevelts langetermijndoel ging veel verder dan het Anglo-Amerikaanse bondgenootschap. Op nieuwjaarsdag stapte Churchill net uit bad toen Roosevelt werd binnengereden in zijn rolstoel en mededeelde dat de Verenigde Naties de juiste naam zou zijn voor de verzameling van landen die hadden gezworen de Asmogendheden te verslaan en een nieuwe wereldorde te vestigen. Samen met Maksim Litvinov voor de Sovjet-Unie en T.V. Soong voor China tekende Churchill de gezamenlijke verklaring van de vijfentwintig geallieerde landen die de beginselen van het Atlantisch Handvest onderschreven.

In zijn oorlogsmemoires noemt Churchill de Verklaring door Verenigde Naties een 'majestueus document', hoewel hij ernstig betwijfelde of het een goed idee was om de Chinezen of willekeurig welke andere partij dan de Amerikanen de orde in de wereld te laten handhaven. Maar volgens zijn memoires was de reis naar de Verenigde Staten toch een groot succes. Het was zonneklaar dat Roosevelt even vastberaden was de oorlog te winnen als Churchill. En de Britten waren erin geslaagd de president ervan te overtuigen dat hij de oorlog tegen Duitsland voorrang moest geven boven die tegen Japan, hoewel zijn legertop daar anders over dacht. Maar de Bijzondere Relatie begon ook scheurtjes te vertonen waar Churchill luchtig overheen stapte. En die scheurtjes zouden snel scheuren worden.

Tijdens Churchills bezoek had Roosevelt aangedrongen op Indiaas zelfbestuur. Hij bezag het streven van Gandhi en Nehru in het licht van de Amerikaanse Onafhankelijkheidsoorlog tegen de Britse kroon. Churchill was fel tegen het idee. Hij schreef Clement Attlee, de Lord Privy Seal, een minister zonder portefeuille, dat de Indiase soldaten schitterende strijders waren, maar dat ze trouw hadden gezworen aan de koning-keizer en dat 'het gezag van Congrespartij en priesterapparaat der hindoes door een strijdend ras nimmer zou worden getolereerd.'[31]

Dit zegt meer over Churchills inbeeldingsvermogen dan over hoe de Indiërs erover dachten. En Churchills constatering dat het Amerikaanse standpunt in deze kwestie wel zo'n beetje overeenstemde met het Britse was al evenzeer uit de lucht gegrepen. Roosevelt wilde het niet laten rusten. In maart 1942 schreef hij een brief aan de Voormalige Marineman waarin hij de toestand in India nogmaals met de Amerikaanse Revolutie vergelijkt. Het was 'slechts een suggestie' en hij had er 'strikt gesproken [...] niets over te zeggen', maar zou het geen goed idee zijn om een tijdelijke Indiase regering te vormen? Zo'n stap zou tenslotte aansluiten op 'de veranderingen in de wereld van de laatste halve eeuw en op de democratische ontwikkelingen van allen die tegen het nationaalsocialisme strijden'.[32] Daarover wil Churchill in zijn memoires niet meer kwijt dan dat deze brief 'van groot belang' is omdat er wel uit blijkt hoe lastig het is om gebeurtenissen uit totaal verschillende historische periodes met elkaar te vergelijken.

In werkelijkheid was Churchill woedend. Hij was niet alleen gepikeerd omdat Roosevelt zich met Britse aangelegenheden bemoeide, maar was zich er ook maar al te zeer van bewust dat Groot-Brittannië in zijn eentje nooit meer kon zijn dan het kleine broertje van de Verenigde Staten. Als het land op gelijke voet met de VS wilde blijven staan als grote mogendheid, een doel waaraan Churchill met romantische volharding bleef vasthouden, moest Groot-Brittannië zijn imperium behouden (en een paar jaar later ook zijn eigen kernbommen hebben). En dat was nu juist wat Roosevelt, bijna al zijn militair en politiek adviseurs en waarschijnlijk ook de meeste andere Amerikanen wilden voorkomen. Ze wilden niet strijden voor de instandhouding van het Britse Rijk. Integendeel zelfs.

Roosevelt schopte ook nog op een andere manier tegen Churchill aan. In de maand waarin hij zijn ideeën over de Indiase onafhankelijkheid uiteen had gezet, stuurde hij hem nog een brief: 'Je zult me het niet kwalijk nemen dat ik je de brute waarheid zeg, maar volgens mij kan ik beter met Stalin omspringen dan jullie Foreign Office of mijn State Department. Stalin kan al jullie topfiguren luchten noch zien. Hij gelooft dat hij beter met mij overweg kan, en ik hoop dat dit zo blijft.'[33]

Churchills idee dat hij de wereld wel even majestueus samen met de Amerikanen zou ordenen was een illusie. Dat maakte Roosevelt hem wel duidelijk toen hij, Stalin en Churchill samenkwamen voor topoverleg in verschillende delen van de wereld. Hoewel Stalin altijd argwaan koesterde dat zijn twee kapitalistische bondgenoten tegen hem aan het konkelen waren, deed Roosevelt juist zijn uiterste best om het tegendeel te bewijzen. De president meende dat Stalin en hij dezelfde ideeën over het imperialisme hadden. Dat betekende dat Roosevelt en Stalin soms tegen Churchill samenspanden.

De daaropvolgende twee jaar was het vooral de Sovjet-Unie die oorlog voerde in Europa terwijl Groot-Brittannië zijn koloniën in Zuidoost-Azië aan Japan verloor en moest toezien hoe de schatkist uitgeput begon te raken door een oorlog die de Amerikanen alleen maar machtiger maakte. Tot het einde van 1943 zetten de Britten nog altijd meer manschappen en schepen in dan de Amerikanen. Maar generaal De Gaulle, die met zijn Vrije Fransen over niet veel meer dan een symbolische strijdmacht beschikte en een bijna even diepgewortelde paranoia voor een Angelsaksische overheersing koesterde als Stalin, stelde al heel vroeg scherpzinnig vast wat de toekomstige rol van Groot-Brittannië zou zijn. Nadat de Verenigde Staten door toedoen van Japan in de oorlog werden getrokken, twijfelde De Gaulle net zo min als Churchill aan de goede afloop. 'In deze industriële oorlog,' zei hij, 'kan niets de macht van de Amerikaanse industrie weerstaan.' Vervolgens voegde hij eraan toe: 'Vanaf heden zullen de Britten niets meer doen zonder Roosevelts goedkeuring.'[34]

Dat klopte niet helemaal. De Verenigde Staten hadden al in 1942, of op zijn laatst in 1943, Frankrijk willen binnenvallen. De Russen wilden ook dat dat gebeurde, omdat zo de gruwelijke druk op het Oostfront werd verlicht. Volgens sommige schattingen sneuvelden of verdwenen meer dan vier miljoen Duitsers aan het Oostfront, tegenover 329 000 in Noord-Afrika en Italië.[35] Churchill, die nog steeds werd gekweld door schrikbeelden van de massaslachtingen tijdens de Eerste Wereldoorlog, beschouwde een invasie van Frankrijk in 1942 als pure zelfmoord. In

1943 was hij nog steeds sceptisch en gaf hij er de voorkeur aan om meer geallieerde middelen in te zetten voor de strijd om Noord-Afrika en het Middellandse Zeegebied. Door een combinatie van koppigheid en huichelarij, die de Amerikaanse argwaan tegenover de Britten alleen maar vergrootte, wist hij nog een tijdje zijn zin door te drijven. In november 1942 stuurden de Amerikanen inderdaad troepen naar Noord-Afrika. En in plaats van Het Kanaal over te steken vielen Anglo-Amerikaanse troepen in juli 1943 Sicilië binnen, om in september over te steken naar Zuid-Italië.

Op foto's die in januari 1943 tijdens hun ontmoeting in Casablanca zijn genomen, zien we Roosevelt en Churchill naar elkaar glimlachen, en Roosevelt die nog iets in Churchills oor fluistert; de beelden suggereren de intimiteit van een liefhebbend echtpaar op een heerlijke vakantie, hoewel intimiteit geen eigenschap was die gewoonlijk aan de president werd toegeschreven. Er is vooral één foto die iets belangrijks over hun relatie laat zien. Hij werd genomen op het dak van het huis van de Amerikaanse viceconsul in Marrakech. Een staande Churchill kijkt liefhebbend en een beetje peinzend naar Roosevelt, die op zijn beurt niet naar Churchill kijkt, maar naar de zonsondergang boven het Atlasgebergte.

Het verschil in temperament tussen de twee Engelssprekende leiders kwam duidelijk aan het licht door de aanwezigheid van De Gaulle in Casablanca. Roosevelt kon hem niet uitstaan. Hij zag De Gaulle als een reactionaire Franse autocraat, die niet paste in Roosevelts beeld van een toekomstige democratische wereldorde. De Gaulle deed ook alles om de Amerikaan te irriteren. Net als Churchill wilde De Gaulle graag als Roosevelts gelijke worden gezien, hoewel hij nooit was verkozen als leider van de Vrije Fransen of van welke macht dan ook. Toen Roosevelt hem daaraan herinnerde, antwoordde De Gaulle dat Jeanne d'Arc ook nooit een verkiezing had gewonnen.

Roosevelt vond het aanmatigende gedrag van de Fransman absurd. Maar Churchill, die zich ook vaak ergerde aan De Gaulles hooghartigheid, vond zijn aanspraken helemaal niet belachelijk. Hij begreep De Gaulles romantische opvattingen over de natie. Hij begreep de kracht van woorden. Daarom had hij hem aan het begin van de oorlog, toen De Gaulle niets meer was dan een obscure Franse officier in ballingschap en strijdbare woorden het enige waren waarmee de Franse trots kon worden hersteld, zendtijd gegeven op de BBC. In Casablanca zei Churchill: 'Frankrijk zonder leger is geen Frankrijk. De Gaulle is de ziel van dat leger. Misschien de laatste vertegenwoordiger van een strijdersras.'[36] Churchill, die zijn gezag zelf grotendeels aan zijn redekunst te danken had, liet zijn tranen vloeien tijdens zijn eerbetoon aan een grandeur die de Amerikanen onuitstaanbaar vonden.

Tijdens de daaropvolgende ontmoetingen tussen de geallieerde leiders, eerst in Cairo, vervolgens in november 1943 in Teheran en ten slotte in februari 1945 in het ijskoude Jalta, was het wel duidelijk dat de Britse grandeur ook niet meer was wat ze geweest was, vooral in de ogen van de Amerikanen. Churchill had de president graag eerst onder vier ogen willen spreken voor hun ontmoeting met Stalin in Teheran. Roosevelt wees hem af. Hij wilde de Russen niet nog wantrouwiger maken dan ze toch al waren. Churchill was ook gedwongen om beleefd te zijn tegen de Chinezen, die door Roosevelt heel serieus werden genomen. Lord Moran, Churchills lijfarts, beschreef een diner dat Churchill in Cairo had gegeven voor Tsjang Kai-Sjek, waarbij madame Tsjang optrad als tolk. Volgens lord Moran weigerde Churchill China als een serieuze mogendheid te beschouwen en vond hij 'dat Roosevelt veel te veel tijd aan Chinese kwesties besteedt. Voor de president betekent China vierhonderd miljoen mensen die in de wereld van morgen zullen meetellen, maar Winston denkt alleen aan de kleur van hun huid; als hij over India of China praat, merk je dat hij er nog victoriaanse denkbeelden op na houdt.'[37]

Churchill begon de Amerikanen mateloos te ergeren met zijn strategie om troepen in het Middellandse Zeegebied te concentreren, Griekse eilanden te veroveren, door te stoten naar de Balkan en de invasie van Frankrijk (Operatie Overlord) te traineren. Wederom heeft lord Moran een scherp oog voor de ondergeschikte positie van zijn patiënt ten opzichte van de president. Harry Hopkins, vertelt hij, 'maakte duidelijk, dat als de premier in Teheran zo doorgaat en weer probeert Overlord uit te stellen, de Amerikanen de Russen zullen steunen'.[38]

Dat hadden de Amerikanen in vele opzichten sowieso gedaan, wat Churchill verder ook van Overlord vond. Om te beginnen wezen ze het idee voor een top in Londen af. Roosevelt was bang dat het thuispubliek een reis naar Engeland als een tegemoetkoming aan de Britten zou opvatten. Teheran was ook niet de keuze van Roosevelt, maar Stalin stond erop. Vervolgens besloot Roosevelt om de Sovjetambassade in die stad als zijn uitvalsbasis te gebruiken. Anthony Eden, de Britse minister van Buitenlandse Zaken, beschreef Churchills eerbiedige gedrag tegenover Roosevelt als dat van een hoveling. De premier werd op zijn beurt vaak genegeerd. Roosevelt overlegde niet eerst met Churchill over de gezamelijke strategie, maar belegde vertrouwelijke besprekingen met Stalin. Hij meende dat ze vruchtbaarder gesprekken over de toekomst van de wereld konden voeren wanneer de Engelsman daarbij niet aanwezig was.

Hoewel Churchill heel erg zijn best doet om alle scheuren binnen de Anglo-Amerikaanse betrekkingen onder het tapijt te moffelen, sluipt er een defensieve en zelfs gekrenkte toon binnen in Churchills herinneringen aan de conferentie van Teheran. De officiële diners vonden gewoonlijk plaats in de Russische ambassade, maar Churchill stond erop dat er minstens één in de Britse legatie zou worden gehouden. Dit recht, schreef hij, 'kon niet goed worden betwist. Alfabetisch gesproken stond zowel Groot-Brittannië als ikzelf vooraan, terwijl ik bovendien vier of vijf jaar ouder was dan Roosevelt en Stalin. Ons staatsbestel was eeuwen langer gevestigd dan dat der beide anderen; ik had daaraan nog kunnen toevoegen – maar deed dit niet – dat wij het langst aan de oorlog deelnamen; en ten slotte was 30 november mijn verjaardag.'[39]

Uit deze uitbarsting om zoiets onbenulligs blijkt veel duidelijker dat het prestige van Groot-Brittannië steeds zwaarder op het verleden begon te leunen dan uit willekeurig welk verslag over gewonnen of verloren veldslagen. De Verenigde Staten speelden inmiddels de hoofdrol op het westelijke strijdtoneel en de Sovjet-Unie leverde met afstand de grootste bijdrage aan de oorlog tegen Duitsland. Roosevelt en zijn militaire adviseurs hadden ondertussen ook geen geduld meer met Churchills projecten in het Middellandse Zeegebied. De invasie van Frankrijk zou plaatsvinden in het voorjaar van 1944, ongeacht de wensen van de Britten.

Churchill was zo geconcentreerd op het winnen van de oorlog dat hij veel minder oog had voor de toekomst van de wereld dan Roosevelt of, op zijn eigen meedogenloze manier, Stalin. Maar door Teheran kwam Churchill wel op een idee dat de moeite van het vermelden waard is. Net als veel veteranen van de Eerste Wereldoorlog was Churchill geobsedeerd door de Pruisen. Hij was ervan overtuigd dat beide wereldoorlogen het gevolg waren van het Pruisische militarisme, hoewel juist Pruisische officieren in 1944 een moordaanslag op Hitler beraamden. Niettemin geloofde Churchill dat het mogelijk was om een 'strenge doch eervolle' vrede te sluiten met Duitsland, waaronder Pruisen. En daarna zou dan wederom, 'in een moderne vorm', het Oostenrijks-Hongaarse Rijk nieuw leven worden ingeblazen. Dit, schreef Churchill, 'zou dan een groot gebied zijn, waarin niet slechts vrede, maar zelfs vriendschap zou kunnen heersen, en wel op een veel vroeger tijdstip dan bij welke andere oplossing ook. Aldus zou een Verenigd Europa gevormd kunnen worden waarin alle overwinnaars en overwonnenen een betrouwbare basis zouden kunnen vinden voor het leven en de vrijheid van miljoenen mensen die al zoveel hebben geleden.'[40]

Op 4 juni 1944 wachtten 150 000 soldaten en 4000 schepen tot het weer tijdelijk zou opklaren voor de landing in Normandië en het begin van de bevrijding van Europa. Churchill was in het hoofdkwartier van generaal Eisenhower in de buurt van Portsmouth. Hij had generaal De Gaulle uitgenodigd om erbij te zijn, zodat deze op de hoogte kon worden gebracht van de invasieplannen van de Geallieerden. De Gaulle had enigszins gedraald, maar toen hij eindelijk arriveerde, eiste hij onmiddellijk het recht om in zijn eigen code naar zijn hoofdkwartier in Algiers te telegraferen. Als 'erkend staatshoofd van een groots rijk' was dat toch wel het minste wat hij mocht verwachten. Hij eiste ook het recht om Frankrijk te regeren zodra het land bevrijd zou zijn. Churchill antwoordde dat hij Roosevelt niet zou vragen om De Gaulle het eigendomsrecht van zijn land over te dragen. Maar de Vrije Fransen zouden wel worden erkend als de legitieme vertegenwoordigers van Frankrijk.

Ondanks al zijn vleierij bij de Amerikanen en zijn mooie woorden over de Engelssprekende volken was Churchill ook een francofiel die in de donkerste dagen van 1940 zelfs een verbond tussen Frankrijk en Groot-Brittannië had voorgesteld. Maarschalk Pétain had het voorstel op voorhand afgewezen als een 'huwelijk met een lijk'. In tegenstelling tot De Gaulle verkozen veel pétainisten collaboratie met de Duitsers boven doorvechten samen met de Britten. De Gaulle was trouwens heel goed behandeld door de Britten. Hij had het aan hen te danken dat Frankrijk zijn plaats kon innemen tussen de zegevierende geallieerde landen. Dat hadden Churchill en Eden tijdens de conferentie van Jalta weten te bewerkstelligen, gedeeltelijk in de hoop dat Frankrijk en Groot-Brittannië in staat zouden zijn om Europa zonder de hulp van de Amerikanen van Duits revanchisme te vrijwaren. De Gaulle had het ook aan de Britten te danken dat hij als leider van de voorlopige Franse regering op 25 augustus 1944 voor het Hôtel de Ville kon plaatsnemen en kon zeggen: 'Parijs, gekrenkt Parijs; Parijs, gebroken Parijs; gemarteld Parijs, maar bevrijd Parijs, bevrijd door zijn volk, met de hulp van het Franse leger, met de hulp en de steun van heel Frankrijk, Frankrijk als geheel, het ware Frankrijk, het eeuwige Frankrijk!'

Toch bleef De Gaulle de 'Angelsaksen' er altijd van verdenken dat ze afbreuk wilden doen aan de status van Frankrijk, zelfs toen meer dan honderdduizend geallieerde soldaten op het punt stonden hun leven in de waagschaal te stellen om het land te bevrijden. Uit ergernis over het bokkige gedrag van de generaal zei Churchill tijdens die bijeenkomst op 4 juni iets wat eindeloos zou worden aangehaald, niet in de laatste plaats door De Gaulle zelf, om te wijzen op de kloof tussen Groot-Brittannië en het Europese continent: 'Let wel – telkens wanneer we tussen Europa en de open zeeën moeten kiezen, zullen we altijd voor de open zeeën kiezen. Telkens wanneer ik tussen u en Roosevelt moet kiezen, zal ik altijd voor Roosevelt kiezen.'

Maar daarmee was wat Churchill betreft het laatste woord nog niet gezegd. In 1946 kwam hij tijdens een toespraak aan de universiteit van Zürich terug op het idee waarover hij het eerder in Teheran had gehad. Met een opmerkelijk vooruitziende blik en zelfs met generositeit stelde Churchill zich 'een soort Verenigde Staten van Europa' voor waarin Duitsland en Frankrijk 'samen het voortouw zullen nemen'. In een verenigd Europa, zei hij, konden mensen 'de Vier Vrijheden waarover de grote president Roosevelt heeft gesproken genieten en hun leven leiden in overeenstemming met de beginselen die zijn vastgelegd in het Atlantisch Handvest'.

En wat was de rol van Groot-Brittannië in het toekomstige Europa? Churchill zag Groot-Brittannië en het Gemenebest als een model voor de Europese eenheid. Samen met de Verenigde Staten en, in het ideale geval, de Sovjet-Unie zouden ze de 'vrienden en raadgevers van het nieuwe Europa' zijn. Maar vrienden en raadgevers zijn geen leden. Churchill kon zich absoluut niet voorstellen dat Groot-Brittannië geen imperium zou hebben en als een gewoon Europees land of zelfs als primus inter pares tussen de andere Europese landen zou plaatsnemen. Dat viel ook nauwelijks van hem te verwachten. Hij was een kind van het victoriaanse tijdperk. Het tragische was dat heel veel andere Engelsen van daaropvolgende generaties het zich ook niet konden voorstellen.

3

Het imperium is dood, lang leve het imperium

> Mijn indruk van onze leiders is die van een acrobaat op een strakgespannen koord waaronder een groot net is gespannen: ze weten dat ze gezichtsverlies zullen leiden als ze in het net (USA) vallen, maar er niet aan dood zullen gaan.
>
> Isaiah Berlin[1]

Churchills laatste ontmoeting met Roosevelt vond plaats op 14 februari 1945, aan boord van de USS Quincy, die voor de Egyptische kust voor anker lag. De bijeenkomst duurde minder dan twee uur. Roosevelt zag er slecht uit. Churchill had het gevoel dat hij 'een broos contact met het leven had'. Ze spraken nog wel over de Britse deelname aan het atoomwapenprogramma dat zou eindigen in de bombardementen op Hiroshima en Nagasaki. Groot-Brittannië had in 1940 het initiatief genomen voor onderzoek naar atoomwapens en gegevens met de Verenigde Staten gedeeld. In 1943 kwamen Roosevelt en Churchill overeen om de Britse en Amerikaanse onderzoeksprogramma's samen te voegen, hoewel de Verenigde Staten ondertussen behoorlijk voorliepen op de Britten en steeds behoedzamer werden. Churchill wilde de samenwerking ook graag voortzetten na de oorlog, wanneer het Britse imperium, zoals hij verwachtte, samen met de Verenigde Staten de orde in de wereld zou handhaven. De president had er geen bezwaar tegen.

Twee maanden later was Roosevelt dood. Volgens de Britse historicus David Reynolds is de Bijzondere Relatie die klap nooit echt te boven gekomen. De persoonlijke chemie tussen de twee oorlogsleiders had een belangrijke rol gespeeld. De band zou de oorlog hoogstwaarschijnlijk toch niet hebben overleefd, in elk geval niet in dezelfde vorm, omdat er van gelijkwaardigheid geen sprake meer kon zijn, zelfs niet voor de show. Groot-Brittannië was bijna bankroet door de oorlog, zoals Churchill de nieuwe president, Harry Truman, in de zomer van 1945 in Potsdam liet weten. Zijn land kon de industriële macht van de Amerikanen onmogelijk evenaren. En hoewel een groot deel van het imperium nog een paar jaar in ere werd hersteld, zou Groot-Brittannië steeds vaker te maken krijgen met opstanden die slechts met de grootste moeite te onderdrukken waren omdat koloniale volkeren geen zin hadden om zich het Britse bestuur nog langer te laten welgevallen. Churchill wist dat misschien maar al te goed en beklaagde zich ook tegenover Truman over de tanende Britse invloed in de wereld, maar zelfs hij had niet kunnen voorzien dat de macht van Groot-Brittannië zo snel zou afbrokkelen. Dat wilde hij eigenlijk ook niet accepteren. In wezen hebben romantische nationalisten in Engeland dat nog steeds niet geaccepteerd. Naar het idee van veel Britten bleef de Bijzondere Relatie ook een essentieel onderdeel van de nationale identiteit, hoewel maar weinig Amerikanen, of misschien zelfs geen enkele, de band als een belangrijk onderdeel van hun zelfbeeld zouden beschouwen.

Tijdens hun eerste lunch in Potsdam, waar de drie overwinnaars van de oorlog bijeen waren gekomen om over de toekomst van de wereld te spreken, konden Truman en Churchill het best goed met elkaar vinden. Truman was enigszins geïntimideerd door Churchills reputatie en Churchill ervoer de afwezigheid van Roosevelt als een groot gemis, maar wist zeker dat hij wel overweg zou kunnen met de nieuwe president, met wie hij persoonlijk vrijwel niets gemeen had. Hij zei tegen Truman hoezeer hij de Verenigde Staten bewonderde en dat het zijn bedoeling was om net zo van Truman te houden als hij van Roosevelt had gehouden. Truman dacht dat ze wel vrienden zouden kunnen worden, als Churchill tenminste wat minder zou slijmen.

Tien dagen later kreeg Truman, die nog steeds in Potsdam was, te maken met een nieuwe premier, Clement Attlee. De meeste Britten hadden er net als de meeste koloniale onderdanen weinig voor gevoeld om terug te keren naar de vooroorlogse sociale orde nadat ze zoveel hadden opgeofferd om de oorlog te winnen. Ze hadden gekozen voor een welvaartsstaat met fatsoenlijke huisvesting, een ziekenfonds en goed openbaar onderwijs en hadden er geen bezwaar tegen wanneer de kolen- en de staalindustrie, het openbaar vervoer en zelfs de Bank of England werden genationaliseerd. Ze bewonderden Churchill als oorlogsheld, maar hij was typisch een man van het verleden en daarom hadden ze hem weggestemd. De president had opeens niet meer te maken met een aristocratische imperialist met een sigaar – het soort Engelsman dat door de meeste Amerikanen met grote argwaan werd bekeken – maar moest een band zien aan te knopen met een socialist, een type dat veel Amerikanen met nog meer wantrouwen bezagen.

Trumans eerste indruk van Attlee en zijn potige, volkse

minister van Buitenlandse Zaken, Ernest Bevin, was niet erg gunstig. Zuurpruimen waren het. Truman vond Attlee minder scherp dan die 'dikke oude Winston' en Bevin was 'tamelijk zwaarlijvig voor een minister van Buitenlandse Zaken'.[2] Dat klinkt nogal snobistisch uit de mond van een boerenzoon uit Missouri, maar Truman zou zijn mening over de beide mannen al snel bijstellen. Ook zijn eerste indruk van Stalin – 'Ik mag Stalin wel. Hij is rechtdoorzee' – moest hij later herzien. Stalin deed Truman nog het meest denken aan de maffiose politieke baas Tom Pendergast uit Kansas, die Truman op weg had geholpen in de politiek.

Attlee was een soort anti-Churchill. Waar Churchill in Potsdam in vol militair ornaat was verschenen en zich had vermeid in alle eerbetonen waarop hij, de grote man, werd vergast, had Attlee de discrete houding van een chef van een bankfiliaal, een kalme pijproker die van zijn kopje thee en zijn partijtje cricket genoot. Die indruk was misleidend: Attlee kwam uit een bemiddeld milieu, had op een chique privéschool gezeten en was afgestudeerd aan Oxford. Hij imponeerde de onervaren en provinciale Truman met zijn kennis over buitenlandse betrekkingen. En hij kon zich voldoende ontspannen om met de president plaats te nemen achter de piano en schuine liederen te zingen uit de Eerste Wereldoorlog, waarin ze beiden als soldaten hadden gediend. (Attlee had zelfs dapper strijd geleverd tijdens de verschrikkelijke slag tegen de Turken bij Gallipoli, een debacle waarvoor Churchill verantwoordelijk was aangezien hij de veldtocht van achter zijn bureau bij het ministerie van Marine in Londen had uitgedokterd.)

De premier had ook heel andere ideeën dan Churchill over een van de belangrijkste geschilpunten tussen de Amerikaanse en Britse oorlogsleiders, namelijk India's streven naar onafhankelijkheid. Al tijdens de oorlog vond

Attlee dit streven volledig gerechtvaardigd. Groot-Brittannië had zelfbestuur beloofd en zou die belofte moeten waarmaken. Hij zag dit als een patriottische plicht. In zijn ogen waren niet alle aspecten van het kolonialisme verwerpelijk. Attlee was een enthousiast lezer van het werk van Rudyard Kipling. Naar zijn mening had het Britse imperium niet alleen verschrikkingen maar ook veel goeds gebracht. Attlees doel was om het imperium geleidelijk te transformeren tot een gemenebest van vrije landen, die onder welwillende Britse voogdij de idealen van het democratische burgerschap zouden hooghouden.

Hij was echter ook links, maar niet, zoals hij tegen zijn vrouw Violet zei, 'rabiaat links'. In zijn partijmanifest van 1945 werd het letterlijk gezegd: 'De Labour Party is een socialistische partij en is daar trots op.' Dat was waarschijnlijk verontrustend voor veel Amerikanen, die niet konden begrijpen hoe de Verenigde Staten in hemelsnaam een nauwe band konden onderhouden met een socialistisch land. Attlee moest hun vertrouwen winnen. Naar later bleek hadden de Amerikanen minder redenen om zich af te vragen of ze de Britten wel konden vertrouwen dan andersom. Maar eigenlijk was het vooral opvallend dat Attlee en Bevin min of meer hetzelfde dachten over de rol die Groot-Brittannië in de wereld moest spelen als Churchill, de kwestie van de Indiase onafhankelijkheid natuurlijk daargelaten.

In zijn eerste toespraak voor het Lagerhuis in 1945 verbijsterde Attlee de linkervleugel van zijn partij door te verklaren dat de grondslag van zijn buitenlandbeleid dezelfde zou zijn als die van de oorlogscoalitie waarin hij en Bevin als minister hadden gediend. Toen ze in Potsdam waren geland, merkte Bevin op dat 'hij niet zou toestaan dat er met Groot-Brittannië werd gesold'.[3] Hij had zowel de Amerikanen als de Russen in gedachten. Ondanks, of misschien juist vanwege, hun Britse versie van het socialisme koesterden Bevin en Attlee al wantrouwen tegen de Russen toen Truman nog dacht dat Stalin een fatsoenlijke kerel was (en Churchill bleef hopen dat hij zaken persoonlijk met Stalin kon regelen, als grote leiders onder elkaar). Ook Truman volgde de lijn die tijdens de oorlog was uitgestippeld; net als Roosevelt was hij bang dat de Russen de indruk zouden krijgen dat hij tegen hen samenspande met de Britten.

Nadat Churchill minder dan een jaar na de bevrijding van Europa in zijn beroemde toespraak in Fulton, Missouri, had gewaarschuwd dat er een ijzeren gordijn was neergelaten op het Europese continent en gezegd dat de vrede moest worden bewaard door 'een broederlijk bondgenootschap van de Engelssprekende volkeren', voelde Truman zich gedwongen te roepen dat Churchill te ver was gegaan en de Russen misschien had beledigd. In werkelijkheid had Truman de toespraak vooraf gelezen en goedgekeurd. Churchill was weer warmgelopen voor een van zijn oudste thema's en had zijn toehoorders bezworen dat het de plicht van het Britse Rijk en de Verenigde Staten was om 'ons duidelijk en onbeducht uit te spreken over de geweldige beginselen van vrijheid en de rechten van de mens die het gemeenschappelijke erfgoed vormen van de Engelssprekende wereld en die via de Magna Carta, de Bill of Rights, habeas corpus, de juryrechtspraak en de common law hun beroemdste uitdrukking vinden in de Amerikaanse Onafhankelijkheidsverklaring'.

Drie maanden eerder had Attlee tijdens zijn bezoek aan de Verenigde Staten in zijn toespraak tot de Congresleden bijna exact dezelfde woorden gebruikt: 'Wij in de Labour Party verklaren dat we instemmen met de mensen die voor de Magna Carta en habeas corpus hebben gestreden, met de Pilgrim Fathers en met de ondertekenaars van de Onafhankelijkheidsverklaring.' De twee landen, voorspelde hij, zouden een steeds nauwere vriendschapsband krijgen omdat ze werden verenigd door 'zaken van de geest' en een gedeeld geloof in de 'geldigheid van het morele gebod waarop onze hele beschaving is gebaseerd'.[4]

Maar voordat Groot-Brittannië de begeerde rol kon spelen bij het uitdragen van het Anglo-Amerikaanse gedachtegoed moest eerst een oplossing worden gevonden voor de toestand die Maynard Keynes had omschreven als het 'financiële Duinkerken' van het land. In de zeven naoorlogse decennia zou te pas en te onpas, en meestal te onpas, worden verwezen naar Duinkerken en München – dat wil zeggen München 1938 – als rechtvaardiging voor beleid dat vaak niet te rechtvaardigen was. Het spook van Duinkerken doemde extra onheilspellend op toen Truman, slechts vijf dagen nadat Japan was verslagen, de Leen- en Pachtwet introk. Omdat deze wet Groot-Brittannië overeind had gehouden, moest de Britse regering zich nu eerst afvragen of ze haar eigen bevolking nog wel kon voeden, voordat ze kon nadenken over de handhaving van de orde in de wereld.

Keynes was een van de architecten van het akkoord van Bretton Woods uit 1944, dat in de invoering van een systeem van vaste wisselkoersen ten opzichte van de dollar voorzag. Nu moest hij bij de Amerikanen gaan bedelen om een lening en ervoor zorgen dat de uitgeputte Britse schatkist weer enigszins gevuld raakte. Hij was naar Washington gestuurd om te onderhandelen en hoopte minstens vijf miljard dollar los te krijgen. Zoals zo vaak bij Anglo-Amerikaanse betrekkingen moesten er eerst allerlei vooroordelen worden overwonnen, niet in de laatste plaats die van Keynes zelf. Hij meende dat de Amerikanen vanwege hun gebrek aan eigen traditie en historisch besef ongeschikt waren als wereldleiders. Die rol konden Groot-Brittannië en zijn imperium beter op zich nemen, met hulp van de Amerikanen natuurlijk. Veel Amerikanen waren daarentegen constant bezorgd dat ze werden belazerd door die perfide Engelsen. Dean Acheson, Trumans montere minister van Buitenlandse Zaken, merkte ooit op hoe vreemd het was dat de Verenigde Staten weliswaar meer problemen hadden met de Fransen, maar 'de openhartiger Britten' er toch van verdachten dat ze 'de baas over ons spelen'.[5]

De wederzijdse vooroordelen versterkten elkaar. Harold Macmillan gaf een beroemde karakterisering van de typisch Britse houding toen hij in 1943 minister-president in Algiers was. Tegen Richard Crossman, een jonge inlichtingenofficier en latere minister, zei hij: 'Wij, mijn beste Crossman, zijn de Grieken in dit Amerikaanse Rijk. Je zult ongeveer hetzelfde van de Amerikanen vinden als de Grieken van de Romeinen – geweldige, grote, vulgaire, drukke mensen die veel daadkrachtiger zijn dan wij en ook luier, met meer onbedorven deugden en ook corrupter.'[6]

Dit beeld van de Amerikanen werd gepopulariseerd in een hele stroom films en romans, vooral die van Graham Greene: Pyle, de stille Amerikaan, die in Vietnam een hoop ellende aanricht met zijn grenzeloze naïviteit, of Holly Martins in *De derde man*, de argeloze auteur van cowboyromans die zich in de ruïnes van het naoorlogse Wenen waagt, waar een wereldwijze, cynische Britse officier hem tevergeefs probeert te waarschuwen voor de criminele bendes in de bezette stad, waarvan er één wordt geleid door een zeer corrupte Amerikaan. De andere kant van het verhaal wordt belicht in een groot aantal Hollywoodfilms, waarin sinistere en geslepen Engelse boeven met een bekakt accent misbruik maken van fatsoenlijke goedgelovige burgers. Het was geen toeval dat de gelikte George Sanders in 1967 door de Disneystudio's werd gecast als de zoetgevooisde stem van Shere Khan, de mensenhatende tijger uit *The Jungle Book*.

In de winter van 1945 vroeg Richard Russell, de senator uit Georgia, zich af waarom Groot-Brittannië eigenlijk überhaupt een lening moest krijgen. Was Groot-Brittannië per slot van rekening geen decadent land?[7] Uiteindelijk wist Keynes een lening van 3,75 miljard dollar los te krijgen, rentevrij voor zes jaar. Het was iets, maar lang niet genoeg, vooral niet omdat de Verenigde Staten vrije inwisselbaarheid van het pond sterling ten opzichte van de dollar eisten en beëindiging van de *imperial-preference*-tarieven waarmee de pondsterlingzone werd beschermd. Dat alles uit naam van de vrijhandel, een ideologie waarop Amerikanen zich vaak beriepen om hun eigen belangen te bevorderen. De Amerikaanse lening was in een keer op toen de debiteuren en partners uit de sterlingzone een run op de Britse schatkist deden en hun ponden omwisselden voor dollars. Duinkerken doemde weer op. Alleen het Marshallplan kon Groot-Brittannië nog redden.

De Britse aspiraties kregen al snel nog meer klappen te verduren. In november 1945 vloog Attlee naar Washington in de hoop dat hij net als zijn voorganger de 'steeds nauwere vriendschapsband' met de Verenigde Staten kon bestendigen en ervoor kon zorgen dat Groot-Brittannië een volledig geïnformeerde partner in de ontwikkeling van nucleaire technologie zou blijven. Hij geloofde dat Groot-Brittannië moest worden beschermd door de atoombom. Attlee had de oude fixatie op de macht over de zeeën achter zich gelaten en geloofde dat de wijze van oorlogvoering door de nieuwe technologie was veranderd. Maar hij speelde publiekelijk met het idee dat nucleaire geheimen gedeeld moesten worden door leden van de Verenigde Naties. Churchill had hem aangeraden dat juist niet te doen; zulke verschrikkelijke machten konden beter veilig in de handen van de Amerikanen, Britten en Canadezen blijven. De Amerikanen besloten al snel dat ze beter in hun eentje voor de veiligheid konden zorgen. Maar doordat Attlee tijdens zijn bezoek aan Washington over de Verenigde Naties was begonnen konden de Verenigde Staten hem wel voorlopig zoet houden met beleefde verhalen over de oprichting van speciale commissies die een en ander verder zouden onderzoeken. Toen het Congres in 1946 de Atomic Energy Act aannam om te voorkomen dat technologische informatie met buitenlandse mogendheden zou worden gedeeld, uitte Attlee zijn teleurstelling tegenover Truman, maar was hij wel zo beleefd om de president daar niet persoonlijk de schuld van te geven. Het was alweer een aanwijzing dat bloemrijke Britse toespraken over de Magna Carta en de Onafhankelijkheidsverklaring in Washington weinig indruk maakten. Vanuit Amerikaans perspectief was de verhouding tussen de Amerikanen en Groot-Brittannië gewoon niet meer zo bijzonder.

En toch had Groot-Brittannië nog behoorlijk wat macht door zijn enorme vloot en het grote aantal militaire bases over de hele wereld. Attlees nobele streven om het imperium om te vormen tot een gemenebest was niet bedoeld om het aanzien of de invloed van Groot-Brittannië te verminderen. Eigenlijk wilde hij gewoon de macht en het prestige van een imperium, maar dan zonder imperium. De reden waarom hij wilde dat Groot-Brittannië een eigen atoombom had was enerzijds om het Westen tegen aanvallen van de Sovjet-Unie te beschermen, maar anderszijds om de Verenigde Staten te kunnen bijbenen, misschien niet als gelijke, maar in elk geval als een partner die iets voorstelde. De Britten en de Amerikanen zouden er gezamenlijk voor zorgen dat de wereld veilig bleef, met de Sovjet-Unie als hinderlijke en meestal vijandige tegenspeler die te machtig was om te negeren. In sommige landen, zoals Griekenland, waar een verschrikkelijke burgeroorlog woedde en waar de Britten de conservatieve monarchistische regering steunden in de strijd tegen voornamelijk communistische rebellen, verlangde Londen wanhopig naar steun van Washington.

In Palestina, dat nog altijd een Brits mandaatgebied was, liepen het geweld tussen Arabieren en Joden en de terreuraanslagen tegen de Britten zo uit de hand dat Churchill er, als oppositieleider, voor pleitte om de Amerikanen de zaak van de Britten te laten overnemen. Truman bood echter geen hulp aan, maar eiste dat 100 000 Joden onmiddellijk toestemming zouden krijgen om naar Palestina te emigreren, in plaats van de 1500 per maand die de Britten bereid waren toe te laten. Het Britse beleid om Joodse immigratie in te dammen uit angst voor meer geweld werd door tegenstanders (vooral mensen van links) bekritiseerd en omschreven als 'het Palestijnse München'. Truman vond ongetwijfeld dat de Europese Joden al genoeg hadden geleden en het recht hadden om veiligheid te zoeken in hun eigen beloofde land. Maar door zijn beslissing escaleerde een toestand die al explosief was zo erg dat een politieke oplossing steeds verder uit het zicht raakte. Bevins opmerking dat de Amerikanen de Joden aanmoedigden om naar Palestina te emigreren omdat ze er niet nog meer in New York wilden, was op zijn zachtst gezegd nogal bot, maar bevatte wel een ongemakkelijke waarheid.

Uiteindelijk constateerden de Britten dat ze de situatie niet meer in de hand hadden en besloten ze hun mandaat te beëindigen. Omdat de Verenigde Staten zich niet met de onoplosbare problemen in Palestina wilden bemoeien, moest er maar in de Algemene Vergadering van de Verenigde Naties worden gestemd over de vraag hoe het land tussen Arabieren en Joden moest worden verdeeld. De Britten geloofden dat een tweestatenoplossing – een oplossing waar de Arabische landen fel tegen waren – nog jarenlang voor onrust in het Midden-Oosten zou zorgen en besloten zich van stemming te onthouden. De Verenigde Staten stemden net als Australië, Canada, Nieuw-Zeeland en Zuid-Afrika voor de resolutie. Over deze kwestie, en over de vele andere die nog zouden volgen, was het broederlijke bondgenootschap van Engelssprekende volken dus een stuk minder eensgezind dan Churchill en Attlee hadden gehoopt. Een jaar later brak de eerste grote Arabisch-Israëlische Oorlog uit.

Een van de meest gehoorde clichés over het einde van de jaren veertig, toen de Koude Oorlog begon, is dat een formeel Brits imperium 'het stokje overdroeg' aan een informeel Amerikaans Rijk. Dat is een grove simplificatie. Veel Amerikanen wilden niet dat hun land in buitenlandse aangelegenheden verstrikt raakte, en de Verenigde Staten waren nog steeds een terughoudende speler op het wereldtoneel. In Afrika, het Midden-Oosten, Zuidoost-Azië en zelfs Europa lieten de Amerikanen Groot-Brittannië met alle genoegen de orde bewaren. Soms wilden de Britten dat de Verenigde Staten zich er wat meer mee bemoeiden en soms was het andersom. Maar het was nooit zo dat de Verenigde Staten het gewoon overnamen. De Amerikanen hadden zelfs eerder de neiging om de economische problemen van het Verenigd Koninkrijk te bagatelliseren en het Britse vermogen om zich te laten gelden in de wereld te overschatten.

Toen de Sovjetautoriteiten in 1948 de westelijke sectoren van Berlijn blokkeerden in de hoop de andere geallieerde mogendheden uit de stad te verdrijven, waren het de Britten en niet de Amerikanen die het initiatief voor de beroemde luchtbrug namen en tonnen voedsel en brandstof aanvoerden om de hongerige bevolking in leven te houden. Een jaar lang scheerden er continu legervliegtuigen over de hoofden van de juichende Berlijners om hun vracht af te leveren. Het was een van de laatste operaties die vrijwel geheel door troepen uit Groot-Brittannië, de Verenigde Staten en het Gemenebest werden uitgevoerd. Maar het kostte Ernest Bevin heel wat moeite om de Amerikanen bij deze gemeenschappelijke operatie van de Engelssprekende volkeren te betrekken. Dat had hij uiteindelijk weten te bereiken, zoals later zo vaak zou gebeuren, door te herinneren aan het spook van München. Bevin wilde geen *appeaser* zijn. Ook Churchill herinnerde er in het openbaar nog maar eens aan wat er was gebeurd toen Chamberlain Hitlers leger had toegestaan om Tsjecho-Slowakije binnen te marcheren.

Een jaar nadat er een einde was gekomen aan de succesvolle luchtbrug verzochten de Britten de Amerikanen met klem om de Fransen in Indochina bij te staan om te voorkomen dat de communisten van Hô Chí Minh de macht zouden grijpen. De invloedrijkste pleitbezorger van dit standpunt was de Britse gouverneur-generaal in Singapore, Malcolm MacDonald, een aimabele Azië-expert die er stellig van overtuigd was dat Malaya, Thailand en de rest van Zuidoost-Azië vanzelf zouden volgen wanneer Vietnam in communistische handen zou vallen – de inmiddels beruchte dominotheorie, die twee decennia later ontelbaar veel Aziatische en Amerikaanse levens zou kosten. Ook hij leefde nog in de schaduw van 1938, toen hij in München de kant van Chamberlain had gekozen. Sommige Amerikanen – onder wie Richard Nixon en John F. Kennedy – raakten in de ban van Malcolm MacDonalds theorie. Maar voorlopig bleven de Amerikaanse troepen nog weg uit Vietnam omdat de Amerikanen argwanend tegenover het Europese imperialisme stonden en er weinig voor voelden om hun zonen nogmaals naar de andere kant van de wereld te sturen om daar te sterven.

Een jaar later, toen Noord-Koreaanse troepen de Verenigde Staten wisten te overrompelen en er bijna in slaagden het zuiden van Korea te veroveren, was het de beurt aan de Amerikanen om de Britten om hulp te vragen. Nu reageerden de Britten nogal terughoudend. Ze waren bang dat ze Malaya, Hongkong en andere Britse gebieden in Azië zouden blootstellen aan communistische agressie als ze hun troepen naar het noorden verplaatsten en de vijandschap van China over zich zouden afroepen. Attlees ongevraagde advies aan Truman was om een overeenkomst te sluiten met het communistische China, dat in 1950 formeel door de Britten als staat was erkend. Republikeinen waren bang voor een Brits complot om Amerika concessies te laten doen aan 'de roden'. Maar Ernest Bevin, die altijd veel meer een rouwdouwer was dan zijn premier, herinnerde hem ter stichting en lering nog maar eens aan München.

Uiteindelijk stuurde Attlee toch troepen naar Korea, waaronder de Argyll and Sutherland Highlanders, die in de haven van Pusan werden onthaald door een Amerikaanse militaire kapel van zwarte soldaten die 'God Save the King' speelden. De premier beloofde ook dat hij het defensiebudget zou verhogen, hoewel Groot-Brittannië zich dat eigenlijk niet kon veroorloven. Toen de VN-troepen van generaal MacArthur in de barre winter van 1950 door een massale Chinese tegenaanval gedwongen werden zich naar het zuiden terug te trekken, brak er zoveel paniek uit in Washington dat er zelfs werd geopperd om atoombommen te gebruiken. Ditmaal werd het spook van Duinkerken opgeroepen, onder anderen door Dean Acheson, de minister van Buitenlandse Zaken. Dean Rusk, destijds de onderminister voor Zuidoost-Aziatische Zaken, zei dat de Amerikanen lering moesten trekken uit de heldenmoed van de Britten in 1940. Robert Schuman, de eerbiedwaardige Franse staatsman die later de eerste stenen voor een verenigd Europa zou leggen, was in tranen toen hij hoorde dat de Amerikanen hadden besloten om stand te houden. 'Godzijdank,' zei hij, 'wordt dit geen herhaling van het verleden.'[8]

Attlee besloot dat het tijd werd om naar Washington te vliegen en met de president tot een oplossing te komen. Hij was bang dat de Verenigde Staten Groot-Brittannië en de rest van de wereld zouden meesleuren in een oorlog met China en wilde graag de verzekering dat Groot-Brittannië zou worden geraadpleegd over het eventuele gebruik van kernwapens. Tijdens een goed gesprek met de president zou hij de zaken rechtzetten en de band versterken. Acheson zag Attlee als de drager van een jobstijding: hij leek troost te bieden maar maakte je alleen maar gedeprimeerder. Hij vergeleek Attlees denken met 'een lange melancholische zucht'.[9] Attlee vond dat de geallieerde mogendheden zich moesten terugtrekken uit Korea en Taiwan (dat in het Westen destijds nog bekendstond als Formosa) en China moesten toelaten tot de Verenigde Naties. Truman antwoordde dat China en Korea vanuit Moskou werden geregeerd. Hij herhaalde zijn Trumandoctrine, die hij voor het eerst in 1947 onder woorden had gebracht: 'De enige manier om het communisme tegemoet te treden is door het te elimineren.'[10] De doctrine was opgesteld nadat Groot-Brittannië zich uit Griekenland had teruggetrokken. Aangezien de Britten niet meer in staat waren het communisme tot staan te brengen, concludeerde Truman, moesten de Amerikanen dat maar doen.

Attlees onderhandelingsstijl was, in Achesons woorden, 'eerder die van een beminnelijke dan van een agressieve kruisverhoorder'.[11] Daardoor wist hij Truman soms tot onbezonnen beloftes te verleiden. Acheson moest de president ervan weerhouden om de Britten te beloven dat hij hen zou raadplegen wanneer hij ooit besloot een kernwapen in te zetten. In wezen leverde zijn bezoek aan Washington Attlee niet veel op, behalve de vage verzekering dat de Britse regering altijd zou worden ingelicht over belangrijke gebeurtenissen. Attlee vatte dit op als een bevestiging dat de Verenigde Staten en Groot-Brittannië nog steeds partners waren, 'die ongetwijfeld niet even machtig zijn, maar wel evenveel stem hebben'. Hij probeerde het Britse publiek te verzekeren dat de atoomwapens veilig waren in Amerikaanse handen. Een republikeinse senator uit Californië, die nog woedend was over de manier waarop de Verenigde Staten China hadden 'verloren' aan de communisten, zag in iedere concessie aan de Britten echter 'de kiem voor een München in het Verre Oosten'.[12]

Truman kondigde de noodtoestand af en belegde een conferentie voor alle ministers van Buitenlandse Zaken van het westelijke halfrond waar de communistische dreiging 'voor de hele vrije wereld' zou worden besproken. De oude clichés werden weer van stal gehaald om de laatste crisis te beschrijven. *The New York Times* berichtte op 17 december 1950 dat de vrije volkeren van Europa instemmend hadden gereageerd op Trumans '*no-appeasement*'-toespraak, 'waarin [Truman] plechtig had beloofd dat hij een "arsenaal voor de vrijheid" zou aanleggen'. Hij had benadrukt dat 'de wereldheerschappij' het doel was van het 'communistische imperialisme'.

In Groot-Brittannië was de noodtoestand niet uitgeroepen, meldde *The Los Angeles Times* diezelfde dag, omdat dat land 'al stringente prijscontroles en andere overheidsbeperkingen, dienstplicht en de hoogste belastingen ter wereld had'. In de praktijk betekende dit niet alleen dat burgers in Groot-Brittannië meer belasting betaalden dan mensen in andere landen, maar ook dat voedsel en suiker er nog op de bon waren, terwijl dat in andere Europeese landen, waaronder het vernederde en verslagen Duitsland, niet meer zo was. De conservatieven beloofden een einde te maken aan de rantsoeneringen en deden dat ook onmiddellijk nadat ze in 1951 waren herkozen. Attlee legde aan het parlement uit dat de bezuinigingsmaatregelen en herbewaping essentieel waren om 'onze eigen bijzondere relatie' met de Amerikanen in stand te houden.[13]

Tegelijkertijd werd Groot-Brittannië geconfronteerd met een dilemma waarmee alle wereldrijken in verval te maken krijgen: hoe de macht af te staan zonder chaos te creëren? Wanneer er een einde komt aan het oude bestuur, hoe onderdrukkend of impopulair dat ook is, breken er vaak bloedige burgeroorlogen uit. In 1972 werd Harold MacMillan in het televisieprogramma van de zeer conservatieve William F. Buckley gevraagd of de Afrikaanse leiders volgens hem aan het einde van de jaren zestig wel klaar waren geweest voor de onafhankelijkheid. Absoluut niet, antwoordde hij. Had Groot-Brittannië er dan wel verstandig aan gedaan om de macht over te dragen? Zeker wel, zei MacMillan, die vervolgens een wijze oude diplomaat in Afrika citeerde. Als je het koloniaal bestuur voortzet zullen de beste en intelligentste mensen in de gevangenis verpieteren, terwijl ze juist moeten leren hoe ze een land moeten besturen. Per slot van rekening, zei MacMillan, 'is het hun land, en niet het onze'. De rechtse Buckley leek perplex door dit antwoord, dat hij niet had verwacht van een man die hij enorm bewonderde.

Dat postimperiale dilemma, dat zich ook in Palestina had voorgedaan, kwam op een uiterst bloedige manier aan het licht toen Attlee besloot dat India in 1948 onafhankelijk moest worden, hoe onvoorbereid of verdeeld de Indiase leiders op dat moment ook waren. De premier hoopte zelfs dat het Britse besluit tot eensgezindheid onder de Indiase bevolking en een harmonieuze oplossing zou leiden. Bevin was sceptisch en wilde dat de Britten nog iets langer in India bleven, zoals hij ook had aangedrongen op Brits toezicht op het Suezkanaal en de Iraanse olie, om te voorkomen dat deze in Russische handen zouden vallen. Maar Attlee was niet te vermurwen. Het land dreigde nu verscheurd te raken na de jaren van de Britse verdeel-en-heerspolitiek. Hindoes en moslims vochten om hun politieke status. Grenzen werden vaak gehaast en willekeurig getrokken. Uit angst voor een burgeroorlog vervroegden de Britten de onafhankelijkheidsdatum. Op 15 augustus 1947 werden India en Pakistan onafhankelijk. Tijdens de daaropvolgende geweldsuitbarstingen sloegen meer dan veertien miljoen mensen op de vlucht en kwamen twee miljoen mensen om het leven, en vaak op een gruwelijke manier.

Er zou nog tien jaar worden gevochten tussen troepen uit Groot-Brittannië en het Gemenebest en de communistische guerrilla's voordat ook Malaya en Singapore zich van het koloniale juk hadden bevrijd. En het duurde nog langer voordat er een einde kwam aan het imperium in Afrika. Hongkong bleef tot 1997 over als laatste koloniale buitenpost. Maar aan het einde van de jaren veertig was het einde van het imperium al in zicht. En het idee dat Groot-Brittannië dankzij de Gemenebestlanden nog heel lang een rol kon spelen als grote mogendheid was een hersenschim, ondanks het feit dat de begrafenis van George de Zesde in 1952 werd opgeluisterd door duizenden soldaten van verschillende huidskleur van over de hele wereld, die langzaam op het geluid van omfloerste trommels door de straten van Londen marcheerden. In 1962 maakte Dean Acheson zijn beroemde opmerking dat Groot-Brittannië zijn imperium was kwijtgeraakt, maar nog geen nieuwe rol had gevonden. Als hij een vooruitziende blik had gehad, had hij dat ook tien jaar eerder kunnen zeggen. Wat hij niet zei, maar wel had kunnen zeggen, was dat de rol van de Verenigde Staten in de wereld misschien net zo ongrijpbaar zou kunnen zijn.

Achteraf is het gemakkelijk om de Britse leiders, en misschien wel de meeste Britten, te veroordelen omdat ze de tanende invloed van hun land niet eerder hebben onderkend. *The finest hour* stond nog in het geheugen van de Britten gegrift. Grote delen van de wereldkaart waren nog altijd Brits-imperialistisch roze gekleurd. Het ging nog voorspoedig met de Britse industrie. De Britse export was even groot als die van Frankrijk, Duitsland, België, Nederland, Noorwegen en Denemarken samen. Het Festival of Britain in 1951 was een trots eerbetoon aan de Britse vooruitgang in de moderne architectuur, kernfysica, straalaandrijving, radar en 'alle vaardigheden waar de Britse arbeider beroemd om was'. Volgens de meeste mensen – en niet alleen in Groot-Brittannië – was Brits nog steeds het beste.

Wat die mensen niet wilden inzien, was dat de geteisterde landen van Europa, en met name Duitsland, hun achterstand heel snel aan het inhalen waren. Tussen 1947 en 1951 steeg de Britse industriële productie met 30 procent, die van Frankrijk met 50 procent en die van Duitsland met 300 procent. Het loonde om op een dieptepunt te beginnen. Maar de enkeling die zag wat er aan de hand was, mocht de zelfgenoegzame stemming in het land niet drukken. Een van die mensen was ene sir Henry Tizard, de belangrijkste wetenschappelijk adviseur van het ministerie van Defensie. In 1949 schreef hij: 'We zien onszelf nog altijd als een Grote Mogendheid, die tot alles in staat is en slechts tijdelijk last heeft van economische problemen. We zijn geen Grote Mogendheid en zullen dat ook nooit meer worden. We zijn een grote natie, maar als we ons als een Grote Mogendheid blijven gedragen, zijn we binnenkort ook geen grote natie meer.'[14]

Tizard had een scherp beeld van de toekomst, maar onderschatte misschien de macht van het Britse prestige, want in feite had Groot-Brittannië zonder moeite een geschikte rol kunnen vinden. Die werd in 1950 met gepaste eerbied aangeboden. Twee Fransen, Jean Monnet en Robert Schuman, kwamen met een gedurfd plan. Als Frankrijk en Duitsland hun productie van kolen en staal, de onontbeerlijke grondstoffen voor een oorlog, onder het gezag van een hogere Europese autoriteit brachten, zou een toekomstig gewapend conflict in Europa ondenkbaar worden. Dit nieuwe model van gedeelde soevereiniteit over vitale hulpbronnen moest de basis worden van iets waarvoor Churchill al in 1946 had gepleit: een federale Europese Unie. De Fransen wilden maar al te graag en de Duitsers waren dolenthousiast. Italië en de Beneluxlanden zouden ook meedoen. En Groot-Brittannië – het machtigste land van Europa, het land dat Europa van Hitler had bevrijd, het land waar iedereen tegenop keek – zou worden gevraagd om Europa als senior partner naar een zonniger toekomst te leiden.

De dag voordat Schuman zijn plan aankondigde was Dean Acheson in Parijs. Hij vond het een fantastisch idee. De Amerikanen zagen Groot-Brittannië maar al te graag het voortouw nemen bij de Europese integratie omdat ze er niets voor voelden om de Britse imperialistische rol 'over te nemen' en koesterden de hoop – die later ijdel zou blijken – dat de Amerikaanse betrokkenheid vanzelf overbodig zou worden wanneer Europa en de rest van de 'vrije wereld' hun defensie op orde zouden hebben en over sterke economische instellingen zouden beschikken. Vandaar in 1948 het Marshallplan om ervoor te zorgen dat Europa 'op eigen benen kan staan en ons met rust laat',[15] vandaar de NAVO om aan de gezamenlijke defensie tegen de Sovjet-Unie te bouwen. Groot-Brittannië hielp daar maar al te graag aan mee, maar juist omdat de aanwezigheid van de Amerikanen in Europa daarmee verzekerd was. Het andere voordeel, in Britse ogen, was dat Groot-Brittannië door zo'n trans-Atlantische regeling ook verzekerd was van de Bijzondere Relatie.

Op de dag dat het plan van Schuman werd aangekondigd had Acheson in Londen een bespreking met Bevin. De Britse minister van Buitenlandse Zaken, die ondertussen erg ziek was en nauwelijks zijn ogen kon openhouden tijdens vergaderingen, was woedend. Hij was niet naar behoren geraadpleegd. Dit was een Frans-Amerikaanse truc om de pragmatische Britten bij een of ander schimmig Europees project te betrekken. Hoe kon de trotse socialistische regering van Groot-Brittannië zijn welvaartsstaat nu in gevaar brengen door zijn belangrijke industrieën onder het gezag van supranationale instituties te plaatsen? Het idee van Europese economische integratie werd ook uitdrukkelijk verworpen in het manifest van de Labour Party. In het parlement verklaarde Attlee dat hij zich niet kon voorstellen 'dat Groot-Brittannië in de afzienbare toekomst een gewoon lid zal zijn van een zuiver Europese federale unie'.[16]

En zo kwamen de eerste leden van de toekomstige Europese Unie zonder de Britten in Parijs bijeen om hun plannen te bespreken. De Conservatieven betwijfelden of het wel verstandig was dat Groot-Brittannië zich zo afstandelijk opstelde. Churchill vroeg zich af wat er van Groot-Brittannië zou worden als Frankrijk en Duitsland een overeenkomst sloten en Groot-Brittannië zou worden uitgesloten van een gemeenschappelijke markt. Aan Attlee werd gevraagd of beslissingen over zulke belangrijke kwesties door de Labour Party of de regering moesten worden genomen. In een verslag van het parlementsdebat beschreef *The New York Times* haarscherp de onderliggende motieven. De vakbonden waren tegen Britse deelname, en daarom zaten de Conservatieven 'in een lastig parket omdat ze de standpunten van de regeringspartij verwerpelijk vinden, maar de filosofie van die partij niet durven aan te vallen uit angst stemmen te verliezen, aangezien het manifest ondanks de doctrinaire kortzichtigheid nauw overeenkomt met het Britse gevoel over Europa, ongeacht de partijlijnen'.[17]

Kortzichtigheid speelde zeker een rol. Maar het was meer dan dat. De Britten zagen zichzelf niet echt als Europeanen, zoals Bevin al tegen Schuman had gezegd. Ze waren het gewend om de wereld te besturen. Mandarijnen van het ministerie van Buitenlandse Zaken, die weinig sympathie hadden voor de socialistische ideeën van Attlee en Bevin, verlangden er al evenmin naar om deel uit te maken van Europa. Een invloedrijke figuur bij Buitenlandse Zaken, sir Roger Makins, had al in 1947 bezwaar gemaakt tegen Britse toetreding tot een Europese douane-unie, aangezien dat ten koste zou gaan van de banden met het Gemenebest en 'het einde van Groot-Brittannië als wereldmacht zou betekenen'.[18]

Voor veel Britse leiders leek het Europese vasteland, dat voor de nazi's was gezwicht terwijl alleen Groot-Brittannië moedig weerstand had geboden, verder weg dan de Verenigde Staten en misschien zelfs dan Nieuw-Zeeland. In 1930 schreef Churchill dat Groot-Brittannië zijn eigen droom en eigen taak had: 'We zijn verbonden met Europa, maar maken er geen deel van uit.'[19] En hij was vergeleken met zijn landgenoten nog een kosmopoliet. Tijdens een borrel ergens in Engeland in de jaren vijftig probeerde mijn Engelse moeder een gesprek aan te knopen met een Engelse vrouw die ze nooit eerder had ontmoet. Is het niet interessant, vroeg mijn moeder, die niet wist waarover ze anders moest beginnen, dat onze auto de enige met buitenlandse nummerborden was? 'Dat is niet iets om trots op te zijn,' snauwde de vrouw en keerde haar de rug toe.

Het oordeel dat Acheson achteraf met enige zelfgenoegzaamheid velde was zeker juist: 'Ondanks al mijn keiharde argumenten [...] maakte Groot-Brittannië zijn grootste vergissing van de naoorlogse periode door te weigeren deel te nemen aan de onderhandelingen over het Schumanplan. Zowel Groot-Brittannië als Europa lijdt nog altijd onder de schadelijke gevolgen van deze fout.'[20] Dat schreef hij in 1969, drie jaar voordat Groot-Brittannië uiteindelijk lid zou worden van de Europese Economische Gemeenschap. Ik schrijf dit aan het einde van 2019, nu Groot-Brittannië zichzelf en alle andere betrokkenen het leven zuur maakt met de voorwaarden voor de scheiding van de Europese Unie. Achesons woorden zijn nog steeds toepasselijk. Maar het ergste is misschien wel dat de Britse argumenten tegen 'Europa' zowel bij sektarisch links als bij megalomaan rechts nog niets zijn veranderd sinds Attlee zich in het parlement moest verdedigen, in 1950.

4

De weg naar Suez

> Ship me somewhere east of Suez, where the best is like the worst,
> Where there ain't no Ten Commandments an' a man can raise a thirst...
>
> Rudyard Kipling

Op 28 oktober 1951 werd Winston Churchill naar Buckingham Palace gereden om zijn tweede termijn als premier te beginnen door 'handen te kussen' (dat wil zeggen, die van de koning). Attlee had de verkiezingen nipt verloren, maar leek uitgeput – door de oorlog in Korea, de onrust in het Midden-Oosten en het nijpende geldgebrek dat het gevolg was van de overvloedige uitgaven die noodzakelijk waren voor de instandhouding van het Rijk. Churchill was inmiddels zesenzeventig, wat krommer en dover dan voorheen, maar nog duidelijk Churchill. Volgens Dean Acheson, die een Brits historicus citeerde, was Churchill even geliefd bij het Engelse volk als de 'Grote Koningin', namelijk Elizabeth I, een wat vreemde vergelijking, maar je snapt wat hij bedoelt. Misschien was hij zelfs populairder. Churchill dacht met tranen in zijn ogen aan een campagnebezoek aan Liverpool. Mensen hadden 'een verrukte uitdrukking op hun gezicht', zei hij. 'Ze brachten hun kinderen naar me toe. Ik ben niet verwaand, maar ze wilden me aanraken.'[1]

Twee maanden later vertrok Churchill op de Queen Mary naar de Verenigde Staten voor een officieel bezoek aan president Truman. Hij vond het een verschrikkelijke vergissing dat hij de president niet meteen was gaan opzoeken nadat Roosevelt was overleden. Niet dat hij zichzelf iets wijsmaakte over de tanende status van Groot-Brittannië, en dat stemde hem triest. De economie stond er slecht voor. Er was gebrek aan kolen. Op de zwarte markt was een levendige handel in paardenvlees. Mohammed Mossadegh, de Iraanse premier, wilde de Britten uit Iran verdrijven en was overgegaan tot het nationaliseren van de olie-industrie, die de Royal Navy van een groot deel van zijn brandstof had voorzien. Egyptische nationalisten wilden het beheer van het Suezkanaal overnemen van de Britten.

'Bij vroegere bezoeken aan Amerika,' mijmerde Churchill tegen lord Moran, zijn lijfarts, 'kwam ik daar als gelijke. En als ze het in een later stadium van de oorlog over hun offers hadden, konden wij hun de mond snoeren door erop te wijzen dat we anderhalf jaar alleen hadden gevochten en dat wij dus grotere verliezen hadden geleden.' Hij zuchtte diep en vervolgde: 'Zij zijn zo groot geworden en wij zijn nu zo klein. Arm Engeland. We hebben in 1945 zoveel vergooid.'[2]

De Amerikanen waren niet dolenthousiast over het bezoek van Churchill. Veel Congresleden waren bang dat de Britten weer misbruik van de Amerikanen zouden maken door om geld te vragen, enzovoort. In New York werd Churchills gezelschap opgewacht door demonstranten met borden waarop te lezen stond: ENGLAND MERGELT DE AMERIKANEN UIT of GELD VOOR IMPERIALISTEN MAAR NIET VOOR VETERANEN. Churchills lijfarts vermoedde dat de demonstranten Iers of communistisch waren.

Maar Truman wilde van het bezoek graag een succes maken. Hij paaide Churchill met een overvloed aan symboliek, maar gaf niet veel weg. Symbolen waren belangrijk voor Churchill. Als de Amerikanen hem niets anders te bieden hadden, moesten ze in elk geval zijn status en die van zijn land in woord en gebaar bevestigen. Ze moesten doen alsof Groot-Brittannië nog altijd een Grote Mogendheid was. Na een aangenaam diner met Truman en de voornaamste medewerkers van Buitenlandse Zaken op het jacht van de president, wendde Churchill zich tot Acheson en zei: 'Had jij ook het gevoel dat de leiders van de wereld vanavond om de tafel waren verzameld – en niet om de wereld te overheersen, maar om hem te redden?'[3] En vlak voordat hij zich terugtrok in zijn slaapkamer, zei hij tegen zijn lijfarts hoezeer hij van het diner met de president had genoten: 'We hebben als gelijken met elkaar gesproken.'

Churchill meende dat de Anglo-Amerikaanse orde nog steeds de enige was die ertoe deed in de wereld, hoewel Groot-Brittannië nooit meer dezelfde rol zou spelen als vroeger. Hij was zich scherp bewust van de Amerikaanse weerstand tegen zijn imperialistische aanvechtingen en plaatste zijn ideeën in een universeel moreel licht om te appelleren aan het protestantse idealisme dat geworteld was in de Amerikaanse geschiedenis. Zo hielden de Britten bijvoorbeeld niet vast aan hun rechten op het Suezkanaal omdat ze hun eigen belangen wilden beschermen. Geen sprake van. Dat deden ze 'voor de beschaving'. Als de Amerikanen een strijdmacht naar Suez zouden sturen, zouden ze de last van Groot-Brittannië verlichten. Het zou ook heel nuttig zijn als de Amerikanen Mossadegh een beetje tot inkeer konden laten komen door geen geld meer naar Iran te sturen.

De Amerikanen weigerden beleefd op beide punten. Ze bleven Iran financieel steunen en stuurden geen Amerikaanse troepen naar het Suezkanaal om te helpen daar de orde te handhaven. Maar Churchill was al evenmin bereid om toe te geven op punten waarop de Amerikanen aandrongen, zoals een verdergaande integratie van West-Europa. Churchill had in toespraken wel over de noodzaak van een Europees leger gesproken, maar zich net als bij zijn grootse plannen voor een verenigd Europa op de vlakte gehouden over de eventuele Britse betrokkenheid. Tijdens zijn bezoek aan Washington dramde hij nogal door over een Europees leger en mompelde hij dingen over verbijsterde Franse soldaten die niet wisten hoe ze bevelen moesten overbrengen aan Grieken, Duitsers en andere buitenlanders. Toen er werd gesproken over de plannen voor een Europese Defensiegemeenschap, die generaal Eisenhower, de eerste opperbevelhebber van de NAVO, graag tot stand zag komen, zeiden de Britten dat de Fransen zich hadden teruggetrokken uit angst dat de Duitsers de boel weer zouden gaan overheersen. Maar het waren de Britten en niet de Fransen die de Europese Defensiegemeenschap hadden gesaboteerd met hun weigering om troepen af te staan.

Het was gemakkelijker om compromissen te sluiten over zaken die vooral symbolisch waren. Churchill wond zich enorm op over de vraag wie de bevelhebber van de Atlantische Vloot moest worden; hij wilde een Britse admiraal, en geen Amerikaan. Groot-Brittannië was nu misschien een gehavende mogendheid, betoogde hij, maar de Britse marine had meer onderzeeërs tot zinken gebracht dan de Amerikanen en de bodem van de oceaan zag 'wit van de beenderen van Engelse mannen'.[4] Uiteindelijk kwam men overeen om te kijken of de Britten het bevel konden voeren over een groter deel van de oostelijke Atlantische Oceaan.

Toen Churchill de Canadezen verzocht 'Rule Britannia' in ere te herstellen als het officiële lied van de Canadese marine, in plaats van 'Vive la Canadienne', werd hem beloofd dat het eerste lied altijd zou worden gespeeld wanneer een Britse admiraal aan boord ging van een Canadees schip.

Churchill werd ook heel gelukkig van de heldenontvangst die hem te beurt viel bij zijn toespraak tot de leden van het Amerikaanse Congres. Hij herinnerde een afgeladen Congres aan Bismarcks uitspraak 'dat het belangrijkste feit van de negentiende eeuw is dat Groot-Brittannië en de Verenigde Staten dezelfde taal spreken. Laten wij ervoor zorgen dat het het belangrijkste feit van de twintigste eeuw is dat ze hetzelfde pad bewandelen.' Er werd uitbundiger voor hem geapplaudisseerd dan voor de president. Wat de Amerikanen verder ook van de Britten vonden, niets wees erop dat de aanbidding van Churchill in Washington minder was geworden, en dat was geen onverdeeld pluspunt, naar later zou blijken.

Het probleem met de Bijzondere Relatie was dat de internationale doelen van de Amerikanen en de Britten niet altijd verenigbaar waren. De Britse leiders die tijdens de oorlog aan de macht waren geweest, wilden dat Groot-Brittannië een wereldmacht bleef, zelfs nog toen het imperium begon af te brokkelen. En ze hadden allemaal in meerdere of mindere mate moeite met een ondergeschikte rol ten opzichte van de Amerikanen. Dat gold zowel voor politici van Labour als van de Conservatieve Partij. Een van de ministers in Attlees kabinet, Hugh Gaitskell, legde de vinger op de zere plek: 'We geven voor onszelf niet graag toe dat we relatief zwak zijn omdat we dan te veel op een satelliet lijken.'[5] Zijn opvolger als minister van Olie en Energie, Philip Noel-Baker, was bang dat Groot-Brittannië verstoken dreigde te raken van Iraanse olie omdat het land dan, zei hij in 1950, 'op het gebied van oliezaken niet meer op gelijke voet zal staan met de Amerikanen'.[6]

Verongelijkt gemopper over de Amerikanen was zo gangbaar onder hoge bewindslieden als Anthony Eden, de minister van Buitenlandse Zaken, dat Churchill hem vaak moest manen zijn toon een beetje te matigen. Churchills minister van Financiën, R.A. ('Rab') Butler, begreep deze mentaliteit maar al te goed. Hij had bewondering voor Edens moed, zijn rol tijdens de oorlog en de manier waarop hij opkwam voor de Britse belangen in de wereld. Maar deze diepgewortelde gevoelens, zei hij, 'gingen maar al te gemakkelijk samen met minder genereuze sentimenten: de restanten van illiberale verontwaardiging over de teloorgang van het imperium, de opkomst van nationalisme onder niet-blanke volkeren, de verschuiving van het wereldleiderschap naar de Verenigde Staten'.[7]

Een paar maanden voordat Churchill opnieuw aan de macht kwam, waren twee van de 'Cambridge-spionnen', Guy Burgess en Donald Maclean, naar Moskou gevlucht. Er waren wel enige redenen te bedenken waarom deze geprivilegieerde Engelsmannen ervoor hadden gekozen om voor de Sovjet-Unie te spioneren. In de jaren dertig hadden sommige mensen het idee dat het communisme het enige serieuze alternatief was voor het opkomende fascisme. Anderen genoten misschien van de geheimzinnige en subversieve sfeer van spionage – alsof ze lid waren van een zeer exclusieve club. Burgess was homoseksueel en zou daarom volgens sommige mensen redenen hebben gehad voor rancune, of een talent voor geheimhouding. Een ander mogelijk motief, dat vaak wordt geopperd door deskundigen over dit onuitputtelijke onderwerp, was frustratie over de steeds kleinere rol die Groot-Brittannië in de wereld speelde. Dit waren mannen die anders misschien het imperium hadden bestuurd. Nu de Britse macht aan het afbrokkelen was, besloten ze een andere wereldmacht te dienen. Wat Burgess, Maclean, Kim Philby en Anthony Blunt in elk geval allemaal met elkaar gemeen hadden was minachting voor de Verenigde Staten, soms op het pathologische af.

Volgens de meeste Amerikanen moest hun land juist het 'gekleurde nationalisme' en de strijd tegen het kolonialisme steunen; Amerika moest het voorbeeldige land zijn dat de wereld de weg naar vrijheid en democratie zou wijzen. Elke vorm van kolonialisme, geloofde Truman, 'staat de Amerikanen tegen. Amerika heeft zelf oorlog gevoerd om zich van het kolonialisme te bevrijden en zal de wens van mensen overal ter wereld om zich van het koloniale juk te bevrijden altijd met sympathie en begrip bezien'.[8] Sedertdien hebben Eisenhower en andere Amerikaanse presidenten ook weleens het woord 'kruistocht' gebruikt voor de Amerikaanse missie om de wereld veilig te maken voor de democratie.

Bij dit streven was 1941 echter een even belangrijk jaartal als 1776, het jaar van de Amerikaanse onafhankelijkheid. Op de eerste dag van zijn presidentschap merkte Eisenhower op dat zijn nieuwe taak 'een soort voortzetting was van alles wat ik sinds juli 1941 heb gedaan – of zelfs al eerder'.[9] Hij zag de strijd tegen het communisme als 'een oorlog van het licht tegen de duisternis, de vrijheid tegen slavernij, het geloof tegen het atheïsme'.[10] Eisenhower en de presidenten na hem wilden per se een nieuw 'München' voorkomen in deze oorlog tegen het kwaad.

De Britse perceptie van de geschiedenis, vooral in haar churchilliaanse vorm, leende zich net als de Amerikaanse uitstekend voor hypocrisie. Het Britse verlangen om vast te houden aan de macht werd met morele bewoordingen omkleed: 'voor de beschaving'. Maar het werkelijke motief werd tijdens de Suezcrisis door Harold Macmillan eerlijker onder woorden gebracht. Als minister van Financiën was hij een fervent voorstander van gewapend ingrijpen om de nationalistische Egyptische leider Gamal Abdel Nasser ten val te brengen. Als Egypte straffeloos met Groot-Brittannië kon sollen, geloofde Macmillan, 'zou Groot-Brittannië net zoiets worden als Nederland'.[11]

De Amerikanen stonden ook lang niet altijd zo welwillend tegenover volkeren die het koloniale juk wilden afwerpen als ze zelf geloofden, vooral niet wanneer dat strijdig was met de belangen van Washington of wanneer het vermoeden bestond dat er sprake was van communistische invloeden. Toen Churchill in 1954 weigerde Britse troepen naar Indochina te sturen om de Fransen bij te staan in de strijd tegen de Noord-Vietnamese communisten bij Điện Biên Phủ, dacht president Eisenhower zelfs aan een zeer hardhandig middel om Hô Chí Minh tegen te houden. 'Geef de Fransen maar een paar [atoom]bommen die ze op Indochina kunnen gooien,' zoals hij het formuleerde.[12] Hij was zo ontstemd over de gebrekkige medewerking van de Britten dat hij uitgerekend Churchill ervan beschuldigde aan te sturen op 'een tweede München'.[13] Het Amerikaanse buitenlandbeleid kende destijds, net als tegenwoordig, onvoorspelbare slingerbewegingen tussen moralistische oprispingen en brute realpolitik; het ene werd vrij geregeld aangewend ten dienste van het andere.

Een berucht voorbeeld was de manier waarop de democratisch gekozen president van Guatemala, Jacobo Árbenz, in 1954 door de Verenigde Staten werd afgezet. Operation PBSUCCESS was een militaire coup, die werd gesteund door de CIA. Árbenz was een sociaaldemocraat die boeren met zijn landhervormingen en economische beleid wilde verheffen uit een toestand die in wezen neerkwam op horigheid. Dat ging ten koste van de winsten van Amerikaanse bedrijven, met name de United Fruit Company. De afzetting van Árbenz, die in de Amerikaanse propaganda als een communist werd afgeschilderd, leidde tot een dictatuur, gewelddadig verzet en volksopstanden die tientallen jaren aanhielden. Deze opeenvolging van gebeurtenissen werd een patroon bij Amerikaanse interventies ten zuiden van de eigen grens. De Britten maakten zich niet druk over dit soort ingrepen omdat ze er zelden zelf bij betrokken waren.

Als het hun goed uitkwam spanden de Verenigde Staten graag samen met de Britten wanneer er hinderlijke uitbarstingen van ‘gekleurd nationalisme’ moesten worden neergeslagen, maar dit aspect van de Bijzondere Relatie moest meestal zorgvuldig worden gecamoufleerd. Als Dean Acheson al een anglofiel was, zoals algemeen werd aangenomen, deed hij erg zijn best om dat te verbergen. Toen hij er lucht van kreeg dat er in 1950 door een aantal Amerikaanse en Britse diplomaten een verklaring was opgesteld waarin de Bijzondere Relatie werd opgehemeld, was hij zo kwaad dat hij alle exemplaren liet verbranden. Hij verklaart in zijn memoires dat hij pro-Brits was. Hij waardeerde de band en erkende dat de Britten en Amerikanen in Europa en elders dezelfde belangen hadden. Maar hij ergerde zich, zo schreef hij, ‘aan de stompzinnigheid om te schrijven over een bijzondere relatie, waardoor onder onze bondgenoten alleen maar meer argwaan kon ontstaan over geheime plannen en bedoelingen die zij deelden noch goedkeurden’.[14]

Toen Anthony Eden tijdens Churchills bezoek aan Truman in 1952 over de Iraanse kwestie begon en de Amerikanen om hulp verzocht teneinde te voorkomen dat Mossadegh en zijn nationalisten de exploitatie van de Iraanse olie overnamen van de Britten, koos Acheson de kant van de nationalisten. Hij wilde niet dat Amerika en Groot-Brittannië door saamhorigheid in Iran zouden lijken op 'een stel dat is verstrengeld in een innige omhelzing terwijl hun roeiboot de Niagara Falls nadert'.[15] Later datzelfde jaar was Truman nog directer: 'We probeerden die stomme Britten ervan te overtuigen dat hun oliemaatschappij een eerlijke deal met Iran moest sluiten. Nee, nee, dat konden ze niet laten gebeuren. Ze wisten precies hoe ze het moesten aanpakken – en wij niet, volgens hen.'[16]

Churchill hoopte op meer begrip van generaal Eisenhower, zijn oude maat uit de oorlog die het daaropvolgende jaar tot president werd gekozen, maar deze was aanvankelijk net als Truman niet geneigd om Mossadegh tegen te werken. Het was duidelijk zaak om de Amerikanen slimmer aan te pakken. Christopher Montague Woodhouse, een agent van MI6, de Britse inlichtingendienst, in Teheran, vertelde: 'Ik wilde er niet van worden beschuldigd dat ik de Amerikanen gebruikte om de kastanjes voor de Britten uit het vuur te halen en besloot het vooral over de communistische dreiging in Iran te hebben en niet over de noodzaak om het beheer over de olie-industrie terug te krijgen.'[17] Het duurde niet lang voordat Eisenhower en zijn minister van Buitenlandse Zaken, John Foster Dulles, zich konden vinden in Edens standpunt dat er misschien 'alternatieven voor Mossadegh' waren.

Eisenhowers overtuiging dat 'ieder land het onvervreemdbare recht heeft om zijn eigen regeringsvorm en economische systeem te kiezen' begon haar kracht te verliezen. De Verenigde Staten steunden nu de Britse boycot van Iraanse olie. De Amerikaanse geldstroom naar Iran werd stopgezet. CIA-agenten, onder wie Kermit ('Kim')

Roosevelt, Theodore Roosevelts kleinzoon, gingen naar Teheran, waar ze de Britten bijstonden bij het opstoken van de bevolking en het uitlokken van ongeregeldheden. Er werd een geschikt politiek alternatief gevonden voor Mossadegh in de vorm van Fazlollah Zahedi, een generaal die tijdens de oorlog met de nazi's had gecollaboreerd. Er werd een coup geënsceneerd met de hulp van omgekochte Iraanse regeringsmedewerkers en het soort boeven dat rondhing in de bazaars en meer dan twintig jaar later ook de sjah ten val zou brengen. De Anglo-Iranian Oil Company ging op in een overwegend Anglo-Amerikaans consortium. Iran kreeg een deel van de winst en er vloeide weer geld van de Verenigde Staten naar Teheran.

Eisenhower is geregeld weggezet als een luie en incapabele figuur. 'The Great Golfer', zoals Gore Vidal hem noemde. Daaruit blijkt dat hij nogal werd onderschat. De Britten maakten zelfs de grote vergissing om te veronderstellen dat John Foster Dulles de werkelijke machthebber achter de grote golfer was, een veronderstelling die hun later nog duur zou komen te staan.

Zo onderschatten veel mensen, onder wie Eisenhower, ook Churchill tijdens zijn tweede termijn. Weliswaar merkte zelfs zijn eigen lijfarts dat de oude baas minder alert was dan misschien wenselijk was en dat zijn gedachten de neiging hadden af te dwalen bij onderwerpen – China, bijvoorbeeld – die niet onmiddellijk met de veiligheid van Groot-Brittannië te maken hadden. Maar Churchill was nog steeds scherp wanneer het over bepaalde belangrijke kwesties ging. Hij was zich eerder bewust van het enorme belang van kernwapens dan Truman of Eisenhower, die over atoombommen spraken alsof het gewoon om krachtigere conventionele wapens ging. Niet dat Churchill vond dat de bom moest worden uitgebannen. Integendeel zelfs. Omdat men ervan uitging dat het bezit van kernwapens van eminent belang was wanneer een land serieus genomen wilde worden als mogendheid, wilde hij per se dat Groot-Brittannië ze ook bezat. Maar hij was zich al snel bewust van de politieke implicaties, vooral na de ontwikkeling van de waterstofbom, die volgens hem even ver verwijderd was van de atoombom als de atoombom van de pijl-en-boog. Een oorlog met de Sovjet-Unie zou nu veel catastrofaler consequenties hebben dan alle voorgaande oorlogen. Een land als Groot-Brittannië zou zo van de kaart worden geveegd. De Britten wisten niet zeker of dat wel goed tot de Amerikaanse leiders was doorgedrongen.

In 1940, toen een Duitse invasie aanstaande leek, was Churchills buitengewone zelfverzekerdheid een zegen geweest, maar in het nucleaire tijdperk werd hij bijna megalomaan. De Verenigde Staten waren nu de machtigste mogendheid op aarde. De moeilijkheid was, volgens Churchill, te bepalen 'hoe ver we moeten gaan om te voorkomen dat Amerika risico's neemt die wij niet willen nemen'.[18] Hij ontwikkelde, in de woorden van Eden, een 'krankzinnige obsessie' met het idee dat hij tijdens een top met de Russen voor de veiligheid van de wereld moest zorgen. Hij zou dan zijn hand uitsteken 'om de poot van de Russische beer beet te pakken'. Grootse zaken lagen binnen handbereik. De koers die de wereld vaarde kon worden bijgesteld. 'Amerika is erg machtig, maar ook erg klunzig.'[19]

Daaruit bleek weer duidelijk dat de Britten ervan overtuigd waren dat de minder beschaafde Amerikanen in toom moesten worden gehouden door een dosis raffinement uit de oude wereld. Eisenhower trapte er niet in. Met de Sovjet-Unie, meende hij, viel niet verstandig te praten. Je kon je alleen maar tegen de Russen verzetten. De beschaving stond op het spel. En daarom besloot Churchill dat het tijd was om de Amerikaanse president op andere gedachten te brengen: 'Ik stak mijn poot uit naar Ike en het was direct in orde. Mijn papieren staan erg goed. Men heeft het gevoel dat ik de enige ben die nog iets bij Rusland zou kunnen bereiken. Ik geloof dat ze ook in Moskou die mening zijn toegedaan.'[20] Dat waren ze niet, en Ike bleek er in december 1953 tijdens hun ontmoeting in Bermuda ook anders over te denken.

Eisenhower had aangedrongen op de aanwezigheid van de Franse premier Joseph Laniel en zijn minister van Buitenlandse Zaken, Georges Bidault, omdat hij weer bang was dat de wereld een Anglo-Amerikaanse samenzwering zou vermoeden. Ondanks zijn vlagen van francofilie behandelde Churchill de Fransen met grote minachting. Toen hem op een gegeven moment werd gevraagd wat de Fransen van zijn plan om met de Russen te praten vonden, zei hij: 'Met hen houd ik geen rekening. Ze zijn onschadelijk.'[21] (In het vliegtuig naar Bermuda had Churchill een roman van C.S. Forester over de napoleontische oorlogen zitten lezen, *Death to the French*.)

Op de conferentie werd niet echt iets bereikt, zoals Eisenhower al had verwacht. Churchill en Eden waren diep geschokt dat de president zo achteloos sprak over het gebruik van de atoombom in Azië. Amerikaanse pressie om serieus werk te maken van de Europese Defensiegemeenschap, die onderdeel moest worden van de NAVO, leverde niets op. De Fransen waren nog steeds bang voor Duitse dominantie. Volgens de Britten zou Duitsland zich weer moeten kunnen bewapenen als de Europese Defensiegemeenschap op niets zou uitlopen. De Amerikanen dreigden hun troepen uit Europa terug te trekken als de Europeanen niet bereid waren zichzelf te verdedigen. Churchill zaagde Eisenhower door over de deugden van het imperialisme en legde uit dat de macht nooit moest worden afgestaan aan volkeren die daar niet op een verantwoordelijke manier mee konden omgaan. Eisenhower dacht dat de premier niet wist dat 'alle pogingen van Europese mogendheden om hun dominante posities in deze gebieden met geweld te handhaven allang waren uitgelopen op haat, onrust en conflicten'.[22] Dat was waar, maar het viel moeilijk te rijmen met Eisenhowers wens om wapens te leveren aan de Fransen in Indochina. Eden schreef aan zijn vrouw, Clarissa: 'Conferentie verloopt zeer moeizaam & ik ben triest & moe, niet zozeer van details maar van deze arme wereld & van wat ons vrees ik nog te wachten staat.'[23]

In Bermuda werd ook het belangrijkste probleem van Groot-Brittannië besproken, namelijk het Suezkanaal, waar, om nogmaals te citeren uit Eisenhowers gedachten over het imperialisme, 'de geest van het nationalisme om zich heen greep en vaak onbeheersbaar was geworden'.[24] Om de olietoevoer uit het Midden-Oosten te beschermen hadden de Britten een uitgestrekte militaire basis langs het kanaal en in het centrum van Cairo gebouwd, vliegvelden aangelegd en tienduizenden soldaten in het land gestationeerd. Egypte was officieel al sinds 1922 onafhankelijk, maar de Britten behandelden het land nog altijd als een protectoraat. Al onder de corrupte en ontaarde koning Faroek wilden de Egyptenaren de imperialisten uit het land verdrijven. De Britten reageerden op de guerrilla-aanvallen door te zwaaien met de imperialistische knoet, maar toen er rellen uitbraken in Cairo en de koning werd afgezet door een groep opstandige officieren, onder wie kolonel Gamal Abdel Nasser, werd de toestand ernstiger. Doordat de Russen de groeiende animositeit tegen het Britse imperialisme graag wilden uitbuiten, bestond nu een serieuze kans op een oorlog die ernstige gevolgen kon hebben in een tijdperk van kernwapens. De Britse militaire aanwezigheid in Egypte was ook heel kostbaar. Daarom leek het Anthony Eden in 1954 het verstandigst om de troepen terug te trekken. Churchill was het niet eens met zijn minister van Buitenlandse Zaken. Al sinds de Indiase onafhankelijkheid, die hij als een grote blunder had gezien, was Churchill allergisch voor een 'vlucht' uit de koloniën: een grote mogendheid vlucht niet weg van haar vitale belangen. Eden ondervond ook tegenstand van een stel rechtse tory's die bekendstonden als de 'Suezgroep' en hem ervan beschuldigden dat hij appeasementpolitiek bedreef met een dictatuur. Op spotprenten werd Eden afgebeeld als Chamberlain. En weer hing het spook van München boven de onderhandelingen.

Alsof dit allemaal nog niet erg genoeg was, werd Eden ook dwarsgezeten door Churchill, die na een aantal beroertes niet meer naar behoren als premier kon functioneren, maar het moment waarop hij het leiderschap van de Conservatieve Partij zou overdragen bleef uitstellen. Churchill droomde er nog steeds van om de wereld te redden door met de Russen te praten. Maar plotseling, in 1955, gaf hij de strijd toch zonder morren op, zodat Eden de hand van de jonge koningin kon gaan kussen.

Anthony Eden was in veel opzichten de juiste premier tijdens een buitenlandse crisis. Hij was cum laude afgestudeerd in oosterse talen aan Oxford, sprak Arabisch en Perzisch en in tegenstelling tot Churchill ook vloeiend Frans. Hij was even hooghartig als de meeste Britse heren van zijn stand die geboren waren toen het Britse imperium op zijn hoogtepunt was. Maar hij voelde zich beter op zijn gemak met buitenlanders dan de meeste Britse politici, toen en nu. Tijdens de oorlog was het hem zelfs gelukt om vriendschappelijk om te gaan met generaal De Gaulle, toen de meeste mensen de lichtgeraakte Fransman zagen als een lastpak en hem liever meden. Eden was een groot diplomaat, een imposante figuur bij internationale conferenties, een van de beste ministers van Buitenlandse Zaken ooit, maar als premier bleek hij een ramp. Zijn val was onlosmakelijk verbonden met de plekken waarmee hij de meeste affiniteit had, het Midden-Oosten en Frankrijk.

Wat Europese politiek betreft had de charmante en kosmopolitische Eden dezelfde blinde vlek als de meeste mannen van zijn stand en leeftijd. Hij kon zich Groot-Brittannië onmogelijk voorstellen als een Europese natie die op gelijke voet stond met andere landen. Vijf jaar eerder, toen Schuman zijn plan in Londen aan de man was komen brengen, zei hij: 'Wij zijn bereid een Atlantische Gemeenschap te cultiveren die is gebaseerd op de drie pijlers van de Verenigde Staten, het Verenigd Koninkrijk (inclusief het Gemenebest) en het vasteland van Europa.'[25] Twee maanden na zijn verkiezing als premier vond er een vergadering plaats in de Siciliaanse stad Messina, waar het aanzien van Europa radicaal zou worden gewijzigd. De zes leden van de Europese Gemeenschap voor Kolen en Staal – West-Duitsland, Frankrijk, Italië, België, Nederland en Luxemburg – sloten een overeenkomst over de vorming van een gemeenschappelijke Europese markt, die zou worden beheerd door gemeenschappelijke instellingen. Het Schumanplan was geen abstractie meer.

Om Groot-Brittannië tegemoet te komen was voorafgaand aan de vergadering in Messina een concept van het plan aan het Britse ministerie van Buitenlandse Zaken voorgelegd. In Londen waren ze volstrekt niet geïnteresseerd. Britse overheidsfunctionarissen deden het af als wollige onzin die was bekokstoofd door opgewonden buitenlanders. Messina was in elk geval toch 'zo'n bizarre plek dat we er niet met goed fatsoen een Britse ambtenaar naartoe konden sturen'.[26] In de Britse kranten werd nauwelijks aandacht besteed aan de conferentie. Eden toonde helemaal geen belangstelling. Harold Macmillan, destijds de minister van Buitenlandse Zaken, was in San Francisco. Toen 'Rab' Butler, als minister van Financiën, werd ingelicht over de bijeenkomst in Messina wuifde hij het allemaal weg als 'een stel archeologische opgravingen' in een afgelegen stad op Sicilië.[27]

Er zijn veel redenen aangevoerd waarom de Britten opnieuw niet betrokken wensten te zijn bij plannen die uiteindelijk tot de oprichting van de Europese Economische Gemeenschap zouden leiden: de overblijfselen van het koloniale rijk, trots op het Gemenebest, een ijverzuchtige gehechtheid aan de Bijzondere Relatie of simpelweg ouderwets chauvinisme. Al deze verklaringen bevatten een kern van waarheid. Maar er was nog iets anders, een gevoel dat onder woorden is gebracht door de Britse diplomaat Michael Palliser, een van de weinige voorstanders van actieve Britse betrokkenheid bij Europa. Hij was getrouwd met de dochter van de Belgische staatsman Paul-Henri Spaak, de man die de besprekingen in Messina voorzat. In een BBC-documentaire over de Britse betrekkingen met Europa analyseerde hij de houding van de Britten en merkte op: 'We beschouwen ons in veel opzichten superieur aan de anderen. Tegelijkertijd hebben we ergens het gevoel dat ze slimmer zijn dan wij. Wij zijn misschien eerlijk, maar niet zo slim.'[28]

Dat was precies wat veel Amerikanen al heel lang van de Britten vonden en de Britten traditioneel van de Fransen dachten. Het weerspiegelt een protestants vooroordeel over katholieken. De protestantse Engelsman of Amerikaan is misschien een beetje traag en weinig geraffineerd, maar in elk geval eerlijk en oprecht, terwijl die doortrapte jezuïeten en andere papen niet te vertrouwen zijn. Ze zeggen een ding en bedoelen iets anders, en verbergen wat ze werkelijk denken met hun zijige manieren. Dat is het idee achter het beeld van John Bull, de eerlijke Engelse landsman, en achter de manier waarop de nieuwe wereld naar de oude kijkt. Ouderwetse Engelse heren waren soms heel intelligent, maar wisten dat het van goede smaak getuigde om dat niet te veel te laten blijken.

De oprichters van de Europese eenwording waren inderdaad bijna allemaal katholiek. Toen de Europese Economische Gemeenschap in 1957 officieel werd opgericht met de ondertekening van het Verdrag van Rome, zei Spaak, uitkijkend over de Italiaanse hoofdstad: 'Daar zien we wat er over is van het Romeinse Rijk. [...] Dat gevoel hadden we allemaal. [...] We hadden heel sterk het gevoel dat we thuis waren.'[29] Spaak was overigens de enige protestant onder de oprichters, maar hij was wel minister van Buitenlandse Zaken van een overwegend katholiek land. En de palimpsest van Europa is evenzeer getekend door het Heilige Roomse Rijk als door het Romeinse Rijk, of misschien nog wel meer. Het Heilige Roomse Rijk had geen enkele aantrekkingskracht voor de Britten. Wanneer Engelsen van Edens generatie überhaupt stilstonden bij het Schumanplan en de latere ontwikkelingen, dachten ze eerder aan een sinister complot, dat wellicht van het Vaticaan zelf afkomstig was.

En toch, o ironie, was Edens ondergang het gevolg van een complot dat de Britten en de Fransen met hulp van de Israëli's hadden uitgedokterd en dat was geheimgehouden voor de Amerikanen. Natuurlijk had het spook van München er ook ditmaal iets mee te maken.

Zelfs toen Groot-Brittannië in 1954 zijn troepen uit Suez begon terug te trekken, werd de Suez Canal Company nog altijd geleid door Groot-Brittannië en Frankrijk en werd de militaire basis onderhouden door Britten. Kolonel Nasser, de nieuwe sterke man die de ambitie had om als de reïncarnatie van Saladin de Arabische landen te leiden in de strijd tegen westerse vijanden, stookte de volkswoede tegen de Britten op met een constante stroom propaganda.

De Britten probeerden de betrekkingen met Egypte eerst langs diplomatieke weg te herstellen. Toen Eden in 1955 als premier een bezoek bracht aan Cairo had hij merkwaardig weinig oog voor Egyptische gevoeligheden. De Britten nodigden Nasser uit voor een diner op de Britse ambassade, een paleisachtig gebouw met een sterk imperialistische sfeer, maar vergaten erbij te zeggen dat het in avondkleding was. Er is een foto waarop Eden en de Britse ambassadeur, allebei piekfijn gekleed, op een leren bank zitten, met Nasser tussen hen in. Hij lijkt slecht op zijn gemak in zijn eenvoudige legeruniform. Toen Eden een paar woorden in het Arabisch sprak om het ijs te breken, vatte Nasser dat op als onuitstaanbaar neerbuigend gedrag.

De spanningen liepen snel op. Guerrillastrijders uit Egypte verkenden de omgeving van de Israëlische grens. Israël, dat snel de beschikking zou krijgen over Franse straaljagers, viel met commando's de Gazastrook binnen, net toen Eden andere Arabische landen probeerde over te halen om lid te worden van een gemeenschappelijk defensiebondgenootschap. Nasser zag duistere imperialistische complotten achter al deze bewegingen. En Eden begon Nasser te zien als een dictator à la Mussolini aan wie je vooral niet moest toegeven.

Nasser leek welwillender tegenover de Amerikanen te staan. Hij keek graag naar films met Esther Williams, de

Bathing Beauty, en was dol op hotdogs (van kalfsvlees uiteraard). De Amerikanen deden erg hun best om als de voorvechters van het 'gekleurde nationalisme' te worden gezien en probeerden hem te paaien, tot grote ergernis van de Britten. Toen de Britten de Amerikanen onder druk zetten om zich aan hun zijde te scharen, weigerde zowel Eisenhower als Dulles. Eisenhower wilde niet de indruk wekken dat een Anglo-Amerikaans bondgenootschap probeerde te sollen met nationalisten uit de derde wereld. De Verenigde Staten wilden echter ook graag dat het Suezkanaal geopend bleef voor olietransporten. En hoewel Eisenhower en Dulles zeer argwanend tegenover het Britse imperialisme stonden, waren ze ook bang voor complotten van de Russen om Nasser aan hun kant te krijgen.

Helaas zorgde Washington met zijn combinatie van schijnheiligheid, anticommunisme en sporadische vlagen van realpolitik voor een boel verwarring. Dulles, die net als Eden Nasser niet kon uitstaan, had de neiging om de kant van de Britten te kiezen wanneer het over Egypte ging, hoewel zijn wantrouwen jegens het Britse imperialisme geregeld botste met zijn al even fervente afkeer van het communisme. Eisenhower koos duidelijker de kant van de Egyptenaren. Zelfs toen hij de Britse pogingen om de olietransporten te beschermen steunde, probeerde hij te voorkomen dat de indruk van een verenigd Angelsaksisch front ontstond. Eden, die zich nooit op zijn gemak voelde bij de Amerikanen, verachtte Dulles, die hij een moraliserende, zelfingenomen, presbyteriaanse kwast vond. Beide partijen praatten dus vaak langs elkaar heen.

Toen Nasser besloot wapens van de Sovjet-Unie te kopen omdat zijn verzoek door Groot-Brittannië en de Verenigde Staten was afgewezen, begon het Amerikaanse anticommunisme een rol te spelen. Nassers verzoek om

Amerikaanse en Britse financiële steun voor de bouw van de zeer prijzige Aswandam bij de Nijl was aanvankelijk ingewilligd, maar toen trok Dulles in een boze bui (Nasser had het communistische China erkend) opeens zijn aanbod in. Nasser vernam het nieuws op de radio en was gekrenkt over de 'beledigende' manier waarop de weigering werd overgebracht. Enkele dagen later gaf Nasser het bevel om de bezittingen van de Suez Canal Company in beslag te nemen en het bedrijf te nationaliseren. Hij plaatste het Suezkanaal onder de krijgswet. Hij was meteen een held in de derde wereld, want hij gaf miljoenen mensen die zich vernederd voelden door de westerse arrogantie een reden om trots te zijn. Egyptenaren kwamen massaal op zijn toespraken af, alsof hij een heilige was. Het leiderschap van de Arabische wereld leek binnen handbereik. Dulles was woedend. Maar Eisenhower begreep het. Nasser, zei hij, 'belichaamt het diepe verlangen naar onafhankelijkheid en de wens van de volken in de regio om "de blanke neer te slaan"'.[30]

De Fransen en de Britten wilden ingrijpen. Op de televisie sprak Eden over de gevaren van appeasementpolitiek: 'We weten allemaal nog maar al te goed dat je een hoge prijs betaalt wanneer je toegeeft aan het fascisme.' Hij keek er wel voor uit om Nasser met Hitler te vergelijken, maar de naam Mussolini dook vaak op in gesprekken. Dulles liet doorschemeren dat hij een Frans-Britse ingreep zou steunen. Daarover liet Eisenhower zich niet uit. De Britten, die misleid waren door het beeld van Eisenhower als de luie golfer, besloten naar Dulles te luisteren.

De Fransen en de Britten konden echter weinig doen omdat het Suezkanaal in Egypte lag en de leider niets onwettigs had gedaan. Maar hij herinnerde de Britten op een ergerlijke wijze aan hun slinkende macht. Eden schreef Eisenhower dat dit de gevaarlijkste crisis was die Groot-Brittannië sinds 1940 had gekend: 'We zijn Europa vele malen voorgegaan in de strijd voor de vrijheid. Het zou een onwaardig einde van onze lange geschiedenis betekenen als we zomaar accepteren dat we geleidelijk ten onder gaan.'[31] Dat klinkt nu erg overdreven, maar de gevoelens die Eden onder woorden bracht, waren ongetwijfeld nog typerend voor een volk dat in twee wereldoorlogen aan de kant van de overwinnaars had gevochten.

Toen Dulles een uitweg bood met een voorstel om de Suez Canal Users Association op te richten, gingen de Britten akkoord omdat ze de Amerikanen dolgraag aan hun zijde wilde houden. De Fransen gingen ook akkoord, zij het enigszins schoorvoetend. Ieder land zou zijn eigen loodsen leveren om schepen door het kanaal te navigeren en er zou een passende vergoeding worden betaald aan de Egyptenaren. Eigenlijk was de Association gewoon de Suez Canal Company, maar dan onder een nieuwe naam. Eden maakte duidelijk dat tegenwerking van de Egyptenaren tot militaire maatregelen zou leiden.

Eisenhower had de ernst van dit dreigement toch moeten inzien. Dulles deed dat in elk geval wel. Maar toen Eisenhower stilstond bij de mogelijke consequenties van een militair conflict krabbelde hij opeens terug. De Amerikanen zouden zich onder geen beding schietend een weg door het kanaal banen. Zonder de Amerikanen was de Suez Canal Users Association feitelijk dood. Zowel de Britten als de Fransen voelden zich door de Amerikanen in de steek gelaten. En hun gevoelens van verbittering waren de oorzaak van een volstrekt dwaze onderneming.

Eden liet zich misleiden door een mengeling van vuile trucjes en hersenschimmen die een vertrouwd kenmerk zou worden van latere conflicten in het Midden-Oosten.

Britse geheim agenten zinden op een aanslag op Nasser. Eden maakte zichzelf wijs dat de Egyptenaren juichend de straat op zouden gaan als de Britten hen van hun dictator verlosten. En ongelooflijk genoeg stemde hij in met een Frans plan om Nasser met de hulp van de Israëli's ten val te brengen.

Tijdens een geheime bijeenkomst in een huis vlak bij Parijs dat tijdens de oorlog door het verzet was gebruikt, bedachten Franse, Britse en Israëlische regeringsmedewerkers een plan. De sfeer was gespannen. De Britse minister van Buitenlandse Zaken, Selwyn Lloyd, behandelde de Israëli's vol dedain, alsof ze tuig van de straat waren. De Israëli's, die de Britten sowieso al niet vertrouwden, vonden hem een opgeblazen snob. Christian Pineau – een oud-verzetsstrijder die door de Gestapo was gemarteld en Buchenwald nauwelijks had overleefd – was de vertegenwoordiger van de Fransen. Ze bedachten dat Israël Egypte zou aanvallen en zo een militaire confrontatie moest uitlokken. Daarna zouden de Fransen en de Britten aandringen op een staakt-het-vuren. Als de oorlogvoerende partijen zouden weigeren, zouden Frans-Britse troepen het gebied bij het Suezkanaal bezetten.

En zo geschiedde. Op 29 oktober 1956 vielen de Israëliers aan. Kolonel Ariel Sharon, de latere premier van Israël, was verantwoordelijk voor een onbezonnen aanval in de Sinaï en verloor achtendertig mannen in een hinderlaag, maar over het geheel was de operatie geslaagd. Parijs en Londen stelden hun ultimatum. Eden verzekerde Eisenhower dat eventueel ingrijpen niets had uit te staan met oude koloniale reflexen en hoopte dat de Amerikanen hem zouden steunen om 'het zwakste punt in de linie tegen het communisme'[32] te versterken.

Nasser kocht misschien wel wapens van de Sovjet-Unie,

maar was geen communist en zelfs geen fellowtraveler. De Britse geheime dienst verzon informatie, die zogenaamd afkomstig was van een agent uit de kringen van Nasser die de codenaam 'Lucky Break' had, en waaruit zou blijken dat Nasser van plan was om de monarchieën in het Midden-Oosten omver te werpen en zich aan te sluiten bij de Russen. Eden besloot het te geloven. Eisenhower was er niet van onder de indruk en antwoordde op redelijk beleefde toon dat hij zich ernstig zorgen maakte om het ultimatum. In werkelijkheid was hij ziedend omdat hij niet op de hoogte was gesteld en omdat de militaire operatie zo roekeloos was geweest: 'Ik kan niet geloven dat ze zo stom zouden zijn om alle Arabische vijandigheid tegenover Israël over *zichzelf* af te roepen.' De Britten waren de best denkbare bondgenoten tijdens een oorlog, 'maar dít! Mijn God!'[33]

Eisenhower had wel zijn woede gelucht, maar wist ook niet wat hij met de crisis in het Midden-Oosten moest aanvangen. Hij werd afgeleid door de Hongaarse opstand, waartoe de Amerikanen het volk met hun anticommunistische propaganda hadden opgehitst. Toen de opstand in oktober was uitgebroken, hadden de Verenigde Staten helemaal geen behoefte om de Hongaren actief te hulp te schieten – alweer een voorbeeld van loze morele retoriek.

De Israëliërs weigerden zich terug te trekken en veroverden een groot deel van de Sinaï en de Gazastrook. Britse en Franse troepen landden op de stranden van Port Said, alsof ze D-Day nog eens wilden overdoen met een beperkt budget. Egyptische vliegvelden werden gebombardeerd. Egyptenaren werden zonder pardon doodgeschoten. 'Voor ons,' herinnerde zich een Britse paratroeper, waren de Egyptenaren "roetmoppen". Ze waren niet echt mensen.' Eden kwam weer op de televisie om het Britse volk toe te spreken. ‘Al mijn hele leven,’ zei hij, ‘ben ik een man van de vrede. [...] Maar ik ben er stellig van overtuigd dat we juist hebben gehandeld. In de loop van de jaren heb ik, net als velen onder u, gezien wat de gevolgen zijn van vrede tegen elke prijs. Velen onder u zullen zich herinneren welke gevolgen dat had voor ons land en weten welke prijs we daarvoor hebben betaald!’ Hij bezwoer dat troepen van het Gemenebest onderweg waren en dat de Amerikanen zich ook snel zouden aansluiten.

Maar dat gebeurde niet. En de publieke opinie in Groot-Brittannië was ernstig verdeeld. In Londen werden enorme antioorlogsdemonstraties gehouden. Er werden vriendschappen verbroken. Families raakten verdeeld. Ondertussen waren de Franse en Britse troepen bijna bij het kanaal. De Russische premier, Nikolaj Boelganin, dreigde met militair ingrijpen als er geen einde aan de gevechten kwam. Ten slotte besloot Eisenhower iets te doen. Nu het pond zwaar onder druk stond, moesten de Britten hun goud- en dollarreserves aanspreken om ervoor te zorgen dat hun munt zijn waarde behield. De Verenigde Staten weigerden geld te lenen zolang de Britten de oorlog voortzetten. Een lening van het IMF werd geblokkeerd. De Fransen wilden doorvechten. Macmillan, ooit een groot voorstander van een oorlog tegen Nasser, was nu de eerste die terugkrabbelde. ‘Er is sprake van een vlucht uit het pond,’ zei hij, ‘die met kwade bedoelingen in Washington is georkestreerd.’[34] De Britten hadden zoals gewoonlijk het gevoel dat ze de Amerikaanse eisen niet naast zich neer konden leggen en stemden in met een staakt-het-vuren. Toen Eden Eisenhower smeekte om de Britse troepen toestemming te geven het kanaal veilig te stellen en de vrede te bewaren, gaf Ike hem zonder omhaal het volgende te kennen: ‘Als je morgen niet bent vertrokken uit Port Said veroorzaak ik zo'n vlucht uit het pond dat de waarde naar nul daalt.'[35]

Dit had ernstige gevolgen, niet alleen voor Eden persoonlijk, maar ook voor de Europese betrekkingen met de Verenigde Staten. Zo was een Britse premier, de leider van een wereldrijk, in geen eeuwen toegesproken. Door de boodschap van Eisenhower werd Groot-Brittannië in één klap tot een tweederangsmogendheid gedegradeerd. Dat proces was in de laatste jaren van de Tweede Wereldoorlog al in gang gezet, maar uit beleefdheid, vanwege de goede oude herinneringen, Winston Churchill en de incidentele paranoïde overschatting van de Britse imperiale macht, hadden Amerikaanse leiders altijd gedaan alsof ze dat niet echt in de gaten hadden. Dat was nu voorbij. Macmillan merkte op dat Suez de laatste ademtocht van een aftakelende mogendheid was geweest. Over tweehonderd jaar, zei hij, zullen de Amerikanen zelf ondervinden hoe de Britten zich hebben gevoeld.

De Fransen voelden zich verraden door de Amerikanen en de Britten. Voor Charles de Gaulle, die niet meer aan de macht was, was de Suezcrisis de bevestiging dat Angelsaksische mogendheden niet te vertrouwen waren en dat de NAVO de Franse belangen niet zou verdedigen. Wanneer Groot-Brittannië moest kiezen tussen het vasteland van Europa en de kolos aan de andere kant van de Atlantische Oceaan, zou het land altijd voor de laatste zou kiezen.

Eden was een gebroken man. Hij werd al geplaagd door ziektes, maar zijn gezondheidstoestand verslechterde helemaal na een mislukte operatie aan zijn galblaas. Hij trad af. Maar vlak voordat hij dat deed, ging hij in op een uitnodiging om te herstellen in Goldeneye, een landhuis op Jamaica. Goldeneye was van Ian Fleming. Tijdens de Suezcrisis werkte hij aan *From Russia, with Love*, een van zijn eerste romans over de volmaakte, fictieve held van zijn tijd: een charmante Engelse spion die altijd op zijn wenken wordt bediend, de wereldwijze erfgenaam van een grote koloniale mogendheid, onberispelijk gekleed door de beste kleermakers – eigenlijk net zo iemand als Anthony Eden. Dit was overduidelijk fantasie; een echte wereldmacht was Groot-Brittannië allang niet meer. Maar hier was een man die al zijn buitengewone gaven kon aanwenden om de onbehouwen neven van de andere kant van de oceaan te leren hoe ze de wereld van de schurken konden verlossen. Zijn naam was natuurlijk Bond, James Bond.

5
Een Anglo-Amerikaanse Band

De meeste mensen in ons land hebben het nog nooit zo goed gehad.

Harold Macmillan

Harold Macmillan wist dat er een komediant in hem school. Hij zei ooit dat het beroep van politicus vergelijkbaar is met dat van acteur. Hij speelde het liefst de rol van een edwardiaanse hoge heer die graag in een tweed plusfour in Schotland op korhoenders joeg of een gortdroge opmerking maakte op de lijzige toon van iemand die weet dat hij nooit zijn stem hoeft te verheffen om gehoord te worden. Zijn onderkoelde reactie op Nikita Chroesjtsjovs luidruchtige woedeaanval bij de Verenigde Naties, waarbij de premier beleefd om een vertaling van het gebeuk op de tafel verzocht, was Macmillan ten voeten uit. Achter zijn manier van doen vermoedde je een lange adellijke stamboom, mooie landhuizen en de beste privéscholen. Door de 'achteloze superioriteit' die hij zich tijdens zijn studie aan Balliol College in Oxford eigen had gemaakt, kwam hij over als een verfijnde dilettant. Achter deze zorgvuldig gecreëerde façade school echter een geslepen politicus die meedogenloos kon zijn wanneer het hem zo uitkwam. Toen hij zag dat Anthony Eden het nauwelijks meer volhield en was afgemat door het debacle met het Suezkanaal waarvoor hij, Macmillan, gedeeltelijk verantwoordelijk was, deed hij net alsof hij zich op korte termijn uit de politiek zou terugtrekken, om vervolgens zijn potentiële rivalen aan de kant te schuiven en in 1957 moeiteloos zijn intrek te nemen in de premierswoning in Downing Street.

Macmillan was echter helemaal niet van adel, maar de zoon van Maurice Macmillan, een Londense uitgever, en de nogal aanwezige Helen 'Nellie' Belles uit Spencer, Indiana. Net als Churchill was Macmillan trots op zijn half Amerikaanse afkomst. Zijn overgrootvader was een eenvoudige Schotse keuterboer. Macmillan was veel flinker dan je op het eerste gezicht zou zeggen. Hij leek vroegoud door zijn schuifelpas, maar die was het gevolg van de verwondingen die hij in 1915 als infanterieofficier bij de Slag om de Somme had opgelopen. Hij had met schotwonden aan zijn been en zijn bekken twaalf uur in een bomkrater gelegen. Terwijl hij was omringd door vijanden had hij zichzelf doses morfine toegediend en Aischylos gelezen.

Alles aan Macmillan sprak van een Engeland dat sinds de Eerste Wereldoorlog niet meer was veranderd, een wereld die was versteend en was blijven steken in de komische overdrijving van een roman van P.G. Wodehouse, hoewel hij zelf liever Anthony Trollope en Jane Austen las. En toch was Macmillan – bijnaam 'Supermac' – meer dan zes jaar premier in een tijd die vooral wordt gekenmerkt door ongekende economische ontwikkelingen: negentiende-eeuwse stations en achttiende-eeuwse rijtjeshuizen werden haastig gesloopt en vervangen door moderne gebouwen, huizen werden voorzien van wasmachines, ijskasten en televisietoestellen. Dit waren de jaren des overvloeds en van plannen om snel rijk te worden. Jonge mensen die tijdens of vlak na de oorlog waren geboren luisterden naar popmuziek op Radio Luxembourg. *Look Back in Anger*, John Osbornes toneelstuk over ontevreden jongeren, was het Britse antwoord op James Dean. Hugh Trevor-Roper, de beroemde historicus uit Oxford, deed het nieuwe tijdperk af als een 'vulgaire, zorgeloze, zelfingenomen, materialistische sociaaldemocratie', het soort maatschappij 'dat in Amerika heeft gezegevierd'.[1] Macmillan leek het tijdperk te bezingen in zijn toespraak die het vaakst wordt aangehaald: 'Laten we eerlijk zijn: de meeste mensen in ons land hebben het nog nooit zo goed gehad.'

Hij bedoelde het echter niet als lofzang, maar als waarschuwing dat het misschien niet altijd zo zou blijven, omdat de prijzen snel stegen en een hoge inflatie op de loer lag. Hoe dan ook veranderde Groot-Brittannië snel in een land dat nog maar weinig gemeen had met het land waar Macmillan was opgegroeid. Het begon steeds meer op Amerika te lijken, zoals Trevor-Roper terecht opmerkte.

Macmillan voelde zich net als Churchill, die hij enorm bewonderde, en in tegenstelling tot Anthony Eden, erg op zijn gemak in de Verenigde Staten. Hij kon het prima vinden met twee heel verschillende presidenten: Eisenhower en Kennedy. Van die twee stond hij duidelijk het dichtst bij John F. Kennedy, de stijlvolle, jongere man die een dynamisch, modern, hedonistisch en open Amerika vertegenwoordigde. Kennedy was – heel anders dan Macmillan – een groot liefhebber van de James Bond-romans. Zijn eindeloze feestjes met jonge meisjes, de snelle pakken, de enigszins louche glamour en een aantal bizarre acties tijdens zijn presidentsschap – hij probeerde Castro te laten liquideren met een klapsigaar – hadden ook de vrucht van Ian Flemings wilde fantasie kunnen zijn. Kennedy dineerde een keer met Fleming in New York en was toen blij met een paar tips over de manier waarop hij de Cubaanse leider het best kon aanpakken.

Macmillans eerste taak als premier was om het puin van de Suezcrisis te ruimen en de band met de Verenigde Staten te herstellen. De laatste keer dat hij Eisenhower had getroffen, als minister van Buitenlandse Zaken op het hoogtepunt van de Egyptische crisis, moest hij door een zijingang het Witte Huis binnengesmokkeld worden om de pers te ontlopen. De Amerikanen waren nog steeds boos op de Britten omdat die achter de rug van Eisenhower zo'n onbezonnen oorlog waren begonnen, en de Britten waren nog altijd gekwetst omdat de Verenigde Staten eerst warrige signalen hadden afgegeven en hen vervolgens hadden gedwongen ermee op te houden.

Premier en president besloten elkaar in maart 1957 op Brits grondgebied te ontmoeten, namelijk in Bermuda. De mannen waren oude kameraden uit de oorlog en hadden een aanzienlijk warmere persoonlijke band dan Anthony Eden en Eisenhower. En hoewel Eisenhower zich aan de Britse fixatie op Nasser ergerde, genoot hij van zijn informele discussies met Macmillan waarin ze bij de Mid-Ocean Club in hun pyjama de toekomst van de wereld onder de loep namen. Macmillan, die wel merkte dat de Amerikaanse president eenzaam was ('half koning, half premier'), beschreef hun besprekingen als 'een ervaring die niet meer in de moderne wereld paste. Het was eerder alsof je een afspraak had met koning George III in Brighton.'[2] Het was een nogal rare vergelijking, gezien de problemen die koning George met de Amerikaanse koloniën had, maar er blijkt wel duidelijk uit dat hij zich heel anders opstelde dan zijn voorganger. Macmillan had er geen moeite mee om te buigen voor een hogere machthebber. Tegen een minister van de Labour Party zei hij ooit: 'Het is afgelopen met Europa. Het is aan het zinken. Het is net zoiets als Griekenland na de Tweede Peloponnesische Oorlog. [...] Als ik jong was, zou ik naar Amerika emigreren.'[3]

Ze besloten oude zaken verder te laten rusten. Het zou weer helemaal goed komen met de Bijzondere Relatie. Eisenhower beschreef de besprekingen in Bermuda als 'de productiefste internationale conferentie die ik sinds het einde van de Tweede Wereldoorlog heb bijgewoond'.[4] Ze spraken over hun gemeenschappelijke belangen bij de verdediging van Europa. De Amerikanen wilden graag een verdergaande Europese integratie (en dat wilden ze veel liever dan de meeste Britse politici, zelfs dan Macmillan). Eisenhower beloofde dat de Verenigde Staten actief zouden deelnemen aan acties om de landen in het Midden-Oosten tegen het communisme te beschermen, als onderdeel van wat de Eisenhowerdoctrine zou worden, en beide landen zouden naar een Duitse hereniging streven. Maar de reden waarom de Britten tevreden waren over de bespreking had met een Britse obsessie te maken: de atoombom.

Net als andere naoorlogse Britse premiers was Macmillan ervan overtuigd dat Groot-Brittannië zelf over kernwapens moest beschikken als het land een serieuze mogendheid wilde blijven. Daarom was de MacMahon Act in 1946, waarmee een einde werd gemaakt aan de nucleaire samenwerking tussen de Verenigde Staten en hun bondgenoten, zo'n klap geweest voor het aanzien van de Britten. In 1954 kwam er een amendement op de wet, waardoor Britse bommenwerpers in oorlogstijd in elk geval Amerikaanse kernwapens aan boord konden hebben. In Bermuda beloofde Eisenhower dat hij zestig middellangeafstandsraketten in Groot-Brittannië zou plaatsen. Hoewel de Amerikanen er heel anders over dachten, meenden de Britten dat dit tot nucleaire onafhankelijkheid zou leiden, en het wakkerde de Franse argwaan over een Anglo-Amerikaanse samenzwering verder aan. Maar Macmillan was in zijn nopjes na zijn besprekingen met Eisenhower omdat de invloed van zijn land groter zou blijven dan op grond van zijn macht gerechtvaardigd was.[5]

Nucleaire samenwerking met de Verenigde Staten, zelfs met Groot-Brittannië als het kleine broertje, was de kern van een band die vooral door de Britten nog steeds als een Bijzondere Relatie werd gezien. Macmillan bleef de rol van Groot-Brittannië zien als die van de ambivalente en sceptische Griek tussen de onbesuisde Romeinen. Hij wilde graag dat de Verenigde Staten zo'n duidelijk nucleair overwicht hadden dat de Russen het wel uit hun hoofd zouden laten om oorlog te voeren met het Westen. Maar hij zag het ook als zijn plicht om de Amerikanen een beetje te beteugelen wanneer ze uit de bocht vlogen. Al in 1944 schreef hij in zijn dagboek over de Amerikaanse neiging om 'in te grijpen vanuit de pathetische behoefte om problemen waarmee staatslieden al eeuwen worstelen binnen een paar maanden op te lossen. [...] Het is in hun en ons belang, en in het belang van de wereldvrede, dat we hen bij de hand nemen.'[6]

Macmillan was er dus, net als Churchill en verscheidene generaties denkers in Groot-Brittannië, en tot op zekere hoogte ook in de Verenigde Staten, van overtuigd dat de Anglo-Amerikaanse orde het best kon waken over het lot van de mensheid, of in elk geval van het Westen. Maar in het Eisenhower-tijdperk werd het snel pijnlijk duidelijk waarom het zo moeilijk was om het kleine broertje te zijn.

China was al tijdens de oorlog een geschilpunt geworden tussen Groot-Brittannië en de Verenigde Staten. Churchill vond het hinderlijk dat Roosevelt had geëist dat de Chinese generalissimo Tsjang Kai-Sjek de conferenties van Cairo en Teheran ook zou bijwonen. In tegenstelling tot de Amerikanen nam Churchill 'die Chinees' niet serieus. Toen Tsjang Kai-Sjek de burgeroorlog in China had verloren en in 1949 naar Taiwan was gevlucht, kwam Mao Zedong aan de macht. Een jaar later knoopte Groot-Brittannië diplomatieke betrekkingen aan met de Volksrepubliek China, tot grote ergernis van de Verenigde Staten, die de Volksrepubliek als een machtige vijand in de mondiale strijd tegen het communisme zagen.

In augustus 1958 begon het Volksbevrijdingsleger twee piepkleine eilanden voor de Chinese kust die door Tsjangs regering op Taiwan werden geclaimd met bommen te bestoken. De Britten schaarden zich achter het Chinese standpunt dat ze eigenlijk bij de Volksrepubliek hoorden. Tsjang, die liberaal noch democratisch was, vroeg de Verenigde Staten om de eilanden te verdedigen. Eisenhower stuurde de Zevende Vloot. In een brief aan Macmillan verklaarde Dulles zich bereid om kernwapens te gebruiken. Dat was 'een onaangenaam vooruitzicht, dat we onder ogen zullen moeten zien omdat onze hele legertop er steeds meer van uitgaat dat het gebruik van kernwapens in het geval van vijandelijkheden normaal zal worden.'[7]

Macmillan gaf net als Churchill, die in Londen door Dulles op de hoogte was gebracht, blijk van gepaste ontzetting. Toen Churchill zei dat hij verontrust was dat er kernwapens zouden worden ingezet, reageerde Eisenhower door tijdens een persconferentie mede te delen dat atoombommen op dezelfde manier gebruikt konden worden als kogels. En aangaande het Britse standpunt dat een paar piepkleine vlekjes in de Straat van Taiwan geen goede reden waren om een oorlog te beginnen, kwam Eisenhower weer met het stokpaardje in het geval van een crisis op de proppen en riep het spook van 'München' op.

Macmillans beschrijving van het Britse dilemma geeft een goed beeld van de geschiedenis van de Bijzondere Relatie sinds het einde van de Tweede Wereldoorlog: 'Als we de Amerikanen in de steek laten – moreel, bedoel ik, ze hebben geen actieve steun nodig – zal het een flinke klap zijn voor de vriendschap en het bondgenootschap die ik met zoveel moeite heb proberen te hernieuwen en versterken.'[8] De prijs die de Britten moesten, en nog steeds moeten, betalen om de Bijzondere Relatie en daarmee hun aanspraken op de status van grote mogendheid in stand te houden, is dat ze vrijwel continu moeten instemmen met het Amerikaanse beleid, als actieve betrokkenen of anders in elk geval als trouwe supporters.

Een vergelijkbaar dilemma deed zich vier jaar later voor, toen de wapenwedloop tussen beide supermachten al ruimschoots gaande was. In eigen land werd Macmillan geconfronteerd met een sterke vredesbeweging, die over het algemeen eerder anti-Amerikaans dan anti-Russisch was. De premier vond de wapenwedloop zelf 'zo barbaars dat het aan het ongelooflijke grensde'.[9] Maar toen John F. Kennedy op zoek was naar een afgelegen oord waar hij kernbommen kon testen zonder de Amerikanen de stuipen op het lijf te jagen met foto's van paddenstoelwolken, stelde Macmillan een afgelegen eiland van het Gemenebest in de Indische Oceaan ter beschikking. Hij hoopte dat hij zou worden beloond met een overeenkomst om wetenschappelijke en technische kennis uit te wisselen. 'Er zou veel verloren gaan,' meldde hij zijn kabinet, 'wanneer we weigeren de faciliteiten op Christmaseiland ter beschikking te stellen. [...] Dat zal de regering van de Verenigde Staten er niet van weerhouden de proeven te hervatten, waardoor het Verenigd Koninkrijk niet meer bij machte zal zijn die beslissing te beïnvloeden en niet geraadpleegd zal worden.'[10]

Voordat Kennedy zijn bom boven de Indische Oceaan testte was Groot-Brittannië in wezen al de derde thermonucleaire mogendheid ter wereld geworden, doordat het land zijn eigen waterstofbom, Grapple 1, al boven Christmaseiland tot ontploffing had gebracht. Dat was in het voorjaar van 1957. Iets meer dan een jaar later gaven de Amerikanen de Britten hun zin en kwamen ze overeen dat beide landen hun nucleaire geheimen zouden delen. Eisenhower zou deze wens misschien sowieso wel hebben ingewilligd, tegen het advies van zijn naaste medewerkers in, maar de Amerikanen waren in de greep van een van die periodieke uitbarstingen van existentiële paniek waarvoor de Verenigde Staten vatbaar zijn. De Russen hadden op 3 november een onbewapende satelliet, de Spoetnik, in een baan om de Aarde gebracht. De gezamenlijke stafchefs waren in alle staten. Senatoren vroegen zich af of de Verenigde Staten door Russische raketten zouden worden getroffen. Er werd geroepen dat het defensiebudget moest worden verhoogd. Er werden snel schuilkelders gebouwd. En zowel Democraten als Republikeinen waren bang omdat ze – ten onrechte, bleek later – meenden dat de Verenigde Staten enorm achterliepen op de Sovjet-Unie op het gebied van rakettechnologie.

Macmillan moet hebben aangevoeld dat hij het ijzer moest smeden nu het heet was. Hij stuurde een brief aan zijn 'goede vriend' in het Witte Huis waarin hij vroeg wat 'we aan die Russen gaan doen' en voorstelde om verder te werken aan het 'bundelen van onze inspanningen'.[11] Hij vertrok naar Washington en merkte dat de Spoetnik voor de Amerikanen de grootste schok was geweest sinds Pearl Harbor: 'De Amerikaanse arrogantie heeft wel een deuk opgelopen.'[12] Eisenhower, die kalmer was gebleven dan de meeste van zijn landgenoten, zag Groot-Brittannië graag als een bondgenoot in deze crisis en scheurde tot Macmillans verbazing de MacMahon Act doormidden. Voortaan zouden Britse en Amerikaanse wetenschappers en ingenieurs samenwerken bij de ontwikkeling van kernwapens.

De Britse premier bedacht hoe tevreden zijn moeder zou zijn geweest als ze haar zoon had zien zitten in het Witte Huis, waar hij belangrijke zaken te bespreken had met de Amerikaanse president. Eisenhower en hij stelden ook de Verklaring van Gemeenschappelijk Doel op, een soort Atlantisch Handvest van de Koude Oorlog, waarin werd verklaard dat de veiligheid 'van de vrije wereld' zou worden gewaarborgd door een gemeenschappelijke defensie en 'het gevaar van communistisch despotisme te zijner tijd zou worden verdreven', opdat er een 'rechtvaardige en blijvende vrede' tot stand kon komen. Een aanval op een NAVO-lid zou als een aanval op alle NAVO-leden worden beschouwd. Daarop zouden de Verenigde Staten en Groot-Brittannië als de twee geallieerde nucleaire mogendheden toezien.

Macmillan was verrukt over dit resultaat, maar de Fransen, die hun eigen nucleaire afschrikmiddel wilden, voelden zich weer buitengesloten. Sommige medewerkers van het Britse ministerie van Buitenlandse Zaken zagen wel in dat het ook riskant kon zijn wanneer de indruk ontstond dat Groot-Brittannië slechts een Amerikaanse satelliet was. Dat zou 'schadelijk zijn voor de betrekkingen met onze andere vrienden, met name de Europeanen'. In dat geval 'neemt onze invloed bij de Amerikanen af, omdat deze afhankelijk is van de invloed die we op anderen hebben'.[13]

Deze zorgen zouden maar al te snel bewaarheid worden, toen Macmillan merkte dat zijn pogingen om lid te worden van de EEG werden tegengewerkt door De Gaulle omdat die Groot-Brittannië als een bedreiging voor de

Franse dominantie op het Europese vasteland zag. Hij kon dit moeilijk met zoveel woorden zeggen, dus betoogde De Gaulle dat Groot-Brittannië te nauwe banden met de Verenigde Staten onderhield en dat een Brits lidmaatschap daarom zou betekenen dat Europa 'in de Atlantische Oceaan zou verdrinken'.[14]

Voordat Macmillan een poging deed om lid te worden van de EEG werd de Eisenhowerdoctrine, die stipuleerde dat het Amerikaanse leger moest worden ingezet wanneer het communisme een halt moest worden toegeroepen, op kolderieke wijze in het Midden-Oosten in de praktijk gebracht. Camille Chamoun, de president van Libanon, was een maronitische christen en een trouw bondgenoot van het Westen. Hij was geregeld het doelwit van islamitische oproerkraaiers en linkse groeperingen. Toen Egypte en Syrië zich verenigden tot de Verenigde Arabische Republiek gingen Libanese moslims juichend de straat op, maar vermoedden Macmillan en Eisenhower een complot van Nasser om het Midden-Oosten onder de invloedssfeer van de Sovjet-Unie te brengen. Maar nu was het Macmillan die als eerste naar de München-analogie greep. Volgens hem was Syrië Oostenrijk en zouden de Libanezen eindigen als de Sudeten-Duitsers in 1938. Irak was Polen en zou vanzelf volgen.

Chamoun verzocht de Amerikanen om militaire bescherming. De Verenigde Staten aarzelden en raakten toen met hun bondgenoten verstrikt in een mengeling van verwarring, ideologie en onbekendheid met de regionale politiek die hun bij alle toekomstige interventies in de weg zou zitten. Deze keer zou het toevallig met een sisser aflopen. Eisenhower wilde aanvankelijk ingrijpen, zodat Macmillan met enig genoegen kon zeggen dat de Verenigde Staten 'nu ook een Suez hadden', maar zag daar ten slotte toch van af. Toen werd op 14 juli 1958 de jonge koning Faisal II van Irak, een *old boy* van Harrow, Churchills oude school, en een fanatieke bondgenoot van het Westen, tijdens een staatsgreep van het leger neergeschoten en opgehangen aan een lantaarnpaal. Dit was het 'Poolse' scenario waar Macmillan bang voor was geweest. Chamoun begon wanhopig te worden. De Amerikanen veranderden weer van mening, maar bedachten vervolgens dat het niet goed zou overkomen wanneer ze zo kort na Suez samen met de Britten zouden ingrijpen. Daarom werd de Zesde Vloot naar Libanon gestuurd en werden Britse troepen uitgezonden om Jordanië te beschermen. Amerikaanse mariniers waadden ten zuiden van Beiroet aan land en werden onthaald door verbijsterde zonnebaders en jongetjes die met ijs en Coca-Cola leurden.

Er is nooit bewezen dat Nasser een Arabisch Derde Rijk in het Midden-Oosten wilde stichten, laat staan een Sovjetsatrapie. De Amerikanen bleven nog een paar maanden in Beiroet, maar pakten toen de boel weer in en vertrokken. Er vielen nauwelijks doden. De normale toestand in Libanon werd snel hersteld, in elk geval voorlopig, met name door de bemoeienissen van Dag Hammarskjöld, secretaris-generaal van de Verenigde Naties. Achteraf bezien is het gemakkelijk om het de Britse en Amerikaanse politiek leiders kwalijk te nemen dat ze de situatie zo verkeerd hadden ingeschat, maar de actie in Libanon was toch eerder een soort farce die voorafging aan een groot aantal tragedies. Nationalisme – in dit geval panarabisme – werd maar al te vaak aangezien voor een mondiale samenzwering om een rijk van het kwaad te stichten en een plaatselijke despoot voor een incarnatie van Hitler. De schaduw van 1938 zou tot ver in de eenentwintigste eeuw reiken, onder andere in Irak.

Hoewel er van opzet geen sprake was, had het helaas wel iets symbolisch dat Macmillan net in Bermuda was om de schade aan de Bijzondere Relatie te herstellen toen zes Europese landen het Verdrag van Rome ondertekenden en formeel de Europese Economische Gemeenschap opricht-ten. Dit was het moment waarop de Belgische staatsman Paul-Henri Spaak een nieuw Europees thuis zag verrijzen te midden van de ruïnes van het Romeinse Rijk.

De Amerikanen waren altijd al voorstander geweest van een verenigd Europa omdat ze hoopten dat hun bondgenoten zich dan konden verdedigen in de strijd tegen het kwaad. Ze hoopten ook dat Groot-Brittannië het voortouw zou nemen in het werelddeel waar de Britten volgens de meeste Amerikanen toch thuishoorden. Macmillan was het er niet helemaal mee oneens. Vergeleken bij veel van zijn collega's, en misschien ook veel van zijn landgenoten, was hij uitgesproken pro-Europees. Hij was een bereisd man die fatsoenlijk Frans sprak en had De Gaulle tijdens de oorlog vaak verdedigd, terwijl de Fransman in Londen en Washington hartgrondig werd gehaat.

Net als Churchill had Macmillan grootse ideeën over de Europese eenwording. In zijn televisie-interview met William Buckley in 1972 beweerde hij dat Groot-Brittannië met Europa een van de grote mogendheden van de wereld zou worden. In zijn eentje, legde hij uit, was Groot-Brittannië slechts een eeuw lang een grote mogendheid geweest, van de Slag bij Waterloo tot het begin van de Eerste Wereldoorlog. 'De volkeren van het oude Europa,' vervolgde hij, 'hebben zichzelf en elkaar gedurende mijn leven twee keer bijna verwoest in een soort vernietigingsoorlog, net als de Grieken tijdens de Peloponnesische Oorlog. Ze moeten zich nu verenigen. Als ze kunnen samenwerken [...] niet alleen economisch, maar ook geestelijk en politiek, kunnen ze net zo'n rol spelen als de Verenigde Staten en veel meer betekenen voor de vrede en de voorspoed in de wereld.'

Dit zei hij een jaar voordat Groot-Brittannië eindelijk lid werd van de EEG. Dat het zo lang had geduurd, was niet alleen het gevolg van de Franse halsstarrigheid, maar ook van de Britse ambivalentie, die Macmillan zelf ook voelde. Hij was nog een kind van het imperium en voelde een sterke band met het Gemenebest. Toen Macmillan in 1955 werd uitgenodigd voor een bespreking in Nederland over de Europese integratie met de Europese ministers van Buitenlandse Zaken, gaf hij zijn staf opdracht om hem te verontschuldigen en te zeggen dat hij 'het druk had met Cyprus'. Al was hij instinctief nog zo voor Europa, hij kon maar niet accepteren dat Groot-Brittannië de soevereiniteit waarvoor het land zo hard had gevochten zou moeten delen met landen die nog maar zo kortgeleden onder de knoet zaten van nazi's en fascisten. Hij liet zich tegen zijn collega's in Londen ontvallen dat supranationalisme voor slechts drie groepen aantrekkelijk was: 'De Joden, de Planners en de oude kosmopolitische elite.'[15] Dat had een rechtse populist in Amerika of Engeland, die natuurlijk door Macmillan zou zijn verfoeid, in 2016 kunnen zeggen.

Toen De Gaulle in 1958 weer aan de macht was gekomen, als een soort redder des vaderlands die Frankrijk zou moeten behoeden voor militaire coups en een bloedige koloniale oorlog in Algerije, zocht Macmillan hem op in Parijs. Met een opmerkelijk gebrek aan tact wees hij de Franse leider erop dat de EEG een soort herinvoering van het continentaal stelsel was, alsof de spoken van Napoleon en Hitler nog steeds rondwaarden in Parijs, en Groot-Brittannië misschien weer naar de wapens moest grijpen als de continentalen hun gevaarlijke koers bleven varen. Als alternatief voor de EEG richtte Groot-Brittannië samen met de Scandinavische landen, Portugal, Oostenrijk en Zwitserland de Europese Vrijhandelsassociatie (EVA) op.

En toch bleef Macmillan erover tobben dat Groot-Brittannië op een dag in de steek zou worden gelaten door een minder goedgezind Amerika en zou zijn afgesneden van 'het rijk van Karel de Grote', zoals hij het noemde, dat nu werd geleid door Frankrijk, maar in de toekomst misschien door een steeds machtiger Duitsland. In 1959 en 1960 bleek tijdens twee staatsbezoeken aan Groot-Brittannië hoezeer percepties over de machtsverhoudingen sinds de oorlog waren veranderd. Het eerste staatshoofd dat op bezoek kwam was Eisenhower, die door Macmillan was uitgenodigd omdat hij zijn kansen om als premier te worden herkozen wilde vergroten. Grote menigtes stonden langs de weg om de oude oorlogsheld toe te juichen (meer dan er later zouden komen opdagen voor de populaire Kennedy). De twee leiders, beiden in smoking, zaten naast elkaar voor een informeel televisiegesprek. Groot-Brittannië en Amerika, sprak Macmillan tegen Ike, die enthousiast zat te knikken, 'onderhouden nauwe betrekkingen met elkaar... misschien wel nauwer dan ooit tevoren'.

Toch was het bezoek van Eisenhower niets vergeleken met dat van De Gaulle een jaar later. De Gaulle had gezworen dat hij pas in Groot-Brittannië zou terugkomen wanneer hij president van Frankrijk was. In 1944 werd hij door de Geallieerden naar de achtergrond geschoven. Tot zijn grote frustratie hadden ze hem in 1945 niet uitgenodigd voor de conferentie van Jalta. Maar deze keer prijkte het kruis van Lotharingen in vuurwerk voor Buckingham Palace. In zijn generaalsuniform inspecteerde De Gaulle de Household Cavalry – een eerbewijs, verkondigde een plechtige stem op het Britse Pathé News, dat nooit eerder aan een buitenlands staatshoofd was betoond. De Marseillaise weerklonk in Westminster Hall, waar De Gaulle alle gezaghebbers van Groot-Brittannië toesprak, inclusief de koninklijke familie en een tot tranen bewogen Winston Churchill. De wereld, zei hij, zou worden gered door de wijsheid en standvastigheid van Groot-Brittannië en Frankrijk.

Het was een triomf voor De Gaulle, die zwolg in eerbetuigingen aan de grandeur van Frankrijk. Hij droomde ervan de leider te worden van een Europa dat onafhankelijk was van de Angelsaksische mogendheden. En Macmillan, die moest toezien hoe het imperium kromp en de Britse militaire macht afnam, droomde van een rol als de grote vredestichter die de wereldleiders bij elkaar zou brengen. Hij raakte al even bezeten van het idee van topconferenties als Churchill. De Britse wijsheid zou nog altijd kunnen zegevieren – dat geloofde hij tenminste.

En zo kwamen de leiders een maand na De Gaulles bezoek aan Groot-Brittannië met niet bijster veel enthousiasme bijeen in Parijs om over nucleaire ontwapening te spreken. Macmillan had hier in zijn element moeten zijn, maar helaas verliep de top rampzalig. Een Amerikaans verkenningsvliegtuig, de U-2, was neergeschoten boven de Sovjet-Unie. Chroesjtsjov was woedend en weigerde nog langer over ontwapening te praten. Macmillan smeekte, naar het schijnt met tranen in zijn ogen, de leiders om flexibel te zijn. Maar in wezen was de top alweer voorbij. Macmillan bekeek de slecht geklede afgevaardigden van de Sovjet-Unie en merkte in het voorbijgaan op dat de Russen blijkbaar beter waren in het maken van Spoetniks dan van broeken. Eisenhower stond erop dat Macmillan hem vergezelde bij een rit in een open auto door Parijs. Macmillan merkte op: 'Chroesjtsjov kan wel een einde maken aan het topoverleg, maar er is geen reden om hem een einde te laten maken aan het Anglo-Amerikaanse bondgenootschap.'[16]

Macmillans privésecretaris herinnerde zich later dat hij zijn baas nog nooit zo gedeprimeerd had gezien: 'Dit was het moment waarop hij besefte dat Groot-Brittannië helemaal niets voorstelde; hij kon Ike er niet toe bewegen om Chroesjtsjov tegemoet te komen, en De Gaulle was simpelweg niet geïnteresseerd. Volgens mij was het een keerpunt in zijn leven.'[17]

In 1961 deelde Macmillan het parlement mee dat Groot-Brittannië het lidmaatschap van de EEG zou aanvragen. Sommige parlementsleden riepen 'schande!'. Hugh Gaitskell, de oppositieleider, zei bij de conferentie van de Labour Party tegen zijn collega's dat die ontwikkeling het einde van duizend jaar trotse onafhankelijkheid zou betekenen. Maar de Verenigde Staten wilden het, evenals de Duitsers en de kleinere lidstaten, en Macmillan wilde het nu ook heel graag, en het was niet moeilijk de meeste Britse burgers ervan te overtuigen dat ze het ook wilden. Edward ('Ted') Heath, de toekomstige premier, werd naar Brussel gestuurd om te onderhandelen. Hij kende 'de Europeanen'.

Een van de canards die tot op de dag van vandaag worden herhaald door Britse eurosceptici is dat de Europeanen en hun Britse aanhangers de Britten om de tuin hebben geleid. Ze zouden hebben gezegd dat het lidmaatschap van 'Europa' alleen om economische belangen draaide en geen politieke consequenties zou hebben. Het was tenslotte geen federale staat in wording, maar de Europese *Economische* Gemeenschap. Maar eigenlijk waren de motieven van Macmillan nooit zuiver economisch. Hij was vooral met veiligheid bezig. De EEG was net als de NAVO een instelling die het Westen bescherming zou bieden in de strijd tegen het communisme. De kwestie van nationale soevereiniteit, die sommige linkse politici meer bezighield dan rechtse, werd voor het gemak maar buiten beschouwing gelaten.

Hoewel hij het niet openlijk zei, was Charles de Gaulle de enige Europese leider die absoluut niet wilde dat Groot-Brittannië lid werd van de EEG. Hierdoor kreeg men niet geheel ten onrechte de indruk dat hij achterbaks was. De Gaulle had het over onverenigbare nationale tradities, over de hechte band tussen Groot-Brittannië en het Gemenebest en de afhankelijkheid van de Verenigde Staten. Macmillan had na zijn besprekingen met De Gaulle het gevoel dat de Fransman werd gedreven door jaloezie en onverzoenlijke haat tegen de Angelsaksen. Maar op een aantal fundamentele punten waren Macmillan en De Gaulle het volledig met elkaar eens. De Gaulle geloofde ook niet in supranationalisme. Net als de Britse nationalisten – en misschien ook net als Macmillan – meende hij dat een land een eigen ziel had en dat het 'ontoelaatbaar was dat een groot land zijn lot zou toevertrouwen aan de beslissingen en handelingen van een ander land, zelfs al gaat het hier om een bevriende natie'.[18]

Hij dacht daarbij aan de Verenigde Staten, maar net als Macmillan voelde hij er niets voor om de nationale soevereiniteit deels af te staan aan de Europese gemeenschap. Hij kon ermee leven zolang Frankrijk 'de enige haan in de kippenren' kon zijn. Hij zei zelfs tegen een Franse minister: 'Europa biedt Frankrijk de kans om dat te zijn wat het sinds Waterloo al niet meer is', namelijk de enige mogendheid die zich met de Verenigde Staten en de Sovjet-Unie kon meten: 'De Engelsen troosten zich voor hun verval door te zeggen dat ze delen in de Amerikaanse hegemonie. De ruggengraat van Duitsland is gebroken.'[19]

In 1958 was De Gaulle nog dezelfde man als altijd, ijdel, koppig, hoogdravend en ziekelijk gevoelig voor beledigingen, vooral van de Angelsaksen. Zijn analyse was hardvochtig, en de manier waarop hij de Britten behandelde achterbaks, maar wat hij zei klopte grotendeels wel. En hij was niet van zins om Groot-Brittannië de kans te geven een einde te maken aan de Franse privileges in het knusse Europees clubje dat de EEG toen nog was. Als laatste sneer naar de arme Macmillan citeerde De Gaulle een regel uit een beroemd chanson van Edith Piaf: 'Ne pleurez pas, Milord.'

Dat Macmillan en Kennedy het zo goed met elkaar zouden kunnen vinden, had niet onmiddellijk voor de hand gelegen. Macmillan vond Kennedy in eerste instantie een 'brutale jonge Ier', maar was ook bang dat hij vergeleken bij hem nogal oubollig zou overkomen doordat hij veel ouder was. En hij had Kennedy's vader, Joe, een onuitstaanbare man en een anglofobe apologeet van de nazi's gevonden. Maar toch hadden beide leiders veel met elkaar gemeen. Een heldhaftig oorlogsverleden was belangrijk voor Macmillan. Beiden hadden nog steeds last van hun verwondingen; Kennedy's chronische rugklachten waren in 1943 verergerd toen zijn motortorpedoboot door een Japanse kruiser was overvaren. Er was ook een familieband: Kennedy's zuster, Kathleen, was getrouwd geweest met de neef van de vrouw van Macmillan, Lady Dorothy. En beide leiders hadden een cynisch gevoel voor humor. Kennedy's opmerking dat hij hoofdpijn kreeg na meer dan drie dagen seksuele onthouding was misschien een beetje aanmatigend in het bijzijn van een oude edwardiaanse *cocu* die waarschijnlijk al jaren geen seks had gehad, maar

Macmillan vermaakte zich uitstekend in het gezelschap van kleurrijke persoonlijkheden.

Ze deelden ook opvattingen over een eerlijker verdeling van welvaart. Dit is wat Margaret Thatcher later als '*wet*' zou omschrijven, slap, week. Bill Clinton en Tony Blair noemden het de Derde Weg. Macmillan had er in 1938 zelfs een boek over geschreven, *The Middle Way: A Study of the Problem of Economic and Social Progress in a Free and Democratic Society*. En Kennedy's eindscriptie aan Harvard ging over de Münchencrisis en verscheen later als *Why England Slept*. Kennedy's idealistische opvattingen over de Amerikaanse missie om de democratie te verspreiden en zich tegen dictators te verzetten konden gezien worden als een reactie op zijn vaders appeasementpolitiek aan het einde van de jaren dertig. Macmillan bewonderde hem erom en zag voor zichzelf een rol weggelegd als de oudere en ervarener adviseur die de scherpe kantjes van het enthousiasme van de jonge president kon bijschaven. Daarin zou de oude Griek eindelijk tot zijn recht kunnen komen.

Macmillan was geboren toen Victoria nog op de troon zat. Kennedy was de eerste Amerikaanse president die in de twintigste eeuw was geboren. Net als zijn voorgangers was hij ervan overtuigd dat hij het kwaad moest bestrijden, en zijn eerste buitenlandse interventie was een nog kluchtiger aangelegenheid dan Eisenhowers invasie in Libanon. Eisenhower had zich zorgen gemaakt over Fidel Castro's revolutie in Cuba en over eventuele Russische inmenging in de Amerikaanse invloedssfeer, en had daarom plannen gemaakt voor een invasie om een anticommunistische opstand te ontketenen. Macmillan wees dit niet af. Hij schreef Eisenhower dat Castro 'de baarlijke duivel' was, misschien zelfs Amerika's Nasser. Er gebeurde echter niets tot Kennedy, zonder Macmillan te raadplegen (er was natuurlijk geen enkele reden waarom hij dat had moeten doen), besloot over te gaan tot Operation Bumpy Road.

Kennedy wilde per se niet dat de Verenigde Staten als de agressor konden worden geïdentificeerd. Daarom gingen er op 17 april 1961 1400 in het geheim door de CIA getrainde Cubaanse desperado's aan land bij de Varkensbaai, nadat ballingen in B-26-bommenwerpers, die nogal knullig als Cubaanse vliegtuigen waren vermomd, eerst vliegvelden op Cuba hadden gebombardeerd, overigens zonder al te veel resultaat. De kans op een volksopstand was nihil. Het ongeregelde zooitje dat Cuba was binnengevallen was geen partij voor het sterke Cubaanse leger. Kennedy weigerde om de invasie te redden door Amerikaanse troepen in te zetten, waardoor Bumpy Road al snel uitliep op een belachelijke mislukking.

Macmillan kon zich er niet echt druk om maken en had zelfs wel waardering voor de manier waarop Kennedy de verantwoordelijkheid voor deze blunder op zich nam. Hij maakte zich meer zorgen over Amerikaanse interventies in Azië. Eisenhower had Macmillan al de stuipen op het lijf gejaagd met zijn inmenging in Laos, waar Phoumi Nosavan, een zwakke generaal die door de CIA werd gesteund, problemen had met een communistische verzetsbeweging (de Pathet Lao) die door Noord-Vietnam en China werd gesteund. Phoumi vroeg de Verenigde Staten en de anticommunistische bondgenoten van de Zuidoost-Aziatische Verdragsorganisatie, de Zuidoost-Aziatische versie van de NAVO, om militaire steun. Laos, zo meende men, was het land waar de communistische dreiging een halt toegeroepen moest worden omdat de andere dominostenen anders zouden omvallen.

Groot-Brittannië was de meeste van zijn koloniën in

Azië al kwijtgeraakt: India en Birma in 1947, Sri Lanka (dat nog Ceylon heette) in 1948. En dat dekolonisatieproces was nu ook gaande in Afrika, waar Macmillan in 1960 zijn beroemde toespraak hield over 'de wind van de verandering [...] die over dit werelddeel waait'. Macmillan was weliswaar even beducht voor het communisme als de Amerikanen, maar ried Amerikaanse presidenten, als hem al iets werd gevraagd, toch aan om zich niet met conflicten in Azië te bemoeien. Maar zijn antwoord op Eisenhowers plannen voor Laos was wel in lijn met de gebruikelijke Britse reacties op dilemma's die door Amerikaanse interventies werden veroorzaakt: 'Voor ons is dit een bijzonder gevaarlijke situatie. Als de Zuidoost-Aziatische Verdragsorganisatie ingrijpt (de Thai, de Verenigde Staten en wijzelf) zal dat tot onrust in India, Malaya en Singapore leiden. Als we ons afzijdig houden en de Verenigde Staten zelf een "Suez" laten doen, drijven we het bondgenootschap uit elkaar.'[20]

In navolging van Eisenhower speelde Kennedy ook met het idee om het communisme in Laos tot staan te brengen. Zijn onderminister van Buitenlandse Zaken, Chester Bowles, haalde een bekende reden om oorlog te voeren van stal. De Verenigde Staten, betoogde hij, 'moesten over 2, 3, 5, of 10 jaar toch oorlog voeren tegen de Chinezen, en daarom was het alleen een kwestie van waar, wanneer en hoe'.[21] Toen Macmillan hoorde dat Kennedy weleens overgehaald zou kunnen worden om Laos binnen te vallen als de Zuidoost-Aziatische Verdragsorganisatie weigerde in te grijpen, bestond zijn reactie tijdens een ontmoeting met de president in Key West uit slechts drie woorden: 'Doe het niet.' Maar zoals gewoonlijk was hij bang dat de Bijzondere Relatie kon worden geschaad. Daarom was hij er ook van overtuigd dat Groot-Brittannië de Amerikanen ongeacht hun besluit moest steunen 'als we in de toekomst invloed op de president en de nieuwe regering willen blijven uitoefenen'.[22]

Uiteindelijk besloot Kennedy dat Phoumi's Laotianen te wankelmoedig waren om betrouwbare partners in de strijd tegen het communisme te zijn. Laos was niet de dominosteen die met militaire kracht moest worden verdedigd. De juiste plek was Zuid-Vietnam. Ngô Đình Diệm, de katholieke president, moest Amerika's bondgenoot worden. De Vietnamezen waren in tegenstelling tot de Laotianen volgens de Amerikanen namelijk echte strijders. In mei 1961 bracht vicepresident Lyndon B. Johnson een bezoek aan Saigon. Na zijn reis concludeerde hij dat de Amerikanen gedwongen zouden zijn hun eigen kust te verdedigen, of in elk geval Hawaii ('de stranden van Waikiki'), wanneer Vietnam zou vallen. Ngô Đình Diệm, zei hij, was 'de Winston Churchill van vandaag'.[23]

Terwijl de Amerikanen zich vooral met Zuidoost-Azië en Cuba bezighielden (tijdens Operatie Mongoose was de CIA verwikkeld in allerlei bizarre acties om Castro uit de weg te ruimen), was Macmillan eerder bezorgd over de situatie in Berlijn. Zolang er nog sprake was van enige bewegingsvrijheid bleven Oost-Duitsers, en dan vooral de slimste en ondernemendste, in grote aantallen naar het Westen stromen. In de zomer van 1961 besloot Walter Ulbricht, de Oost-Duitse communistische leider, met steun van Chroesjtsjov een muur te bouwen om deze menselijke bloeding te stelpen. Moskou dreigde Berlijn aan de Oost-Duitsers te geven, waardoor er een einde zou komen aan de status quo en de westerse bondgenoten uit de stad konden worden verdreven. De hardliners in Washington, onder wie Dean Acheson, de voormalige minister van

Buitenlandse Zaken, wilden tanks over de Autobahn sturen om de confrontatie met de communisten aan te gaan. Macmillan was voorstander van onderhandelingen, een reactie die aan zijn rechtse critici in Groot-Brittannië en de Verenigde Staten natuurlijk uitroepen van 'München!' ontlokte. Nog geen maand voordat de Muur verrees, had Macmillan gezegd dat de rechten van de westerse mogendheden in Berlijn moesten worden verdedigd omdat 'we de pijnlijke lessen die we in de jaren dertig hebben geleerd niet zijn vergeten en gewelddaden niet zullen accepteren'.[24]

'München' bleef op de raarste manieren de kop opsteken. Een van de redenen waarom Kennedy zo prikkelbaar was over Berlijn was dat hij in juni 1961 door Chroesjtsjov was gekoeioneerd tijdens een ontmoeting in Wenen, die eerder een krachtmeting was geweest dan een top. Chroesjtsjov zag Berlijn als 'de ballen van het Westen'. Kennedy had graag willen laten zien dat hij wel wist hoe hij de westerse testikels moest beschermen, maar het was hem niet gelukt om de Russische leider ervan te overtuigen dat hij meer was dan een onervaren, verwend rijkeluiszoontje. Toen hij van Wenen naar Londen vloog, voelde Kennedy, die ook nog last had van verschrikkelijke rugpijn, zich somber en gedemoraliseerd. In een brief aan de koningin schreef Macmillan dat Kennedy's inspanningen in Wenen hem deden denken 'aan lord Halifax of Mr Neville Chamberlain die probeert te praten met Herr Hitler'.[25]

Kennedy gaf net als Macmillan de voorkeur aan een muur boven oorlog, maar Duitse politici, onder wie Willy Brandt, de linkse burgemeester van Berlijn, en Charles de Gaulle hekelden deze timide houding. Ze waren bang dat Duitsland het slachtoffer zou worden van de Angelsaksische appeasementpolitiek. De muur verrees en een militair conflict werd afgewend, maar de spanningen in het westerse kamp liepen op door de schijnbare verdeeldheid tussen de 'Angelsaksen' en de 'continentalen'. Het hielp natuurlijk niet dat Macmillan de Duitsers, inclusief bondskanselier Adenauer, nooit helemaal vertrouwde, terwijl hij ze juist aan zijn kant moest zien te krijgen nu hij zijn best deed om Groot-Brittannië lid te laten worden van de EEG.

In oktober van het daaropvolgende jaar lukte het tijdens de Varkensbaaicrisis weliswaar om een uiterst gevaarlijke oorlog af te wenden, maar werd de kloof tussen de Angelsaksen en de continentalen onbedoeld misschien wel nog groter. De Verenigde Staten hadden al in de zomer van 1962 aanwijzingen gekregen dat de Sovjet-Unie iets van plan was in Cuba. Er werden konvooien met raketten gesignaleerd op zee. Er waren rapporten van de inlichtingendiensten over raketinstallaties. Een van de eersten aan wie Kennedy in oktober spionagefoto's van Russische kernraketten op Cuba liet zien was de Britse ambassadeur, David Ormsby-Gore, die met de president bevriend was. Macmillan werd diezelfde dag nog ingelicht, voordat Kennedy's kabinetsleden op de hoogte werden gesteld.

Macmillan ried zoals gewoonlijk aan om voorzichtig te zijn en pleitte voor overleg met de Russen. Kennedy's militaire adviseurs drongen erop aan de raketbases onmiddellijk aan te vallen. De sinistere baas van de luchtmacht, Curtis LeMay, de man die tijdens de Tweede Wereldoorlog bijna iedere stad in Japan had verwoest, betoogde dat iedere andere aanpak 'bijna even slecht zou zijn als de appeasementpolitiek in München'.[26] Daar waren veel niet-militaire leden van Kennedy's kabinet het mee eens. Kennedy was echter voorzichtiger. Hij besloot tot een blokkade om te voorkomen dat de Russische schepen Cuba konden bereiken. Als de schepen weigerden terug te keren, zou het op een kernoorlog kunnen uitdraaien. Macmillan zei tegen de president dat een blokkade waarschijnlijk onwettig was, maar sprak in zijn dagelijkse telefoongesprekken wel zijn enthousiaste steun uit. Veel Britse journalisten waren heel kritisch over het Amerikaanse beleid, dat ze als roekeloze va-banquepolitiek omschreven, waardoor er een sfeer ontstond die door Macmillan werd vergeleken met 'München'.[27] Uiteindelijk kwam het tot een akkoord. Washington en Moskou voorkwamen maar net een ramp. Chroesjtsjov zou de raketbases op Cuba ontmantelen wanneer de NAVO-raketten uit Turkije werden teruggetrokken.

Het is nog maar de vraag of de vaderlijke adviezen die Macmillan tijdens de crisis aan Kennedy gaf van enige invloed zijn geweest. Andere westerse bondgenoten werden ook op de hoogte gehouden, maar er was veel meer overleg met de Britten. Kennedy uitte zijn dank in een brief aan zijn 'beste vriend', waarin hij schreef: 'De bemoedigende steun die je in het openbaar hebt uitgesproken en onze dagelijkse gesprekken zijn de afgelopen dagen voor mij van onschatbare waarde geweest.'[28] Kennedy zei ook dat Macmillan de enige leider was die hij met een gerust hart in vertrouwen kon nemen: 'De anderen zijn wat mij betreft allemaal buitenlanders.'[29] In zijn dagboek schreef Macmillan tevreden dat zijn regering 'onze rol volmaakt had gespeeld. We waren volledig op de hoogte en betrokken bij (en bijna *verantwoordelijk* voor) alle Amerikaanse manoeuvres. Mede dankzij onze volmaakte kalmte zijn de Europeanen kalm gebleven.'[30]

Het valt onmogelijk na te gaan of die laatste bewering waar is, maar de opmerkelijke intimiteit van de Anglo-Amerikaanse hotline heeft in Parijs, Bonn en andere Europese hoofdsteden waarschijnlijk de indruk versterkt dat de blik van de Britten nog altijd op de Atlantische Oceaan was gericht. Dat is misschien de reden waarom De Gaulle

Macmillan maar weer eens aan Churchills uitspraak uit 1944 herinnerde. Macmillan was daar niet bepaald blij mee.

Nadat Groot-Brittannië en de Europese gesprekspartners zestien maanden in goed vertrouwen moeizame onderhandelingen hadden gevoerd, sprak De Gaulle op 14 januari 1963 zijn veto uit over het Britse EEG-lidmaatschap. Hij was natuurlijk nooit een voorstander van Britse toetreding geweest. Zijn rancune ging terug tot de Tweede Wereldoorlog, maar door een opeenvolging van gebeurtenissen in het recentere verleden was een Brits lidmaatschap in zijn ogen volledig uitgesloten: hij had het gevoel verraden te zijn na de gezamenlijke invasie van Suez, en dacht dat de Britten bereid waren een akkoord te sluiten met de Russen over Berlijn; en dat riep weer herinneringen op aan Jalta, waar volgens De Gaulle (en conservatieven in de Verenigde Staten) Oost-Europa was opgeofferd door de Engelsen en de Amerikanen. Maar de beslissende kwestie had eens te meer te maken met de bom – wie hem zou hebben, en wanneer.

In 1960 hadden de Amerikanen de Skybolt, een langeafstandsraket die vanuit een bommenwerper kon worden afgeschoten, aangeboden aan de Britten. Er was ook gesproken over de Polaris, een raket die door een onderzeeër kon worden gelanceerd en die de Verenigde Staten al in gebruik hadden genomen voor hun troepen in Groot-Brittannië. De Britten hadden de gesprekken als een toezegging opgevat. Sommige adviseurs van Kennedy – de 'europeanisten' – hadden echter zo hun bedenkingen. Ze zagen niet in waarom Groot-Brittannië een voorkeursbehandeling moest krijgen en vonden dat de Verenigde Staten gelijkwaardiger betrekkingen met Duitsland en Frankrijk moesten onderhouden. Kennedy was, ondanks zijn voorliefde voor Londense societyroddel en de goede band die hij met de Britse premier onderhield, zelf ook een soort europeanist. Hij had ongeveer dezelfde ideeën over Europese integratie als Roosevelt over dekolonisatie. Beiden pasten hun visie op de Amerikaanse geschiedenis toe op de wereld in het algemeen. Op Independence Day hield Kennedy in Philadelphia een toespraak waarin hij opriep tot een Europese 'Onafhankelijkheidsverklaring', waarna de Verenigde Staten 'met een Verenigd Europa zouden bespreken op welke manier een concreet Atlantisch partnerschap kon worden gevormd'.[31]

Er werd ook geopperd dat het misschien een goed idee was om een gemeenschappelijk Europees leger te vormen, maar dat vonden de Britten onzin. Kennedy's gevoelens over het Europese vasteland bleven echter ambivalent. Hij had Macmillan al in 1961 gezegd dat hij ondertussen geloofde dat 'het onwenselijk zou zijn om de Fransen bij te staan in hun streven een nucleaire capaciteit te ontwikkelen'.[32] Niet omdat hij anti-Frans was, maar omdat hij bang was dat Duitsland dan misschien ook kernwapens zou willen hebben. Wat de zaken er niet gemakkelijker op maakte, was een bespreking tussen Macmillan en De Gaulle in 1962, waaruit De Gaulle had geconcludeerd dat Groot-Brittannië nucleaire samenwerking met Frankrijk had toegezegd. De Amerikaanse minister van Defensie Robert McNamara, die het een onaangenaam idee vond dat andere landen dan de Verenigde Staten zich tot een onafhankelijke nucleaire mogendheid ontwikkelden, joeg de Britten vervolgens tegen zich in het harnas. Hij wees erop dat Skybolt technische mankementen vertoonde en zou worden teruggetrokken, waardoor de Britten achterbleven met het gevoel dat ze waren bedrogen of, nog erger, aan de kant waren geschoven bij de bijzondere nucleaire samenwerking, waardoor de Bijzondere Relatie zelf in gevaar kwam.

Het was duidelijk tijd voor een nieuwe Anglo-Amerikaanse bijeenkomst, ditmaal in Nassau, op de Bahama's, die nog steeds bij Groot-Brittannië hoorden. Macmillan was in een sombere bui. Acheson had hem gekwetst met zijn schimpscheut dat Groot-Brittannië zijn imperium was kwijtgeraakt en nog op zoek was naar een rol. Je moet de Britten niet kleineren, schreef Macmillan in een open brief. Er waren buitenlanders die dezelfde fout hadden gemaakt, onder wie Lodewijk de Veertiende, Napoleon en Hitler.

Kennedy's gezelschap werd op het vliegveld verwelkomd door een kapel die de melodie 'Oh, Don't Deceive Me' speelde. Kennedy had weer eens verschrikkelijke pijn aan zijn rug en was volgepompt met medicijnen. Toch lukte het hem om de premier te vergezellen tijdens een lange wandeling onder de palmbomen. Macmillan legde Kennedy voor de zoveelste keer uit hoe bijzonder de Bijzondere Relatie was en dat de geschiedenis van de nucleaire samenwerking al terugging tot de tijd van Roosevelt. Kennedy zag een goede politieke reden om de Britten te sussen, maar geen militaire, en was bereid de helft van de kosten om Skybolt alleen voor hen te ontwikkelen te betalen. Macmillan stond erop dat ze in plaats daarvan de Polaris kregen. Kennedy gaf alweer toe, tot grote ontsteltenis van de europeanisten in zijn entourage.

Een maand later zei De Gaulle nee tegen het Britse EEG-lidmaatschap. Daar had hij, zoals gezegd, uiteenlopende redenen voor, maar zijn gevoel dat hij nogmaals werd buitengesloten zal zeker zijn versterkt door de speciale Britse deal met de Polaris – hoewel Kennedy hem in feite iets vergelijkbaars had aangeboden. De Fransen hadden in 1960 hun eigen atoombom al getest en zouden acht jaar later hun eerste waterstofbom tot ontploffing brengen.

Dit was nog niet helemaal het einde van de bomgerelateerde zaken in het Kennedy-Macmillan-tijdperk. Macmillan was er nog steeds op gebrand om de wereldleiders samen te brengen en te bespreken hoe een kernramp kon worden afgewend. Met veel moeite wist hij in 1963 een top in Moskou te organiseren, die uiteindelijk resulteerde in een verdrag dat kernproeven in de atmosfeer, de ruimte, territoriale wateren en op open zeeën verbood. Dat had Chroesjtsjov, die geschokt was door de Cubacrisis, altijd al gewild. Kennedy ook, maar het had hem grote moeite gekost om het Congres te overtuigen. Het verdrag werd getekend door de Verenigde Staten, Groot-Brittannië en de Sovjet-Unie. Lord Hailsham, die Groot-Brittannië vertegenwoordigde, beschreef de top als 'de laatste internationale onderhandelingen waaraan Groot-Brittannië nog als grote mogendheid had deelgenomen'.[33]

De Fransen hielden zich afzijdig van de onderhandelingen. Toen Kennedy vroeg of er geen poging moest worden gedaan om de Fransen erbij te betrekken, schreef Macmillan aan zijn 'beste vriend' dat ze moesten zien te voorkomen dat De Gaulle de verstandhouding met de Russen verpestte met zijn ongepaste opmerkingen vanaf de zijlijn. Macmillan had misschien wel gelijk waar het De Gaulles dwarsigheid betrof, maar zijn moment van glorie is waarschijnlijk niet bevorderlijk geweest voor Groot-Brittanniës kansen om deel te worden van het oude rijk van Karel de Grote.

De laatste ontmoeting tussen de president en de premier vond plaats in Birch Grove, het privélandhuis van de Macmillans in West Sussex. (Opmerkelijk genoeg zit er om de hoek tegenwoordig een zaak die Munich Legends heet, een dealer die gespecialiseerd is in BMW's.) Het was de zomer van 1963. De hedonistische tijdgeest van de jaren zestig was Macmillan snel aan het inhalen: zijn minister van Defensie, John Profumo, was verstrikt geraakt in een affaire met de wulpse Christine Keeler, die ook het bed zou hebben gedeeld met de Russische marineattaché. De roddelpers stortte zich zoals altijd met intense wellust op het verhaal en molk het schandaal, waar drugs, spionnen en seksfeesten in de hogere kringen bij kwamen kijken, helemaal uit. Profumo had tegen het parlement gelogen over zijn affaire en moest aftreden. Macmillan wist niet wat hij ermee aan moest en leek er niet meer helemaal bij met zijn hoofd.

Kennedy landde in een helikopter op het gazon van Birch Grove. Macmillan, gekleed in een versleten tweed pak, zette thee voor het team van Buitenlandse Zaken van de president. Kennedy hield een jonge typiste gezellig bezig in zijn slaapkamer en zong Ierse volksliedjes terwijl zij op zijn knie zat. Het bezoek was een succes. Macmillan schreef aan Kennedy dat ze nu een even warme band hadden als Churchill en Roosevelt. Vier maanden later trad Macmillan, die inmiddels gezondheidsproblemen had, uitgeput was en in diskrediet was geraakt door Profumo en nog een andere spionageaffaire, af als premier. En een maand daarna, op 22 november, werd Kennedy vermoord.

Macmillan werd opgevolgd door de aristocratische Alec Douglas-Home, maar diens korte premierschap zou, in elk geval oppervlakkig bezien, als het einde van de heerschappij van de hogere klasse in Groot-Brittannië kunnen worden beschouwd. De edwardiaanse maniertjes die Macmillan zich had aangemeten verdwenen grotendeels uit de Britse politiek. 'Het korhoenderjagersimago', zoals het werd omschreven door Harold Wilson, de leider van Labour, was tot de ondergang gedoemd. Profumo's verhouding met de eenvoudige Keeler wees misschien op een breuk met het oude decorum en het begin van 'Swinging London' en een nieuw decennium van seks en drugs en rock-'n-roll, maar het lag in werkelijkheid toch wel een stuk ingewikkelder.

De zondebok in de hele zaak was Stephen Ward, een man van de wereld die er genoegen in schepte om zijn vrienden uit de hogere kringen voor te stellen aan gewillige meisjes. Nadat hij was zwartgemaakt in de pers, aangeklaagd door politici en al snel in de steek gelaten door zijn hooggeplaatste vrienden, kreeg hij de schuld voor het schandaal in de schoenen geschoven en werd hij vervolgd als pooier, hoewel uit de bewijzen bleek dat hij dat niet was. Voordat hij werd veroordeeld, pleegde hij zelfmoord. De mannen die Ward en Profumo ten val brachten waren echter geen ouderwetse zemelaars uit de stijve hogere klassen, maar politici van Labour die aan een gevoel van klassenrancune appelleerden. Harold Wilson hield een prekerige toespraak waarin hij het schandaal 'een gecorrumpeerd en vergiftigd aanhangsel van een klein en niet-representatief deel van de samenleving' noemde. Het land, zei hij, diende een einde te maken aan 'materialisme en de aanbidding van het gouden kalf'. Voortaan zou 'de geest van dienstbaarheid en de geest van nationale toewijding' boven alles worden gesteld.[34] En zo begon het tweede tijdperk van de sociaaldemocratie, waarin de sociale mobiliteit in Groot-Brittannië enorm zou toenemen, met een vlaag van moralistisch opportunisme.

Lyndon B. Johnson was absoluut geen moraalridder, maar hij was een veel grover type dan de man die hij opvolgde. Ook hij zou president zijn in tijden van grote sociale veranderingen. Bij het binnenlands beleid gaf zowel Wilson als Johnson een flinke slinger aan maatschappelijke hervormingen die al door hun voorgangers in gang waren gezet. Maar ondanks al hun onmiskenbare tekortkomingen is het moeilijk om geen steek van nostalgie te voelen voor het duo Kennedy-Macmillan, dat de Bijzondere Relatie had voorzien van een gevoel voor stijl dat nooit meer zou terugkomen.

6

De nauwe relatie

Now, let me hold your hand
I want to hold your hand

Lennon en McCartney, 1962

Lyndon B. Johnson en Harold Wilson waren allebei geen leidende figuren geweest tijdens de Tweede Wereldoorlog. Ze konden niet terugvallen op oorlogskameraadschap. Johnson was Congreslid en marineofficier geweest en Wilson directeur statistiek bij het ministerie van Brandstof en Energie. Beide mannen waren van betrekkelijk nederige komaf: Johnson kwam uit de landelijke Hill Country in Texas en Wilson uit een stadje in Yorkshire. Allebei cultiveerden ze hun provinciaalse accent. In Wilsons geval was dat ook in de mode. Acteurs en popsterren van de nieuwe generatie kwamen in de jaren zestig in opstand tegen het stoffige taalgebruik van de BBC en benadrukten juist dat ze uit de provincie of de arbeidersklasse afkomstig waren. Sommigen legden het er nogal dik bovenop. Wilson was niet bepaald het toppunt van *cool* met zijn zorgvuldig gecultiveerde imago van pijprokende Jan met de pet, maar zijn ontvangst van de Beatles in Downing Street viel goed.

Tony Blair noemde Harold Wilson de eerste moderne premier van Groot-Brittannië. Wat hij precies met 'modern' bedoelde is niet helemaal duidelijk. Maar Wilson koppelde zijn idee van socialisme aan de 'wetenschappelijke revolutie'. Groot-Brittannië, zei hij in 1963 tegen leden van de Labour Party, zou worden gesmeed 'in het heetst van deze revolutie'. Ook Lyndon Johnson kwam aan de macht toen deze uitbundige stemming heerste. Tegen een assistent zei hij in 1964: 'Ik word doodmoe van al die mensen die het alleen hebben over de dingen die we niet kunnen. Jezus, we zijn het rijkste en machtigste land ter wereld. Wij kunnen alles.'[1] Niet alleen zou hij bouwen aan de Great Society waar rassengelijkheid en welvaart heersten, maar hij zou er ook voor zorgen dat rivieren en luchten schoon waren en dat het communisme in Vietnam of waar ook ter wereld zou worden bestreden. Geld speelde geen rol.

Voordat hij in 1964 werd gekozen als de eerste naoorlogse socialistische premier sinds Attlee, had Wilson van een naaste adviseur gehoord dat hij kon rekenen op samenwerking met president Johnson, meer dan wanneer 'die aristocraat van de Oostkust, Kennedy, nog de baas was geweest.'[2] Dat wilde Wilson graag geloven. Net als LBJ hield hij niet van aristocraten. Hoewel hij de linkervleugel van Labour vertegenwoordigde en ernstige bedenkingen had bij het Amerikaanse Koude Oorlog-beleid, was Wilson er net als Ernest Bevin van overtuigd dat Groot-Brittannië een rol moest blijven spelen als wereldmacht en dat de relatie met Washington daarom warm gehouden moest worden. Hij pochte eens dat de grenzen van Groot-Brittannië 'in de Himalaya lagen'.[3] Niet al zijn collega's van links dachten er zo over, maar volgens Roy Jenkins, de minister van Binnenlandse Zaken, was de premier dan ook eerder een pragmaticus dan een ideoloog. Als hij toegang zou krijgen tot het Witte Huis, zoals Wilson dolgraag wilde, soms tot ontsteltenis van de Amerikanen, zou hij zijn aanzien in eigen land aanmerkelijk vergroten, dat dacht hij althans.

Dit was een van de redenen waarom Johnson Wilson niet vertrouwde. Johnson kon er slecht tegen dat hij door buitenlanders voor hun eigen binnenlandse politieke doeleinden zou worden misbruikt. Dan had hij het gevoel dat hij werd belazerd. Eigenlijk had hij helemaal niks met buitenlanders, ook niet met de Britten, hoewel hij zich net als veel Amerikaanse presidenten graag met de mantel van Churchill tooide. Hij snapte niet waarom er buitenlanders waren die niet op de Amerikanen wilden lijken. Anglofilie was iets voor de verwijfde elites aan de Oostkust, voor wie hij vrijwel zonder uitzondering een diepe minachting koesterde. Er was nog een merkwaardige reden waarom hij Wilson niet echt mocht. Hij had gehoord dat Wilson achter de rug van zijn vrouw om een verhouding had met zijn secretaresse, Marcia Williams. Hoogstwaarschijnlijk klopte er helemaal niets van het gerucht, en als dwangmatige vreemdganger was Johnson niet echt de aangewezen man om hier een oordeel over te vellen.

De Amerikaanse president had ook veel minder belangstelling voor Europa dan voor het gebied rond de Stille Oceaan, en dan met name Zuidoost-Azië. Een van de eigenaardigheden van het Johnson-tijdperk was dat de Amerikanen, die zich jarenlang afkeurend hadden uitgelaten over het Britse imperialisme, opeens met alle geweld wilden dat Groot-Brittannië een belangrijke militaire rol bleef spelen 'ten oosten van Suez', dat wil zeggen in de Perzische Golf, Hongkong en Singapore. En ook in Maleisië, waar ongeveer vijftigduizend Britse soldaten de voormalige kolonie bijstonden in het militaire conflict met

Indonesië. President Soekarno, die in eigen land flirtte met de communisten en werd gesteund door China en de Sovjet-Unie, werd als een serieuze vijand in de Koude Oorlog gezien. Johnson was bang dat de Verenigde Staten, die steeds meer verstrikt raakten in de Vietnamoorlog, zonder Britse steun om de orde in Azië te handhaven, in hun eentje de binnen- en buitenlandse kritiek moesten trotseren. Dat zou voor de Amerikaanse isolationisten een aanmoediging kunnen zijn om weer in actie te komen.

Maar de rol van wereldmacht, zelfs als het kleine broertje van de Verenigde Staten, betekende al jaren een grote aderlating voor de schatkist. Doordat het pond constant onder druk stond en Groot-Brittannië een enorme overheidsschuld had, kon het land deze rol zonder financiële hulp van Amerika niet veel langer blijven spelen. Daarom zagen belangrijke figuren ter linkerzijde van Wilson, zoals Richard Crossman, de minister van Volkshuisvesting, Wilsons beleid als een extravagante vorm van overmoed waaraan een einde moest komen. In januari 1965 schreef Crossman in zijn dagboek dat Wilson verantwoordelijk was geweest voor 'te grote verplichtingen op het gebied van de overzeese uitgaven, die bijna even belastend waren als – of misschien nog belastender dan – die waartoe Ernest Bevin ons in 1945 om dezelfde reden heeft verplicht: vanwege onze gehechtheid aan de Bijzondere Relatie tussen Groot-Brittannië en de Verenigde Staten en vanwege onze overtuiging dat we alleen dankzij deze relatie buiten Europa kunnen overleven'.[4]

Wilson vond overleven buiten Europa dan ook een wezenlijk doel, vooral in de eerste jaren van zijn bewind. Toen Groot-Brittannië in 1961 het lidmaatschap van de EEG had aangevraagd, had Wilson beweerd dat als het uitliep op een keuze tussen het Gemenebest en Europa, 'we onze vrienden en verwanten niet mogen verraden voor een problematisch en marginaal voordeel bij het verkopen van wasmachines in Düsseldorf'.[5] Hij stak de draak met Edward Heath, de Britse onderhandelaar in Brussel, die steeds op zijn rug zou gaan liggen als een cockerspaniël wanneer de Fransen bemoedigende geluiden lieten horen.

Niet alleen de Britten waren verdeeld over hun eigen postimperiale rol, de belanghebbende Amerikaanse waarnemers waren dat ook. De europeanisten, die Johnson van de regering-Kennedy had geërfd, zagen geen voordelen in Britse nucleaire onafhankelijkheid of überhaupt in de Bijzondere Relatie. In september 1965 schreef de diplomaat George Ball een memo aan president Johnson waarin hij de dingen herhaalde waarvoor hij al jaren had gepleit: 'De Britten zullen moeten erkennen dat ze niet langer het middelpunt van een wereldrijk zijn, maar nog wel een belangrijke rol kunnen spelen wanneer ze hun talenten en hulpbronnen aanwenden voor het leiderschap van West-Europa. Wij zullen op onze beurt onder ogen moeten zien dat het in wezen ongezond is om het Verenigd Koninkrijk aan te moedigen om verder te gaan als arme verwant van Amerika en boven zijn stand te leven door middel van periodieke Amerikaanse financiële injecties'.[6]

Harold Wilson heeft deze verstandige woorden waarschijnlijk naast zich neergelegd bij zijn eerste bezoek aan Johnson in december 1964. Hij wilde graag een rol op een groter toneel spelen. Sommige mensen zagen dit als de grootheidswaanzin van een 'Walter Mitty uit Yorkshire'.*

* Walter Mitty is een fantast met grootheidswaanzin uit een verhaal van James Thurber, dat in 1947 is verfilmd met Danny Kaye en in 2013 met Ben Stiller.

Wilson was eerst van plan in december per slagschip naar de top in Washington te reizen, zoals Churchill tijdens de oorlog had gedaan. Dit idee werd om praktische redenen snel terzijde geschoven.

Johnson was heel wat minder enthousiast om Wilson te zien dan andersom, en hij begon het overleg door de premier vermanend toe te spreken over zijn voorganger, Alec Douglas-Home, die zo onbeschaamd was geweest om Britse bussen aan Cuba te verkopen. Maar de president had een goede reden om zich enigszins netjes te gedragen. Hij wilde de steun van de Britten in Vietnam, het liefst door de uitzending van manschappen, al was het maar een stel symbolische doedelzakspelers in kilts. Waar het om ging was dat de Union Jack in Saigon naast de stars-and-stripes zou wapperen.

Het siert Wilson dat hij zich daartegen bleef verzetten. Zijn excuus was dat het Britse leger al overbelast was door Maleisië. Actieve Britse aanwezigheid in Vietnam zou hem veel politieke schade berokkenen omdat hij dan de steun van de linkervleugel van zijn eigen partij zou verliezen. Johnson was ervaren genoeg als politicus om in te zien dat Wilson in een precaire situatie verkeerde en drong bij deze gelegenheid dan ook niet te hard aan. Maar hij gaf het ook niet zomaar op. Naarmate hij meer geobsedeerd raakte door de oorlog, stond het Johnson steeds minder tegen om Wilson onder druk te zetten en erop te zinspelen dat de Amerikaanse steun voor het pond terugbetaald moest worden met concrete steun in Vietnam. Wilson, die klem zat tussen zijn linkervleugel, die tegen de oorlog was, en een bullebak in het Witte Huis bij wie hij dolgraag in de smaak wilde vallen, bleef trouw aan zijn beleid om de oorlog in Vietnam met woorden te steunen, maar nooit zelfs maar één militair te sturen om de Amerikanen bij te staan in de strijd.

Het andere gespreksonderwerp was het Amerikaanse plan voor Multilaterale Strijdkrachten, het MLF. In dit voorstel zouden slagschepen en onderzeeërs bemanningsleden uit verschillende NAVO-landen krijgen en worden uitgerust met Polaris-raketten. Daardoor zou Duitsland een grotere rol kunnen spelen bij de verdediging van het Westen. Het plan was al besproken bij Churchills bezoek aan Eisenhower. Toen was Churchill blijven doordrammen over de babylonische spraakverwarring die onder de internationale troepen zou ontstaan. Wilsons socialisten zagen er ook weinig heil in, maar dan vooral omdat ze niet wilden dat Duitsers in de buurt van de knop van een atoombom kwamen en omdat ze de Polaris-raketten liever voor zichzelf hielden. Ze waren ook bang dat ze de Russen onnodig zouden ergeren. Er viel wel te praten over hulp bij het oprichten van een Atlantische Nucleaire Strijdmacht (ANF), met Britse en Amerikaanse kernonderzeeërs die onder de paraplu van de NAVO zouden opereren. Maar dan moesten de Verenigde Staten wel het vetorecht op het gebruik van geweld houden om te voorkomen dat de Europeanen iets doms zouden uithalen. Van dit idee kwam nooit iets terecht, maar tot grote opluchting van de Britten verdween ook het plan voor een multilateraal leger in een la.

Wat de Britse en Amerikaanse leiders in 1964 werkelijk dachten over de Bijzondere Relatie kan niet zomaar worden afgeleid uit hun toespraken en de heildronken die ze in het openbaar op deze relatie uitbrachten. Wilson stond misschien bekend als een draaikont en onbetrouwbare tacticus, maar zijn toespraak was duidelijk. Hij drong niet aan op een bijzondere relatie, maar op een nauwe relatie, die niet langer gebaseerd zou zijn 'op onze vergane glorie'. Johnson besprenkelde zijn speech tijdens het staatsbezoek daarentegen met de gebruikelijke flauwekul over 'bloedverwantschap', 'de tijd van de oude Saksen', de 'Magna Carta', 'onze kameraadschap in twee wereldoorlogen' en de gemeenschappelijke inspanningen om te werken aan een 'blijvende vrede'. Het was merkwaardig churchilliaans voor een verstokte Texaan, die nooit veel belangstelling en affectie had gehad voor alles wat Engels was.

Johnson zei zelfs vaak dat hij zich nauwer verwant voelde aan Duitsland dan aan Groot-Brittannië, en zijn ontmoetingen met de zwaarlijvige Duitse bondskanselier Ludwig Erhard leken ook een stuk hartelijker dan die met Wilson, die te vaak om iets kwam bedelen of ongevraagd advies gaf. Het zou kunnen dat Johnsons persoonlijke voorkeuren een rol speelden, maar waarschijnlijk was het ook een weerspiegeling van de machtsverhouding tussen de verschillende landen, die, zeker in economisch opzicht, snel in het voordeel van Duitsland aan het veranderen was.

De bekende satiricus Peter Cook waarschuwde in die tijd dat Engeland 'giechelend in de zee dreigde te zakken'. Dat was misschien wel zo, maar onder aanvoering van The Beatles verwierf de Britse populaire cultuur wereldwijd, en zeker in de Verenigde Staten, meer aanzien dan ze ooit had gehad of ooit nog zou krijgen. Britse popmuzikanten brachten jonge witte Amerikanen in extase (en maakten hun ouders woedend) door zwarte muziek te imiteren, vaak met aanstekelijke Britse humor. In wezen exporteerden de Britten muziek, kappers en mode naar de Verenigde Staten en importeerden ze de Amerikaanse protestcultuur: het gegiechel ging de ene kant op en de woede de andere. De Vietnamoorlog verdeelde de politieke elites, maar verbond een generatie (of in elk geval een deel van een generatie, want zoveel mensen deden er nu ook weer niet aan mee). De Engelstalige popcultuur was alomtegenwoordig, van Londen tot Tokio, en werd in de hoogtijdagen van de Koude Oorlog aanbeden in de landen die werden overheerst door de Sovjet-Unie en haar vertegenwoordigers.

In elk geval waren Johnson en zijn team redelijk tevreden over het bezoek van Wilson. Hij had tenminste geen bussen aan Cuba verkocht. De president had ook zijn best gedaan om tactvol te zijn en zijn voordeel in het 'machtsspel met een zwakke tegenstander', zoals Johnsons nationale veiligheidsadviseur McGeorge Bundy het noemde, niet uit te buiten. Maar Bundy vond ook dat Johnsons 'generositeit' niet 'verkeerd moest worden opgevat', omdat die anders niet lang zou duren.[7] Zodra hij terug was in Londen verklaarde Wilson dat zijn ontmoeting met de president 'een van de belangrijkste internationale besprekingen sinds de oorlog' was geweest. Volgens hem bleek er wel uit dat Groot-Brittannië nog steeds met de grote mogendheden aan tafel mocht zitten.[8] 'We hebben nu,' zei hij, 'een positie waarin we meer invloed op buitenlandse aangelegenheden kunnen uitoefenen dan in de afgelopen tien jaar.'[9]

Het werd echter al snel duidelijk dat dat niet het geval was. In eigen land stond Wilson steeds meer onder druk vanwege zijn steun aan de Vietnamoorlog. Het was niet zo dat hij een geestdriftig voorstander van een militaire oplossing was. Hij was liever een vredestichter die de verschillende partijen samenbracht bij topconferenties om ervoor te zorgen dat Groot-Brittannië mondiaal nog steeds een constructieve rol kon spelen. Maar toen hij wel zijn steun voor de Amerikaanse bombardementen uitsprak, wilde hij van Washington een plausibele reden horen waarom deze een onvermijdelijke reactie op de Noord-Vietnamese agressie waren geweest.

Een van Anthony Edens wapenfeiten indertijd als minister van Buitenlandse Zaken was de ondertekening van de akkoorden van Genève in 1954, waarmee het voormalige Frans-Indochina in vier onafhankelijke staten werd verdeeld: de Democratische Republiek Vietnam (Noord), de Staat Vietnam (Zuid), Laos en Cambodja. Verkiezingen over de vereniging van Vietnam zouden in 1956 plaatsvinden. Groot-Brittannië en de Sovjet-Unie waren medevoorzitters van de conferentie. Het was al een hele prestatie geweest om deze overeenkomst te sluiten, al was het resultaat niet ideaal. Eden bleef aansturen op een diplomatieke oplossing, maar de Fransen, die hierin werden gesteund door de Verenigde Staten, bleven dreigen met militair ingrijpen om de communisten een halt toe te roepen. Omdat er niet was afgesproken wie toezicht moest houden op de algemene verkiezingen in 1956 weigerden Zuid-Vietnam en de Verenigde Staten de akkoorden te tekenen.

Wilson, die graag opschepte dat hij heel goed wist hoe hij met de Russen en de Amerikanen moest praten, wilde graag een tweede conferentie van Genève voorzitten om te zien of er over vrede in Vietnam kon worden onderhandeld. Maar hij werkte Johnson op de zenuwen met zijn ijver als vredestichter. De president was ervan overtuigd dat de Vietnamezen niet te vertrouwen waren en dat er maar één land was dat op bevredigende voorwaarden een einde aan de oorlog kon maken: dat waren de Verenigde Staten.

In februari 1965 waren die voorwaarden niet in zicht. Het Amerikaanse militaire geweld in Vietman escaleerde en er werden steeds meer troepen gemobiliseerd. Het gebruik van napalm en gifgas veroorzaakte vooral in Groot-Brittannië veel verontwaardiging. Vijftig parlementariërs van Labour tekenden een motie waarin de Britse regering werd opgeroepen actieve druk op de Amerikanen uit te oefenen om tot een staakt-het-vuren te komen. Een guerrilla-aanval van de Zuid-Vietnamese communisten (de Vietcong) op Amerikaanse barakken waarbij dertig Amerikaanse soldaten om het leven kwamen, zou waarschijnlijk tot nog meer geweld leiden. Wilsons instinctieve reactie was dezelfde als die van Attlee toen Eisenhower over het gebruik van kernwapens in Korea was begonnen: hij moest de Amerikaanse president onmiddellijk opzoeken en hem tot rede brengen. Het Witte Huis gaf aan geen behoefte te hebben aan een dergelijk overleg. Daarom belde Wilson in de nacht van 11 februari via de hotline naar Johnson.

Hij kreeg de complete Johnson-behandeling. Het was nergens voor nodig om telkens wanneer er een probleem was 'met wapperende jaspanden de Atlantische Oceaan over te vliegen'. Wilson zei dat hij gewoon wilde praten. Johnson wees hem erop dat je daar telefoons voor had. Maar Vietnam bezorgde Wilson ernstige problemen in het Lagerhuis. Johnson zei dat hij zijn eigen problemen had met het Congres en geen reden zag om Wilson daarover lastig te vallen. Waarom stuurde Wilson geen troepen? Een tripje naar Washington was toch zeker wel een goed idee, zei Wilson. Johnson: 'Als jij nou gewoon Maleisië runt, laat je mij Vietnam runnen!'[10]

Wilson vertelde later dat geen enkele leider zich in de geschiedenis van de Anglo-Amerikaanse betrekkingen ooit 'in taal had uitgedrukt die ook maar een tiende zo beledigend was'. Maar ondanks het zeer verontrustende telefoongesprek met LBJ bleef hij vastbesloten het Amerikaanse Vietnam-beleid in elk geval verbaal te blijven steunen. Dat was in schril contrast met generaal De Gaulle, die nooit een gelegenheid voorbij liet gaan om zich kritisch over de oorlog uit te laten. In 1966 deed hij zijn uiterste best om de Amerikanen voor het hoofd te stoten met een toespraak in Cambodja waarin hij ciste dat de Amerikaanse troepen uit de regio werden teruggetrokken.

Wilson bleef echter wel aandringen op onderhandelingen met de Noord-Vietnamezen. Een van de mensen die tegen Johnson zeiden dat hij voet bij stuk moest houden, was Eisenhower. Wilson, zei de oude generaal tegen Johnson, had helemaal geen ervaring met dit soort problemen. De Amerikanen hadden geleerd dat je 'niets wint met Münchens', en daarom moest het antwoord luiden: 'Nu niet, jongens.'[11]

In het thuisland kwam de druk op Wilson niet alleen van de linkervleugel. Op 30 april 1965 stond op het omslag van het satirische tijdschrift *Private Eye*, dat bepaald geen links blad was, een cartoon van Wilson, die als een kruiperige hond de broek van LBJ naar beneden trekt om zijn kont te likken, terwijl de president denkt: Ik heb weleens van een bijzondere relatie gehoord, maar dit is belachelijk.

Wilson zat in een lastig parket. Zolang hij wilde dat Groot-Brittannië een rol ten oosten van Suez bleef spelen, had hij de hulp van de Verenigde Staten nodig om het pond overeind te houden en een financiële ramp af te wenden. Het was niet alleen uit persoonlijke ijdelheid of een gevoel van trouw aan de 'vrienden en verwanten' van het Gemenebest dat hij deze rol van vitaal belang bleef vinden voor het lot van Groot-Brittannië. Hij was ervan overtuigd dat 'onze band met de Verenigde Staten onvermijdelijk zal veranderen als Groot-Brittannië zich terugtrekt en onze invloed op de Amerikanen daardoor drastisch zal afnemen',[12] zoals de Britse diplomaat Paul Gore-Booth het formuleerde.

Wilson had nog een reden om Washington trouw te blijven, met het risico voor 'president Johnsons poedel' te worden versleten.[13] De banden met het Britse Gemenebest waren nog steeds een bron van sentimentele nationale trots, en niet alleen onder leden van de koninklijke familie die zich graag lieten zien te midden van hun buitenlandse onderdanen. Maar deze banden werden ernstig op de proef gesteld door de gebeurtenissen in Rhodesië, het land dat later Zimbabwe zou worden. Witte Britse herenboeren in Rhodesië probeerden te voorkomen dat er in de voormalige kolonie een zwarte meerderheidsregering werd gevormd en installeerden daarom een witte, racistische regering in Salisbury (het latere Harare) onder leiding van Ian Smith, een voormalige RAF-piloot.

Smith en zijn vrienden waren het soort mensen dat Wilson verafschuwde: botte reactionairen en fervente voorstanders van apartheid. De reputatie van de Britten, niet in de laatste plaats in de andere Gemenebestlanden, en dan vooral in Afrika, hing af van de vraag of de regering in staat was om Smiths plannen tegen te houden. Ironisch genoeg hoopten Afrikaanse leiders dat de Britten militair zouden ingrijpen op hun continent. Maar Wilson, die altijd tegen interventies van het leger was, wist dat Groot-Brittannië niet zat te wachten op een oorlog in Rhodesië en zich die ook niet kon permitteren. Hij beging de grote vergissing om dit met zoveel woorden tegen Smith te zeggen, waardoor niets de witte Rhodesiërs meer in de weg stond om in 1965 de onafhankelijkheid uit te roepen.

Wilson kon niets anders dan een economische boycot organiseren. Er volgden een importverbod op producten uit Rhodesië en een stopzetting van de olieleveringen. Omdat oliemaatschappijen buiten het Britse grondgebied, in Zuid-Afrika en elders, weigerden zich aan de boycot te houden, had de maatregel maar weinig effect. En zonder Amerikaanse steun zou het embargo zelfs helemaal niet werken. Niemand hoefde de Britten uit te leggen dat

Amerikaanse hulp bij het aanpakken van dit postkoloniale hoofdpijndossier voortzetting van de Britse steun voor de Amerikaanse oorlogen in Zuidoost-Azië betekende. Rhodesië werd bijna net zo'n obsessie voor Wilson als Suez voor Eden was geweest en Vietnam voor Johnson. Het vraagstuk toonde op maar al te pijnlijke wijze aan hoe weinig er nog over was van de macht van Groot-Brittannië.

Wilson wist dat maar al te goed en besloot daarom dat hij zich eindelijk wat duidelijker moest uitspreken over Europa. Ook de constante druk op het pond was belangrijk bij dit besluit. Het pond moest misschien worden gedevalueerd om de Britse economie te stimuleren, maar daardoor zou de Britse aanwezigheid ten oosten van Suez onbetaalbaar worden. Wilsons collega's waren verdeeld over de vraag of Groot-Brittannië opnieuw een poging moest doen om lid te worden van de EEG. Denis Healey, de minister van Defensie, zag liever af van het lidmaatschap en verwachtte trouwens ook dat De Gaulle zijn veto zou uitspreken. Het standpunt van de minister van Buitenlandse Zaken, George Brown, was helder: 'We moeten breken met Amerika, het pond devalueren en ons aansluiten bij Europa.'[14] Richard Crossman aarzelde, maar voelde toch het meest voor een trots en socialistisch 'Klein Engeland', dat uit Azië en het Midden-Oosten vertrok en zich afzijdig hield van de Verenigde Staten en de EEG. En als Groot-Brittannië dan uiteindelijk toch lid moest worden, moest het wel van een gaullistisch Europa van soevereine natiestaten zijn. Anthony Wedgwood Benn, die later 'Tony' Benn zou worden genoemd, leider van de linkervleugel van de partij, was nog steeds van mening dat Groot-Brittannië dichter bij Amerika lag dan bij Europa.

Maar de meeste Britse politici, zowel van de Conservatieve Partij als van Labour, kwamen uiteindelijk tot de conclusie dat Groot-Brittannië het zich om economische redenen niet kon veroorloven af te zien van het EEG-lidmaatschap. En sommigen, onder wie Wilson zelf, volgden nu de lijn die achter de schermen allang door pro-Europese ambtenaren van Buitenlandse Zaken was aanbevolen, namelijk dat Groot-Brittannië de meeste kans maakte om groot te blijven door een leidende macht in Europa te worden. Daarop hadden de europeanisten in Washington ook al heel lang bij de Britten aangedrongen.

En daarom besloot Wilson het advies van een paar van de belangrijkste leden van zijn kabinet in de wind te slaan en in de eerste maanden van 1967 een tournee langs de Europese hoofdsteden te maken om bij buitenlandse leiders te peilen onder welke voorwaarden Groot-Brittannië lid zou kunnen worden. Sommige mensen zagen dit als een vernederende onderneming. Anderen zagen het als de typische demarche van een Walter Mitty uit Yorkshire die de ijdele hoop had dat het met persoonlijke chemie vanzelf voor elkaar zou komen. Toen Wilson werd gevraagd of hij dit verkenningswerk niet beter aan professionele diplomaten kon overlaten, antwoordde hij: 'Ik bén professioneel.'[15] Nadat men hem eraan had herinnerd dat De Gaulle de toetreding van Groot-Brittannië had vergeleken met het binnenhalen van het paard van Troje van de andere kant van de Atlantische Oceaan, antwoordde Wilson dat hij wel wist hoe hij De Gaulle moest aanpakken. Hij zou wel zien hoe het ging.

Wilsons reisgenoot George Brown, de minister van Buitenlandse Zaken, was een intelligente en energieke man, maar leed aan een minderwaardigheidscomplex vanwege zijn afkomst (dat was een van de redenen waarom Wilson hem had gekozen) en had een drankprobleem.

Na lange diners met veel alcohol had hij de neiging om te gaan schreeuwen tegen ambassadeursvrouwen of collega's te vergasten op wollige tirades. Uiteindelijk verloor Brown zijn gevecht met de drank en werd hij zachtjes uit zijn ambt gelicht. Maar als minister van Buitenlandse Zaken was hij in elk geval een overtuigde Europeaan. Zijn continentale gespreksgenoten namen zijn excentrieke gedrag voor lief.

Op 23 januari hield Wilson een opmerkelijke toespraak in Straatsburg. Het was in de eerste plaats een fraai staaltje koopmanschap, waarin hij zijn ideeën over de Britse revolutionaire ontwikkelingen op het Europese toneel projecteerde. Door de Britse innovaties op het gebied van wetenschap en technologie zou Europa onafhankelijk kunnen worden van de Verenigde Staten, betoogde hij. Wanneer een moderne Europese economie een beroep kon doen op de Britse kennis en het Britse gevoel voor initiatief zou Europa zich uit zijn 'industriële lijfeigenschap' kunnen bevrijden. Het interessantste aspect van de toespraak was echter begraven onder de clichés, die nu misschien ietwat slinks lijken, maar in wezen een treffende illustratie zijn van de Britse worsteling om ergens tussen Amerika en Europa een eigen identiteit te vinden.

De warme gevoelens over vrienden en verwanten van het Gemenebest leken op slag vergeten. Daar in Straatsburg verscheen een ander Engeland, een land dat een democratie had die was geschapen door 'rechtsstelsels die negenhonderd jaar geleden naar Engeland zijn gebracht door mensen uit Frankrijk, die op hun beurt van Scandinavische oorsprong waren'. Duizend jaar geleden stond de naam Engeland zelfs voor 'een gemeenschap van bezetters en kolonisten'. En had Churchill in 1940 niet al een unie tussen Groot-Brittannië en Frankrijk voorgesteld? Natuurlijk wilde Wilson Europa bevrijden van de economische slavernij van de Verenigde Staten, maar daarom moesten mensen niet denken dat de Verenigde Staten er voor Groot-Brittannië niet meer toe deden. Ook de Verenigde Staten, benadrukte hij, waren 'een schepping die is gebaseerd op de Europese diversiteit'.

De toespraak was een doorzichtige en tamelijk moeizame poging om de oude barrières tussen de Angelsaksische en de continentale wereld te slechten. De Gaulle reageerde aanvankelijk beleefd en vrijblijvend. De generaal had de indruk, zei hij, dat Engeland 'langs het vasteland wilde aanmeren'.[16] Wilson interpreteerde De Gaulles zinspeling op 'aanmeren' zoals gewoonlijk heel rooskleurig en beschouwde haar als een historische doorbraak. Dat was ze niet.

In Groot-Brittannië was Wilson door zijn aanhoudende steun voor de Vietnamoorlog nu niet meer de eerste moderne premier, maar de kop van Jut voor het groeiende aantal antioorlogsdemonstranten. Wanneer hij op bezoek ging bij een universiteit werd Wilson geregeld met eieren en tomaten bekogeld of uitgescholden voor 'fascistisch zwijn'. De Cambridge University Labour Club ontnam hem zijn erelidmaatschap. In december 1965 vond hij het nog prachtig dat hij was uitgenodigd om de lichtjes van de kerstboom op het gazon voor het Witte Huis te helpen aansteken. Het was de eerste keer, zei hij trots, dat die eer toeviel aan een Britse premier sinds Winston Churchill in 1945. Nu werd hij in eigen land behandeld als een medeplichtige van oorlogsmisdadigers.

Wilson weigerde echter wel om zijn steun voor Amerikaanse bombardementen op Noord-Vietnamese steden uit te spreken. Toen de Verenigde Staten daar in de zomer van 1966 mee begonnen, met Operation Rolling Thunder, die was gericht op brandstofdepots in Hanoi en Haiphong, was Wilson gedwongen om zich met de Britse regering formeel van de bombardementen te distantiëren. Maar hij stuurde onmiddellijk een bericht aan Johnson waarin hij zijn verontschuldigingen aanbood en hem verzekerde dat zijn steun voor de oorlog, ondanks zijn verklaring over de bombardementen waartoe hij door politieke omstandigheden was gedwongen, geenszins was afgenomen.

Wilson drong alweer aan op een persoonlijke ontmoeting met Johnson zodat hij het allemaal precies kon uitleggen, maar Amerikaanse diplomaten lieten weten dat de president erg ontdaan was geweest over Wilsons besluit om zich officieel met Groot-Brittannië van de Amerikaanse bombardementen te distantiëren. De Amerikanen begrepen best dat de premier af en toe een dergelijke verklaring moest afleggen om te voorkomen dat hij als handlanger werd gezien, maar als Wilson naar Washington wilde komen, moest hij er wel voor zorgen dat hij het Witte Huis niet nog meer tegen zich in het harnas joeg. De antioorlogsstemming in Groot-Brittannië maakte het voor Wilson heel moeilijk om de Bijzondere Relatie te onderhouden, maar hij had het voordeel dat hij links was. De Amerikanen waren zich er terdege van bewust dat de steun van een Labour-premier veel waardevoller was dan die van een conservatieve premier. Ze waren daarom bereid om Wilson in juli te ontvangen.

Het bezoek bleek een onverwacht succes. Wilson deed zijn uiterste best om de Verenigde Staten ervan te verzekeren dat de Britten achter ze bleven staan. Natuurlijk was zijn steun voor de oorlog niet verminderd. Groot-Brittannië zou zijn rol ten oosten van Suez blijven spelen en zijn militaire aanwezigheid in Duitsland handhaven. En het probleem met de betalingsbalans zou zeker worden opgelost. In Washington herhaalde Wilson de parmantige slogan die hij ook tijdens zijn tournee door Europa verscheidene keren had gebruikt: 'We willen zakendoen.' Johnson was gerustgesteld. En wat een ijzige ontmoeting had dreigen te worden, draaide uit op een lichtelijk bizarre gelegenheid waar met complimenten werd gestrooid. Deze werd bekroond met een haastig geschreven lunchtoespraak waarin de president niet alleen Shakespeare en Milton uit de kast haalde, maar ook het volgende verbazingwekkende gevoel onder woorden bracht: 'In de Tweede Wereldoorlog, meneer de premier, heeft Engeland zichzelf behoed door zijn standvastigheid en de wereld gered door het goede voorbeeld te geven. Vandaag verlangt u van het Britse volk dezelfde standvastigheid – dezelfde volharding – waardoor het tij in die dagen keerde.'

Wilson zei bescheiden tegen zijn collega's dat hij de vleierij van Johnson en de vergelijking met Churchill een bétje gênant vond. Niet al zijn collega's geloofden hem op zijn woord. Bij die gelegenheid zei Wilson ook iets wat Richard Crossman in zijn dagboek noteerde: 'Wat ik met LBJ heb geregeld is genoeg om De Gaulle te laten schuimbekken van woede. We hoeven ons op dit moment geen zorgen te maken over onze kansen om lid te worden van de EEG.'[17] Dit is een verbijsterende uitspraak wanneer je bedenkt dat Wilsons Europese tournee slechts zes maanden later zou beginnen. Datzelfde jaar, het jaar dat 350 miljoen mensen over de hele wereld live naar de uitvoering van 'All You Need Is Love' van The Beatles keken, die via satelliet vanuit de Abbey Road Studios werd uitgezonden, besloot de Britse overheid het pond te devalueren, alle militaire bases ten oosten van Suez (behalve Hongkong) op te geven en het EEG-lidmaatschap nogmaals aan te vragen.

Generaal De Gaulle wees het verzoek opnieuw gedecideerd af en gaf daarvoor de hachelijke toestand van de

Britse economie als reden. Hij had ook ongeveer hetzelfde kunnen zeggen als bij zijn eerste veto, namelijk dat Engeland niet meer zoveel voorstelde. Maar waar het hem werkelijk om ging was dat Groot-Brittannië nog steeds een 'Angelsaksisch' land was dat een te nauwe band met Amerika onderhield en onmogelijk viel in te passen in een verenigd Europa (dat natuurlijk door Frankrijk werd geleid). Dat was een lelijke klap, maar als je bedenkt wat Wilson tegen zijn ministers had gezegd toen hij net terug was van zijn laatste bezoek aan Washington, was het ergens ook wel zijn verdiende loon.

Van alle radicale besluiten die Groot-Brittannië in 1967 nam, zorgde vooral het voorgenomen afstoten van alle verantwoordelijkheden ten oosten van Suez voor ontzetting onder Amerikaanse bewindslieden. Sommige leden van Wilsons kabinet, zoals de minister van Defensie, Denis Healey, probeerden op het defensiebudget te bezuinigen en tegelijkertijd de Britse bases in Azië en de Perzische Golf open te houden. Maar dat zou alleen maar resulteren in loze beloftes, want het land kon zich die uitgaven niet langer permitteren. Daarom vond men het verstandiger om de Britse verliezen te beperken en zich terug te trekken. President Johnson zag dit als de definitieve bevestiging dat Groot-Brittannië zich terugtrok van het wereldtoneel. De vredeshandhaving zou volgens hem 'op haar grondvesten trillen'. 'Ik weet niet of we de paraatheid en politieke wil hebben om de boel in ons eentje te verdedigen.'[18]

Eerlijk gezegd was Johnson zijn vertrouwen in Groot-Brittannië al kwijtgeraakt toen Wilson zich publiekelijk van de bombardementen op Hanoi en Haiphong had gedistantieerd. Wilson verwachtte nog wel dat hij, als beloning voor zijn steun voor LBJ's oorlog, volledig werd geïnformeerd en misschien zelfs werd geraadpleegd over militaire acties, maar dat was niet langer het geval. In de eerste maanden van 1967 ontstond ook bijna een ernstige breuk in de Anglo-Amerikaanse betrekkingen doordat hij niet op de hoogte was gesteld. De plaatsvervangende minister-president van de Sovjet-Unie, Aleksej Kosygin, bracht in februari een bezoek aan Groot-Brittannië. Wilson zag dit als de aangewezen gelegenheid om nog maar eens een poging te doen vrede te stichten. Hij zou optreden als bemiddelaar tussen de Verenigde Staten en de Sovjet-Unie. De Russen konden hun Aziatische vrienden vervolgens overhalen om de gevechten te staken als de Verenigde Staten zouden stoppen met hun bombardementen.

De Amerikanen lieten hem zijn gang gaan, deels om hem zoet te houden en ervoor te zorgen dat hij aan hun kant bleef staan. Kosygin leek ook toeschietelijk. Er werd gesproken over een nieuwe conferentie in Genève, die gezamenlijk zou worden voorgezeten door Groot-Brittannië en de Sovjet-Unie. Onder vier ogen bracht Wilson Kosygin op de hoogte van de Amerikaanse voorwaarden om de bombardementen in Noord-Vietnam te staken. Ze zouden ermee stoppen zodra ze de verzekering hadden dat de Vietnamezen zouden stoppen met de geheime troepen- en materieelverplaatsingen naar het Zuiden. Kosygin wilde dit op schrift hebben, zodat hij het kon doorgeven aan Hanoi. Wilson dacht dat er een geweldige diplomatieke coup aan kwam. Maar in de nacht van 10 februari, vlak voordat Kosygin op de nachttrein naar Schotland zou stappen, stortte alles opeens volledig in. Zonder de Britten of hun eigen vertegenwoordigers in Londen te verwittigen, hadden de Amerikanen de Vietnamezen opeens een heel andere eis gesteld: alleen de verzekering volstond niet meer; de bombardementen zouden pas stoppen zodra er daadwerkelijk een einde was gekomen aan de militaire transporten. Iemand moest zich in alle haast naar het station spoeden om de Rus een nieuw document te overhandigen. Er kwam niets van de deal terecht.

Wilson was woedend. Johnson was woedend. En toen Chester Cooper, die door de CIA naar Londen was gestuurd, tegen Walt Rostow klaagde dat hij en de Britten hierdoor voor gek stonden, schreeuwde de nationale veiligheidsadviseur door de telefoon: 'Nou, jij interesseert ons verdomme geen reet en Wilson interesseert ons verdomme geen reet. [...] Je regelt het verdomme maar!'[19]

Nog vernietigender was Coopers latere opmerking over de hele treurige affaire. Hij zei dat Wilson altijd veel te optimistisch was geweest en dat 'de Amerikaanse regering Wilson in het gunstigste geval als een marginale figuur beschouwde en in het ergste geval als een lastpak, en niet de moeite nam om hem op de hoogte te houden van hun plannen, zelfs niet wanneer hij de indruk had dat hij namens hen onderhandelde'.[20]

Ondertussen werd de oorlog steeds bloediger. Johnson zag er steeds vermoeider en verslagener uit en voor het Witte Huis groeide de mensenmassa die riep: '*Hey, hey, LBJ, how many babies did you kill today?*' Hij wist nu dat de Verenigde Staten niet 'alles konden'. Zijn Great Society werd ernstig ondermijnd door de gigantische kosten van een oorlog die hij niet kon winnen. In februari 1968 was de Vietcong er bijna in geslaagd om de ambassade in Saigon te bezetten en concludeerde Walter Cronkite, de vaderlijke nieuwslezer van Amerika, dat 'we te vaak zijn teleurgesteld door het optimisme van de Amerikaanse leiders'.

Wilson begon het jaar van de wereldwijde studentenopstanden met een gedevalueerde munt, een mislukte poging om lid te worden van de EEG, de aanstaande terugtrekking van de Britse troepen ten oosten van Suez en een duidelijk gebrek aan invloed in het land dat hij ten koste van zoveel politiek kapitaal was blijven verdedigen. In een rapport van het Amerikaanse ministerie van Buitenlandse Zaken werd gemeld dat Wilson in de Britse pers werd afgeschilderd als een ongeloofwaardig, gebroken, zielig mannetje. Voordat Johnson het toneel verliet konden de leiders van Groot-Brittannië en de Verenigde Staten in elk geval proberen om een beetje aardig voor elkaar te zijn.

Wilson vroeg of hij de president nog een keer in Washington kon komen opzoeken. Ze hadden niet veel belangrijks te bespreken. De sfeer was amicaal. Er werd geklonken op de vriendschap. Maar Wilson deed zijn gastheer waarschijnlijk geen plezier met woorden over Vietnam die misschien waren bedoeld voor een publiek dat zich bijna vijfduizend kilometer van Washington bevond: 'Ik heb al honderd keer gezegd dat militair ingrijpen nooit de oplossing kon zijn voor dit probleem.'[21] De vreemdste noot in dit geweldige jaar voor de Anglo-Amerikaanse popmuziek was een muzikale. Toen Wilson bij het staatsdiner arriveerde, speelde een orkest een fraai arrangement van Kiplings bekende gedicht dat voor het eerst in 1907 was uitgevoerd:

> Ship me somewhere east of Suez where the best is
> like the worst...

7

Naar Europa en weer terug

While preachers preach of evil fates
Teachers teach that knowledge waits
Can lead to hundred-dollar plates
Goodness hides behind its gates
But even the president of the United States
Sometimes must have to stand naked

Bob Dylan, 'It's Alright Ma,
(I'm Only Bleeding)'

Richard Nixon beloofde de kiezers dat hij een einde zou maken aan de oorlog die hij van de regering van Johnson had geërfd. Maar zijn standpunten over de tweede grote Amerikaanse oorlog in Azië sinds de overwinning op het Japanse Keizerrijk weken niet wezenlijk af van die van Johnson. Eisenhower had LBJ al aan 'München' herinnerd en hem op het hart gedrukt dat hij zoiets noodlottigs tot elke prijs moest vermijden. Nixon dacht dat de Amerikaanse intenties niet duidelijk aan het Amerikaanse volk waren uitgelegd. Net als zoveel andere presidenten liet ook Nixon zich leiden door de legende van Churchill. Daarover schreef hij in zijn memoires:

> Na de conferentie van München in 1937 [sic] waarschuwde Winston Churchill het Lagerhuis dat 'het idee dat veiligheid kan worden gekocht door een klein land voor de wolven te gooien een fatale misvatting is'. Dat was waar toen Tsjecho-Slowakije in 1938 werd verraden en lafhartig aan Hitler uitgeleverd, en zou ook waar zijn geweest indien Zuid-Vietnam in 1965 aan de communisten was uitgeleverd, zoals veel mensen toen wilden. Als het vrije Vietnam ten prooi was gevallen aan buitenlandse agressie, zou dat in heel Azië schokgolven hebben veroorzaakt. Zoals ik in veel van mijn toespraken heb gezegd: 'Als Amerika opgeeft in Vietnam zal Azië zijn vertrouwen in Amerika verliezen.'

Daar ging het uiteindelijk om. De status van Amerika als beschermer van de vrije wereld stond op het spel. Het redden van de Zuid-Vietnamezen was van secundair belang. Nixons conclusie: 'Voor mij was het geen keuze tussen *deze oorlog* en *geen oorlog*, zoals vaak wordt gedacht in anti-oorlogskringen, maar tussen *deze oorlog* en een *veel grotere oorlog ergens in de toekomst*, wanneer de communisten sterker en zelfverzekerder zouden zijn.'[1]

Nixon werd in januari 1969 president. Het zou nog bijna zes jaar duren voordat de Verenigde Staten uit Vietnam vertrokken. In de tijd dat Nixon aan de macht was sneuvelden daar meer dan twintigduizend Amerikanen. We weten niet precies hoeveel Vietnamezen in diezelfde tijd zijn omgekomen, maar in elk geval honderdduizenden. Het is ook moeilijk vast te stellen hoeveel Cambodjanen er zijn omgekomen door de geheime bombardementen in het kader van Operation Menu, die in maart 1969 begon met Breakfast, werd gevolgd door Lunch, Snack, Dinner en

Dessert en in mei 1970 werd beëindigd. Volgens sommigen zo'n honderdduizend. Volgens anderen nog veel meer.

De enige Europese leider die zijn steun uitsprak voor Nixons beleid in Indochina, inclusief de bombardementen, was de Britse premier Edward Heath, die Harold Wilson in de zomer van 1970 was opgevolgd. Heath onderschreef Nixons opvatting dat de Verenigde Staten de oorlog 'eervol' moesten beëindigen. Een overhaaste terugtrekking zou een ramp zijn. Dit was een van de weinige kwesties waarover Heath van mening verschilde met zijn Europese collega's. In vrijwel alle andere opzichten keerde hij de Bijzondere Relatie opzettelijk de rug toe en probeerde hij Groot-Brittannië om te vormen tot een fundamenteel Europees land.

Harold Wilson dacht daar heel anders over. Hij had het wel best gevonden om bij Richard Nixon te slijmen als dat nodig was om een nauwe relatie met de Verenigde Staten te onderhouden. Toen Nixon besloot het er tijdens een officieel diner in Londen niet over te hebben dat John Freeman, de voormalige hoofdredacteur van *The New Statesman* en Wilsons nieuwe ambassadeur in Washington, ooit een heel kritisch artikel over de president had gepubliceerd, stopte Wilson Nixon na afloop een kruiperig briefje toe waarin hij hem prees voor zijn uitzonderlijke ruimhartigheid: 'Dat bedoelde ik maar. Je kunt er niet van uitgaan dat je als edelman wordt geboren. Het is daarentegen heel goed mogelijk – en dat hebt u net laten zien – dat je als heer wordt geboren.'[2]

Maar Nixon had grote bewondering voor Heath en dweepte met de voormalige premier Alec Douglas-Home, die nu minister van Buitenlandse Zaken was. Voor een man uit de lagere middenklasse uit Californië, die misschien nog wel meer angst en afkeer voor de oude elites van de Oostkust voelde dan Johnson, had Nixon een merkwaardige affiniteit met de Britten, niet zozeer vanwege hun stijl als wel vanwege hun geraffineerde inzichten – de Atheners in zijn Rome. Groot-Brittannië 'weet de weg in de wereld',[3] zei Nixon tegen de ambassadeur in Washington. Douglas-Home, de charmante oud-leerling van Eton, was in zijn ogen de volmaakte Griek. Nixon was dan ook bijzonder opgetogen geweest toen de Conservatieven van Heath in 1970 de verkiezingen hadden gewonnen.

Eigenlijk hadden Heath en Nixon het goed met elkaar moeten kunnen vinden, want ze hadden veel met elkaar gemeen. Allebei hadden ze het moeilijk met hun simpele komaf. Nixon kwam uit een eenvoudige buurt in Zuid-Californië, waar zijn vader baas was van een tankstation, en Heath uit een badplaats in Kent, waar zijn vader in de bouw werkte. Ze voelden zich sociaal slecht op hun gemak, maar waren wel uiterst ambitieus en intellectueel begaafd. De Conservatieven hadden Heath juist vanwege zijn nederige afkomst als leider gekozen; hij moest de volkse Wilson uitdagen. In tegenstelling tot Wilson gebruikte Heath zijn studie in Oxford, waarvoor hij een beurs had gekregen, om zijn provinciale accent te verhullen met een bekakte manier van spreken, waardoor hij zich nooit erg geliefd maakte bij de gewone man, maar ook niet bij de tory's uit de hogere klassen, die er niet in trapten. Net als Nixon miste Heath, ondanks zijn achtergrond, voeling voor het volk. Het was makkelijker om deze mannen te bewonderen vanwege hun verdiensten dan om hen een warm hart toe te dragen. Maar dat betekende nog niet dat ze elkaar ook echt mochten.

Normaal gesproken was het de eerste taak van een nieuwe Britse premier om een kort bezoek aan Washington te brengen. Heath besloot om met deze traditie te breken.

Zijn doel was om Groot-Brittannië zo snel mogelijk lid te laten worden van de EEG, en hij wilde niet dat met name de Fransen het verkeerde idee zouden krijgen. Hij had geen enkele interesse in al dat gedoe over de Bijzondere Relatie. En daarom bracht Nixon, enigszins uit het veld geslagen door deze klaarblijkelijke schoffering, zelf maar eerst een bezoek aan Groot-Brittannië. Heath ontving de president op Chequers, het officiële landhuis van de premier, maar daar werd niets wezenlijks besproken omdat de koningin ook te gast was. Het werd uiteindelijk een nogal stijve bijeenkomst omdat geen van beide leiders uitblonk in sociale prietpraat. In zijn memoires verbloemt Heath dit met een vage opmerking over Nixons 'innemende menselijke kant'.[4]

Toen Heath later dat jaar een bezoek aan Washington bracht, zei hij dat hij andere landen in Europa niet voor het hoofd wilde stoten door te praten over een 'bijzondere relatie'. Eigenlijk zou er een 'natuurlijke relatie' moeten zijn. Dat was uiteraard precies wat de europeanisten van de Amerikaanse overheid al heel lang riepen, maar voor de regering van Nixon kwam het als een verrassing. Henry Kissinger vertelde later dat 'de weinig hartelijke manier waarop Heath ons benaderde geheel in strijd was met de "bijzondere relatie"'. Daardoor voelde Nixon zich net 'een afgewezen vrijer'.[5]

Heath was een patriottische Engelsman die heel slecht Frans sprak, maar hij voelde zich al op jonge leeftijd innig met Europa verbonden. In dat opzicht was hij een ongewone Britse politicus. In 1930 had hij als schooljongen Parijs bezocht. Hij was in Spanje tijdens de Burgeroorlog en was als student naar nazi-Duitsland gereisd, waar hij tijdens een SS-borrel op de Rijn zelfs een aantal leiders had ontmoet. Hij kon zich de 'klamme, zachte, slappe handdruk' van Himmler nog herinneren.[6] Bij een debat bij de Oxford Union sprak Heath zich uit tegen de appeasementpolitiek van Chamberlain. Tijdens de oorlog diende hij als luitenant in het leger en was hij geschokt toen hij de verwoesting op het vasteland in Europa met eigen ogen zag. Hij was ook toeschouwer bij de processen van Neurenberg. Deze ervaringen zouden hem blijven achtervolgen. Hij schreef: 'Europa had zichzelf opnieuw vernietigd. We mogen niet toestaan dat dit ooit weer gebeurt. [...] Het is onze taak om te verzoenen en alles weer op te bouwen.'[7]

Macmillan had het lidmaatschap van de EEG aangevraagd vanwege de Koude Oorlog en de veiligheid. Wilson had geaarzeld, maar uiteindelijk besloten dat Groot-Brittannië het zich niet kon veroorloven om niet aan te haken bij de Europese economische vooruitgang. Voor Heath waren herinneringen aan de oorlog de reden. (Een van zijn beste vrienden in Oxford was een familielid van me, een Joodse vluchteling uit Duitsland.) Daardoor was Heath een echte Europese politicus, die de standpunten van zijn collega's op het vasteland deelde. Zijn moment van glorie kwam op 21 mei 1971, toen hij erin was geslaagd om Groot-Brittannië eindelijk lid te laten worden van Europa. Dat zou hem nooit zijn gelukt onder Charles de Gaulle, maar de nieuwe Franse president, Georges Pompidou, had minder rigide opvattingen over de Angelsaksen. In de zaal in het Elysée waar De Gaulle eerder zijn veto over het Britse lidmaatschap had uitgesproken, herinnerde Pompidou, die naast een stralende Heath zat, de pers eraan dat veel mensen er vroeger van overtuigd waren geweest dat Groot-Brittannië niet Europees was en dat ook niet wenste te worden. Maar, 'dames en heren, vanavond ziet u voor u twee mannen die overtuigd zijn van het tegendeel'.[8]

Het is zeer de vraag of de meeste mensen in Groot-Brittannië er ook zo over dachten. Rechtse leden van Heath' partij waren tegen, net als het linkse deel van Labour. Het probleem van de parlementaire soevereiniteit kwam wel ter sprake en er werden televisiedebatten gevoerd over de vraag wat het betekende om je te moeten schikken naar wetten die waren opgesteld door niet-gekozen supranationale instellingen. Dat was een belangrijk vraagstuk, en het had serieuzer genomen moeten worden. Heath draaide eromheen door te beweren dat er geen sprake zou zijn van erosie van 'de essentiële nationale soevereiniteit'. Hij hield zich bewust nogal op de vlakte over de vraag wat 'essentieel' precies betekende. Maar nadat hij jaren met de Europeanen over suiker, boter en andere economische zaken had onderhandeld en zo de bijnaam 'de Kruidenier' had verworven, lukte het Heath om genoeg stemmen van pro-Europeanen van beide grote partijen bij elkaar te sprokkelen om het Britse lidmaatschap te laten goedkeuren door het parlement. Terwijl deze geweldige prestatie overal in Londen door zijn collega's uitbundig werd gevierd, trok Heath zich terug op Downing Street om daar eenzaam en alleen een fuga van Bach te spelen op zijn klavechord.

De Kruidenier liet er weinig twijfel over bestaan dat het Britse EEG-lidmaatschap niet alleen een economische stap was, maar ook duidelijk een politieke. Het Groot-Brittannië van 1971 was echter een heel ander land dan het Groot-Brittannië van 1945. Van het vanzelfsprekende superioriteitsgevoel was niet veel meer te merken. De Britten voelden zich kwetsbaar door een eindeloze opeenvolging van financiële crises. Het pond stond voortdurend onder druk. De werkloosheid steeg. En de lidstaten van de EEG waren heel snel uit de puinhopen van de oorlog herrezen en veranderd in een economische wereldmacht. En juist dat maakte de Amerikanen nerveus. De Europese bondgenoten waren voor hun defensie weliswaar nog altijd afhankelijk van de Verenigde Staten, maar konden niet meer als behoeftige vazalstaten worden behandeld. Hun gezamenlijke economieën begonnen nu serieus te concurreren met die van de Verenigde Staten. Heath moest Nixon geruststellen dat Europa wel concurrerend zou zijn, maar zich niet confronterend zou opstellen. Dat weerhield de Amerikanen er niet van om een importheffing van tien procent in te voeren en een einde te maken aan de convertibiliteit tussen de dollar en goud. Daarmee dreigde meteen het einde voor het systeem van Bretton Woods, dat in 1944 door de Verenigde Staten met de bondgenoten was ingevoerd, waarbij de dollar als reservewaarde van de wereld tegen een vaste pariteit aan goud werd gekoppeld. Het had er alle schijn van dat de Amerikanen genoeg begonnen te krijgen van verschillende internationale instituties die ze vroeger zelf hadden opgericht.

Hoewel de premier eindelijk datgene had bereikt wat Amerikaanse regeringsmedewerkers al heel lang van Groot-Brittannië wilden, waren de Amerikanen niet per se blij nu ze eindelijk hun zin hadden gekregen. Heath was in bepaalde opzichten Europeser dan de Europeanen. Hij stelde voor om de Britse en Franse inspanningen op het gebied van nucleaire technologie te bundelen en pleitte voor een Frans-Britse kernmacht, die het hart van de Europese defensie zou moeten vormen. Die is natuurlijk nooit tot stand gekomen. De Fransen hielden liever vast aan hun eigen nucleaire defensie. En de Britse legertop was al evenmin enthousiast. Kissinger, die vol ontsteltenis kennisnam van het idee, vertelt in zijn memoires hoe het plan van Heath in Washington werd ontvangen: 'Met Heath werden we geconfronteerd met het curiosum van een goedaardiger Britse versie van De Gaulle.'[9]

Er waren nog meer onenigheden. Hoewel Heath er geen moeite mee had de Amerikaanse oorlog in Vietnam te steunen, wilde hij de Verenigde Staten niet volgen in de Indiaas-Pakistaanse oorlog van 1971, toen Oost-Pakistan onafhankelijk werd als Bangladesh, nadat West-Pakistaanse troepen en islamitische strijders daar een massaslachting hadden aangericht onder de burgerbevolking. India kwam de Bengaalse nationalisten in Bangladesh te hulp. Nixon en Kissinger steunden Pakistan. Ze zagen India als een handlanger van de Sovjet-Unie en hadden de hulp van Pakistan nodig bij het 'openen van China'. Heath dacht dat Nixon en Kissinger de Bijzondere Relatie wilden gebruiken om Groot-Brittannië er ook bij te betrekken. Hij zag zijn openlijke conflict met de Amerikaanse regering als een grote stap voorwaarts. De betrekkingen waren veranderd. Hij zei vermanend tegen de Amerikanen dat ze er maar aan moesten wennen. Later schreef hij: 'Er zijn mensen die altijd op de schouder van een Amerikaanse president willen plaatsnemen. Dat is geen toekomst voor Groot-Brittannië.'[10]

De Watergate-verhoren, die een einde zouden maken aan het presidentschap van Nixon, begonnen op 17 mei 1973. Henry Kissinger besloot dat gedenkwaardige jaar uit te roepen tot het Jaar van Europa. Hij wilde de Amerikaanse betrekkingen met West-Europa heroverwegen in het licht van de hernieuwde economische macht van Europa en tekenen die op groeiende politieke eendracht leken te wijzen. Daardoor, betoogde hij, was 'een band die oorspronkelijk was gevormd in een tijd van Europese zwakte en Amerikaanse overheersing radicaal veranderd'. Volgens hem was er een nieuw Atlantisch Handvest nodig. Kissinger maakte deze opmerkingen in een toespraak voor de Brits-Amerikaanse Pilgrims Society, een gelegenheid waarbij doorgaans een hoop gebakken lucht over Milton, de Magna Carta, vrijheid en Churchill werd verkocht. Maar in het Heath-tijdperk was er sprake van een nieuwe wending, die door Kissinger als volgt onder woorden werd gebracht: 'Wij geloven dat het Verenigd Koninkrijk in een unieke positie verkeert. We juichen uw lidmaatschap van de Europese Gemeenschap toe – hoewel het voor ons soms wel pijnlijk was dat u sommige oude banden liet verslappen. Maar u kunt een andere historische bijdrage leveren door ons bij te staan bij de totstandkoming van eenzelfde bijzondere vertrouwensband en intimiteit tussen de Verenigde Staten en een zich verenigend Europa als die waar onze beide landen tientallen jaren baat van hebben gehad.'[11]

Heath' reactie was niet helemaal onterecht, en zeker in overeenstemming met zijn manier van denken, maar niet erg hoffelijk: 'Ik zei tegen hem: "Nu u dit hebt gedaan, moeten wij natuurlijk ook een jaar van de Verenigde Staten hebben. Wie bent u om een Jaar van Europa voor te stellen? U hoort niet eens bij Europa.'[12]

Heath begreep niets van Kissinger. Hij vond dat de minister van Buitenlandse Zaken maar bar weinig sjoege had van Europese aangelegenheden, en dat vond hij vreemd voor iemand die in Duitsland was geboren. Volgens Heath wilde Kissinger zo graag Amerikaan zijn dat hij weigerde Duits te spreken met verslaggevers in zijn geboorteland: 'Door zijn gebrekkige inzicht kwam hij tot zijn misplaatste besluit om het "Jaar van Europa" uit te roepen.'[13] Maar Heath gaf hier wel blijk van een gebrek aan inlevingsvermogen. Beide mannen waren getekend door de oorlog, en Kissinger misschien nog meer dan de Britse premier.

Zijn familie had moeten vluchten om aan vervolging en massamoord te ontkomen. Daarom hechtte hij zo aan de Amerikaanse macht. Maar Kissinger begreep ook weinig van Heath. Hij vond diens houding maar pervers en stelde informele banden met de naaste bondgenoot van Amerika zo op prijs dat hij het opstellen van een akkoord over nucleaire defensie liever overliet aan ambtenaren van het Britse ministerie van Buitenlandse Zaken dan aan de medewerkers van zijn eigen ministerie. Kissinger kon er met zijn verstand niet bij dat 'een band die al een generatie was onderhouden zomaar werd opgegeven [...] ten gunste van een abstracte doctrine van Europese eenheid'.[14] Veel hooggeplaatste mensen in Groot-Brittannië waren het ongetwijfeld met hem eens.

En toch was het niet helemaal ten onrechte dat Heath Washington niet vertrouwde. Ondanks alle retoriek over wederzijds respect en traditionele banden wilden de Verenigde Staten eigenlijk dat de Europese bondgenoten, en zeker het Verenigd Koninkrijk, zich als trouwe volgelingen van Amerika gedroegen. Daardoor was het Amerikaanse gedrag vaak aanmatigend.

Toen Egypte en Syrië in oktober 1973 op Jom Kipoer (Grote Verzoendag) Israël aanvielen omdat ze de gebieden die sinds de Zesdaagse Oorlog in 1967 door Israël werden bezet wilden heroveren, koos Amerika onmiddellijk de kant van Israël. De Amerikanen eisten dat de Arabische landen zich terugtrokken uit de gebieden die vroeger van hen waren geweest. In de Verenigde Staten was er destijds ook al veel politieke druk om in ieder conflict de kant van Israël te kiezen. En het beleid in het Midden-Oosten was voor Kissinger een onderdeel van het grote schaakspel in de Koude Oorlog. De Europeanen, die veel afhankelijker waren van de olie uit het Midden-Oosten dan de Verenigde Staten en sowieso minder welwillend tegenover een permanente Israëlische bezetting van Arabische gebieden stonden, dachten daar anders over. Groot-Brittannië, Frankrijk en Duitsland weigerden de Amerikanen de bases in hun land ter beschikking te stellen voor de bevoorrading van de Israëli's. Kissinger was razend en zag dit als verraad van het Atlantische Bondgenootschap. Hij ging ervan uit dat de Amerikanen en Europeanen dezelfde belangen hadden en verwachtte dat de Europeanen hun trouw aan 'het grote doel van de Atlantische samenwerking' zouden bewijzen. Heath koos alweer de kant van Europa, hoewel de Europese landen ook niet helemaal eensgezind waren. De Nederlanders, die nog altijd heel gevoelig waren als het om Joodse aangelegenheden ging vanwege het hoge percentage Joodse oorlogsslachtoffers in hun land, gaven de Amerikanen wel toestemming om de Amerikaanse bases in Nederland te gebruiken.

Toen de Israëliërs de Egyptische en Syrische troepen wisten terug te dringen vroeg president Anwar Sadat de Russen en de Amerikanen hulp om de oorlogvoerende partijen uit elkaar te halen en Egypte voor een ramp te behoeden. De Russische leider, Leonid Brezjnev, zei dat hij bereid was troepen te sturen, zelfs als de Amerikanen dat niet deden. Nixon was te dronken en te veel afgeleid door het Watergateschandaal om een zinnig besluit te nemen. Zonder de president uit zijn alcoholische roes te wekken zei Kissinger tegen het Amerikaanse leger dat er voorbereidingen voor een oorlog moesten worden getroffen. Nucleaire troepen werden in de hoogste staat van paraatheid gebracht. Geen van de Europese bondgenoten werd geraadpleegd. Alleen Groot-Brittannië werd een uur van tevoren ingelicht. Zoveel was er dan nog wel over van de Bijzondere Relatie. En dat was dan het Jaar van Europa.

Voordat Heath aan de macht kwam, hadden de Britten een simpele reden om Washington te steunen, ongeacht de koers van het Amerikaanse beleid: het ging om het behouden van invloed. Heath bracht hier verandering in. In 1970, nadat Heath tot premier was gekozen, schreef een hooggeplaatste ambtenaar van het ministerie van Buitenlandse Zaken aan Alec Douglas-Home: 'We zullen onze bijzondere relaties met de Verenigde Staten, b.v. op het gebied van de militaire inlichtingen en nucleaire technologie, zo veel mogelijk willen behouden, maar moeten erkennen dat onze invloed in Washington ongetwijfeld zal afnemen als we geen nieuwe machtsbasis in Europa kunnen vinden; en dat het bij gelegenheid nodig zal zijn te laten zien dat Europa voor ons nu prioriteit heeft.'[15]

Na het tijdperk van Heath deden zulke gelegenheden zich steeds minder vaak voor en viel het Britse beleid weer terug in zijn traditionele modus. De OPEC dreef de olieprijzen op om de landen die de Arabieren niet genoeg hadden gesteund in de Jom Kipoeroorlog te straffen. Vervolgens werd Groot-Brittannië ten gevolge van de mijnstakingen, die door militante vakbonden waren georganiseerd, in een donkere en ijskoude 'driedaagse werkweek' gestort. Heath schreef nieuwe verkiezingen uit voor februari 1974 en vroeg de kiezers wie nu eigenlijk het land bestuurde: de vakbonden of zijn regering? De uitslag wees uit dat het vrijwel zeker geen regering onder Heath zou zijn. Hij had de meeste mensen tegen zich in het harnas gejaagd met zijn norse gedrag. Van de formatie van een nieuwe regering kwam niets terecht. Een van de weinige conservatieve politici die nog welwillend over hem spraken, was het parlementslid Margaret Thatcher, een vrouw tegen wie Heath een hartgrondige haat zou koesteren tot de dag dat hij overleed. Vier maanden later moest Nixon aftreden.

In het Witte Huis maakte men zich onder de zojuist aangetreden president, Gerald Ford, ernstige zorgen over de nieuwe Labour-regering, wederom onder leiding van Harold Wilson, die niet meer de oude was was en het nog maar twee jaar zou volhouden als premier. De Amerikanen waren bang dat Labour zou worden overgenomen door leden van de linkervleugel, zoals Tony Benn, die, anders dan Heath, echt anti-Amerikaans waren. Heath geloofde in wezen dat een krachtig Europees Groot-Brittannië het Atlantisch Bondgenootschap sterker zou maken. Maar de linksere Labour politici zouden onbetrouwbare NAVO-leden zijn. Ze zouden zich gemakkelijk tegen kernwapens kunnen keren. Een commentator van *The Wall Street Journal* beschreef Engeland onder Wilson als 'John Bull met hoorntjes en een gevorkte staart'.[16] Twee jaar later beweerde Brent Scowcroft, Fords nationaal veiligheidsadviseur, dat de toestand in Groot-Brittannië 'door ons als de grootste bedreiging voor de westerse wereld wordt beschouwd'.[17]

Die bezorgdheid was sterk overdreven. Wilson voelde zich veel minder thuis in Europa dan Heath. Hij at liever geen buitenlands eten, vooral niet de mediterrane variant. Zijn vakanties bracht hij steevast door in een bungalow op de Scilly-eilanden voor de kust van Cornwall. In Wilsons eigen woorden: 'Ik ben emotioneel nooit een Europeaan geweest. Ik sta niet aan de zuidkust naar het vasteland te kijken en te denken dat daar het nieuwe Jeruzalem ligt. [...] Ik voel me emotioneel betrokken bij het Gemenebest.'[18] En hij probeerde ook nooit een wit voetje te halen bij de Europese leiders, terwijl hij dat wel deed bij de bewoners van het Witte Huis. Zijn linkse partijleden waren misschien instinctief anti-Amerikaans, maar Wilson zelf was dat zeker niet, net zomin als zijn minister van Buitenlandse

Zaken, James Callaghan, die een overtuigde transatlantist was en het vaak had over de bijzondere culturele en historische banden tussen de grote Engelssprekende volkeren. 'Sunny Jim', een man van nog bescheidener komaf dan Wilson, kon het uitstekend vinden met Henry Kissinger. Toen Wilson in 1974 werd herkozen ontbood Callaghan de Britse ambassadeurs in Londen en zei tegen hen: 'Ik wil dat jullie goed begrijpen dat we geen boodschap hebben aan al die Europese bevliegingen.'[19]

Het eerste wat Wilson deed, net als Margaret Thatcher later, was even flink nukkig worden en opnieuw onderhandelen over de voorwaarden voor het Britse EEG-lidmaatschap. Het nieuwste EEG-lid wilde zich niet alleen breed maken, maar wilde vooral ook dat dat werd opgemerkt, met name in eigen land. Callaghan vloog heen en weer naar Brussel, klaagde dat Groot-Brittannië te veel geld betaalde aan de EEG en dat Franse boeren werden voorgetrokken door het Gemeenschappelijk Landbouwbeleid (dat was ook zo). De Europeanen wilden op zich heel graag dat Groot-Brittannië lid bleef en lieten de Engelsen daarom even uitrazen. Maar ze gaven weinig weg. Het deed er niet echt toe. Wilson wilde ook dat Groot-Brittannië lid bleef van de EEG, ondanks zijn matige enthousiasme voor Europa. Maar de linkse sceptici in zijn partij waren er nog steeds tegen en eisten een nationaal referendum. Om ze te kalmeren moest Wilson laten zien dat hij de Europeanen tot concessies kon dwingen, hoe onbenullig die ook waren. En in juni 1975 werd het eerste nationale referendum in de geschiedenis van Groot-Brittannië gehouden.

Toen Churchill in 1945 had voorgesteld om een referendum over de voortzetting van zijn oorlogscoalitie te houden, werd dat op voorhand verworpen door zijn toenmalige vicepremier Clement Attlee: 'Ik kan het niet goedkeuren dat een middel dat zo strijdig is met al onze tradities als het referendum, en dat zo vaak een instrument van het nazisme en fascisme is geweest, in ons nationale leven wordt ingevoerd.'

In 1975 werd de Britten dezelfde vraag gesteld als in 2016: erin of eruit? De geslepen Wilson stelde zich in het openbaar een tijdlang neutraal op terwijl pro-Europese politici van Labour en de Conservatieve Partij, met de discrete steun van diezelfde Wilson, campagne voerden voor het EEG-lidmaatschap. Er werd weer gesproken over de parlementaire soevereiniteit en de invloed van het Europese 'project' op democratische instellingen, maar de discussies kregen niet veel aandacht. Het voornaamste argument was dat het in het belang van Groot-Brittannië was om niet buitengesloten te worden in Europa. Waar het duidelijk aan ontbrak, zelfs onder de meeste pro-Europeanen, was een echt positief argument om zich bij Europa aan te sluiten. Het Europese idealisme kreeg nooit voet aan de grond aan de overkant van Het Kanaal. Heath was de vreemde eend in de bijt. Wilson en Callaghan waren dat niet.

Toch koos 67 procent van de kiezers voor de EEG en 32 procent tegen. Idealisme speelde niet echt een rol bij deze uitslag, en ook het idee van een gemeenschappelijke cultuur niet. De gemeenschappelijke cultuur van West-Europa begon trouwens toch steeds Amerikaanser te worden, en Groot-Brittannië was het meest veramerikaniseerde land van Europa. Tot grote ergernis van de Fransen zou het Engels geleidelijk de Europese lingua franca worden. Het referentiekader van hoogopgeleide mensen van de generatie van Anthony Eden en Harold Macmillan bestond nog altijd uit kennis van de klassieke talen en Europese literatuur, maar die kennis was in hun eigen tijd al niet wijdverbreid, en in 1975 al helemaal niet.

Jim Callaghan was er, eerst als Wilsons minister van Buitenlandse Zaken en vervolgens van 1976 tot 1979 als premier, van overtuigd dat Groot-Brittannië het beste af was als lid van de EEG, maar liep net als veel andere Britse politici van zowel links als rechts nooit echt warm voor Europa. Tijdens een Labour-conferentie in 1975 liet hij zich voorstaan op de Britse rol bij de Verenigde Naties, maar vervolgens zei hij: 'Ik voel me altijd een beetje ongemakkelijk bij de retoriek over de toekomst van Europa.' De Duitse bondskanselier Helmut Schmidt had waarschijnlijk gelijk toen hij beweerde dat 'de Europese visie' nooit veel had betekend voor Callaghan en dat hij was blijven steken in de historische rol van Groot-Brittannië. Valéry Giscard d'Estaing, de Franse president, wees ook op zijn 'niet-continentale houding' en het feit dat hij 'te Engels' was.[20]

Dat kun je natuurlijk op twee manieren bekijken: dat Groot-Brittannië nooit in een steeds meer verenigd Europa zou passen en er beter uit had kunnen blijven zodat de andere landen de eenwording konden voortzetten, of dat de Britse democratische scepsis over pannationale regelingen een welkome correctie was op het technocratische utopisme. Ik neig naar dat laatste. Maar het is duidelijk dat de Amerikanen Callaghan terecht als een traditionele naoorlogse Britse leider zagen. In een briefing van de regering-Carter voor een bezoek van de premier aan Washington in 1977 werd Callaghan omschreven als 'zeer welwillend tegenover de Verenigde Staten' en 'volkomen pragmatisch' in zijn 'toewijding aan Europa'.[21]

Kissinger was zo gesteld op Callaghan dat hij speciaal naar Groot-Brittannië vloog om erbij te zijn toen Callaghan werd gehuldigd door de stad Cardiff, die hij vertegenwoordigde in het parlement. Grote aantallen demonstranten kwamen uit het hele land naar de stad om tegen Kissingers vermeende misdrijven in Vietnam, Cambodja, Chili enzovoort te protesteren. Callaghan had er geen probleem mee. De goede burgers van Cardiff deelden de gevoelens van de demonstranten niet, zei hij. En daarin had hij misschien nog gelijk ook.

Wanneer het hun zo uitkwam raadpleegden Kissinger en Ford de wereldwijze oudere staatsman Callaghan vanwege zijn expertise, vooral in Midden-Oostenkwesties. De landen waren het natuurlijk lang niet altijd met elkaar eens. In 1974 werd aartsbisschop Makarios, de president van Cyprus, afgezet tijdens een militaire staatsgreep, die werd gesteund door de Griekse junta, die op zijn beurt werd gesteund door de regering van Nixon. Nixon stond op het punt af te treden en Kissinger had te veel aan zijn hoofd. De Turken vielen Cyprus binnen. Callaghan nam het de Amerikanen kwalijk dat ze niet meer deden om hen tegen te houden. Hoewel Kissinger de Griekse kolonels steunde, hechtte hij ook grote waarde aan een goede band met Turkije, een belangrijk NAVO-lid, en daarom was hij niet gediend van Britse kritiek. Er dreigde een oorlog tussen Griekenland en Turkije. Uiteindelijk werd er een akkoord gesloten over een staakt-het-vuren en moest de junta, die Griekenland al zeven jaar teisterde, plaatsmaken voor een democratische regering in Athene.

Verder was er nog het probleempje met Belize, het voormalige Brits-Honduras. Dit Britse protectoraat met zelfbestuur werd opgeëist door Guatemala, een Amerikaanse vazalstaat waar de democratisch gekozen leider Jacobo Árbenz in 1954 na een door de CIA geregisseerde staatsgreep was afgezet. Kissinger hield de brute maar fel anticommunistische leiders in Midden-Amerika graag te vriend en had er geen bezwaar tegen als Guatemala Belize kreeg. Tijdens de lunch vroeg hij aan Callaghan of dat geregeld kon worden. Callaghan antwoordde dat dat helaas niet ging.

Maar over het geheel genomen wist Callaghan de innigheid van de Anglo-Amerikaanse betrekkingen waaraan Heath bewust een einde had gemaakt weer enigszins te herstellen. De band bleef ook redelijk innig onder president Carter, hoewel de Britten hem vergeleken met de joviale Gerald Ford wat zwaar op de hand vonden. Toch hadden Callaghan en Carter veel overeenkomsten. Ze kwamen allebei uit een puriteins milieu van baptisten. Callaghan bleef zijn leven lang last houden van een schuldgevoel over de erfzonde dat hem door de leraren op de zondagsschool was ingepeperd; hij citeerde met het grootste gemak uit het Nieuwe Testament en keurde de losse seksuele moraal van de Anglo-Amerikaanse jongerencultuur ten strengste af.

Callaghan haalde alles uit de kast om bij de nieuwe president in de smaak te vallen. Hij had Carter zijn enthousiasme voor de Bijzondere Relatie zelfs al laten blijken toen deze nog gouverneur van Georgia was. Er werden tochtjes geregeld in Engeland, waar Carter werd getrakteerd op een gezamenlijk bezoek aan Newcastle. Daar werd hij onthaald met de traditionele zangkoren van het plaatselijke voetbalteam en kreeg hij de autobiografie van een beroemde vakbondsleider cadeau. Het is moeilijk voorstelbaar, maar misschien brak daardoor het ijs. Callaghan was een voormalige vakbondsonderhandelaar, die veel ervaring had met schouderklopjes en handjes schudden. Maar Carter was zo ernstig en pedant dat het moeilijk was om warme gevoelens voor hem te ontwikkelen. Diners in het Witte Huis, waar gasten werden verzocht elkaars hand vast te houden wanneer Carter voorging in het gebed, waren zelfs voor de vrome Britse premier een bezoeking. Toch beschikten beide leiders net als de meeste andere politici over een gezonde dosis ijdelheid. Callaghan liet pakken ontwerpen van stof met krijtstrepen die uit piepkleine J's en C's bestonden, zijn initialen. Carter, die dezelfde initialen had, was blij toen hij een rol van deze dure stof cadeau kreeg.

Door zijn godsdienstige overtuigingen was Carter ook de mensenrechten zeer toegewijd. Daar hadden veel opgesloten dissidenten en vervolgde mensen in de hele wereld baat bij. Zijn inzet voor de mensenrechten werd ongetwijfeld gewaardeerd in Londen, in elk geval als abstract principe, maar Carters geloofsijver veroorzaakte ook spanningen, vooral wanneer zijn aandacht voor de mensenrechten te dichtbij kwam, bijvoorbeeld in Ierland.

In eigen land stond Carter onder druk van lobbygroepen als de Irish National Caucus. De directeur in Washington, F.B. O'Brien, wilde dat de president de mensenrechtenkwestie in Ierland aankaartte bij Callaghan (wiens vader, een zeeman, overigens Iers was). Aan Carters nationaal veiligheidsadviseur, Zbigniew Brzezinski, schreef O'Brien: 'De Britse martelpraktijken lijken in de loop der eeuwen niet echt te zijn veranderd; je hoeft niet verder te reizen dan Charleston, South Carolina om te zien waar Amerikanen door de Britten in hun eigen wijnkelder werden gemarteld.'[23] Er zijn in South Carolina natuurlijk veel meer mensen gemarteld, en niet alleen door de Britten. Maar deze missive geeft in elk geval wel een goed beeld van de Iers-Amerikaanse sentimenten.

Als minister van Binnenlandse Zaken had Callaghan de Noord-Ierse problemen trouwens behoorlijk adequaat afgehandeld. Hij kwam in verzet tegen Ian Paisley en zijn vuurspuwende protestantse unionisten. De beruchte protestantse paramilitairen werden geleidelijk opgeheven, de Royal Ulster Constabulary – de Noord-Ierse politie – werd ontwapend, het Britse leger leek de situatie onder controle te hebben en Callaghan, als altijd de joviale onderhandelaar, onderhield een goede band met zowel katholieken als protestanten in Noord-Ierland. Maar na 1970, toen de Conservatieven weer aan de macht waren gekomen, begonnen de zaken ernstig uit de hand te lopen. De 'Provo's' (Provisionals) van de IRA, die genereus werden gesponsord door sympathisanten uit de Verenigde Staten, begonnen een gewelddadige campagne in Groot-Brittannië. Openbare gebouwen en stations werden opgeblazen en publieke figuren vermoord. De escalatie van geweld leidde tot de beruchte 'Bloody Sunday' op 30 januari 1972, toen Britse militairen dertien mannen en jongens in Londonderry doodschoten.

Het was naïef om de politieke verdeeldheid in Noord-Ierland alleen vanuit het perspectief van de mensenrechten te bezien, maar dat is precies wat Carter deed in zijn campagnetoespraken. Voor een groep Iers-Amerikanen zei hij dat het 'een vergissing zou zijn wanneer de regering van ons land zich niet uitspreekt over de strijd van de Ieren voor vrede, de naleving van de mensenrechten en de eenwording van Ierland'. Het was zeker grof van James Molineaux, de unionistische leider in Noord-Ierland, om Carters uitspraken af te doen als 'het onverantwoordelijke opportunisme van deze pindapoliticus.'[24] Maar Carter had zijn woorden misschien ook iets voorzichtiger kunnen kiezen; een paar maanden eerder waren tientallen mensen ernstig gewond geraakt toen er een bom van de IRA in een congresgebouw in Londen was ontploft.

In Carters geval bleef het ook alleen bij woorden. Hij heeft nooit echt iets aan Noord-Ierland gedaan. Kopstukken van het Congres zeiden tegen de president dat het 'vanwege ons traditionele bondgenootschap met het Verenigd Koninkrijk uiterst ingewikkeld is om kritiek te leveren op Britse acties in Noord-Ierland.'[25] Soortgelijke boodschappen ontving hij ook van het ministerie van Buitenlandse Zaken, waardoor deze instantie onder pro-Ierse activisten in de Verenigde Staten nog meer de reputatie kreeg van een bolwerk van decadente anglofielen. Uiteindelijk beloofde Carter alleen dat de Verenigde Staten zouden meewerken aan het zoeken naar een oplossing voor het Noord-Ierse conflict. Carters goede verstandhouding met Callaghan werd hierdoor niet geschaad. Die was in elk geval een stuk beter dan zijn band met de Duitse bondskanselier Helmut Schmidt.

Schmidt had diepe minachtig voor Carter. Hij vond hem maar een wispelturige, provinciale Amerikaanse stoethaspel, die niets van internationale betrekkingen begreep en niet alleen irritatie wekte met zijn gepreek over dat onderwerp, maar ook de nationale belangen van andere landen ondermijnde. Duitsland en Frankrijk hadden contracten getekend om kernreactoren te leveren aan Brazilië en Pakistan. Carter, die bezorgd was over nucleaire proliferatie, vooral als het ging om militaire dictaturen als Brazilië, stak daar uiteindelijk een stokje voor. De aversie tussen bondskanselier en president was volledig wederzijds. In zijn dagboek schreef Carter dat 'Helmut' 'een beetje labiel' was en 'zich loopt aan te stellen en maar doorgaat met zijn economische uiteenzettingen terwijl anderen allang hebben begrepen wat hij bedoelt'.[26]

Spanningen tussen Carter en de Europese regeringsleiders, vooral Schmidt, draaiden niet om de vraag wie gelijk had en wie niet. Ze vloeiden voort uit de merkwaardige situatie dat landen die economisch machtig waren voor hun veiligheid vrijwel volledig waren aangewezen op de Verenigde Staten. De naoorlogse Amerikaanse orde die ooit als model van vrijheid en generositeit voor met name de Duitsers had gediend, begon iets vernederends te krijgen. Dat verklaart waarom Schmidts eigen beleid zo wispelturig was. In vertrouwelijke gesprekken sprak hij tegen de Amerikanen alsof hij een doorgewinterde koudeoorlogsstrijder was. Hij wilde dat er korteafstandsraketten in Europa werden geplaatst als reactie op de nieuwe Russische wapens. Maar in toespraken in eigen land speelde hij in op anti-Amerikaanse gevoelens en verzocht hij om een moratorium op kernwapens in Europa. Carter wees erop dat Schmidt zelf om de raketten had gevraagd. En toen hij waarschuwde dat Schmidt het westerse bondgenootschap zou verzwakken met zijn aanstellerij, betoonde Schmidt zich diep beledigd.

Groot-Brittannië werd zoals gewoonlijk verscheurd tussen het streven om de bijzondere bondgenoot van Amerika te blijven en zijn gemeenschappelijke belangen met de andere Europeanen. Callaghan probeerde de 'brug' tussen Europa en de Verenigde Staten te zijn. Hij kon best goed overweg met Schmidt en legde in een brief aan de Amerikaanse president uit dat 'Helmut de man is die je weer voor je moet zien te winnen. Giscard zal altijd zijn eigen gang gaan, maar Helmut is een overtuigde transatlantist, die wel humeurig en onstuimig kan zijn, maar in wezen aan de goede kant staat. Als ik dit zo tegen je mag zeggen, denk ik dat het cruciaal is om de indruk te wekken dat je heel goed naar zijn standpunten luistert, dat je erover nadenkt en naar overeenstemming zoekt wanneer je maar kunt.'[27]

Dat zinnetje 'de indruk te wekken' is veelzeggend en geeft ook goed weer hoe het werkelijk zat met de band tussen Groot-Brittannië en Washington. De Europeanen waren afhankelijk van hun veel machtiger partner, in elk geval in militair opzicht. Om te voorkomen dat de afhankelijke landen zich vernederd zouden voelen, moesten de Verenigde Staten vooral de indruk wekken dat ze naar deze landen luisterden en hun woorden serieus namen. Het verschil tussen Helmut Schmidt en de meeste Britse premiers is dat de bondskanselier zijn frustraties uitte in woede-uitbarstingen, terwijl de Britten hun best deden om in de smaak te vallen. Maar Duitsland was ondertussen in veel opzichten een machtiger land dan Groot-Brittannië, en de kloof zou alleen maar groter worden.

Groot-Brittannië had echter iets wat Duitsland niet had, namelijk een kernwapen. Schmidt was ook niet de enige die moeite had om de balans te vinden tussen zijn transatlantisme en de anti-Amerikaanse linkervleugel van zijn sociaaldemocratische partij, de SPD. Callaghan had hetzelfde probleem. Het Polaris-raketsysteem was duur en inmiddels enigszins verouderd. Belangrijke Labour-leden, die werden gesteund door een sterke antikernwapenbeweging, wilden van de raketten af. Callaghan was zelf ook niet helemaal overtuigd van het militaire nut ervan, maar wilde ze toch vervangen door een nieuw nucleair afschrikmiddel. Het was misschien zinvoller geweest om het geld uit te geven aan de versterking van de conventionele troepenmacht, zoals veel politici van Labour wilden, maar Callaghan betoogde, net als al zijn voorgangers sinds de oorlog: 'Het zou een rampzalige ontwikkeling in de Britse geschiedenis zijn als we onze status als nucleaire mogendheid opgeven.'[28] Als Groot-Brittannië dat deed, geloofde hij, zou het land minder invloed hebben in de Verenigde Staten.

Gehechtheid aan de Bijzondere Relatie was niet de enige reden voor het besluit om een nationaal nucleair defensiesysteem te behouden. Duitsland wilde ook dat Groot-Brittannië over de bom beschikte. Anders zou Frankrijk de enige Europese kernmacht zijn. De Duitse bondskanselier benadrukte dat hij alleen Amerikaanse kernraketten op Duitse bodem zou toelaten als ze ook in andere Europese landen werden geplaatst. Met twee nationale nucleaire afschrikmiddelen zou Europa iets minder armetierig afsteken bij de Verenigde Staten.

Dit was de algemene stand van zaken toen Callaghan in januari 1979 tijdens een top op Guadeloupe naar de hut van Carter liep om de vervanging van Polaris te bespreken. Het verhaal wil dat Callaghan de president, die even wilde rusten, aantrof in zijn onderbroek. De premier deelde Carter mee dat het hem al met al het beste voor de Europese defensie leek als Groot-Brittannië overstapte op kernonderzeeërs met Tridents aan boord. Carter vond het prima. Over de kosten konden de deskundigen het later nog wel hebben.

Alleen Groot-Brittannië zou toegang blijven houden tot de Amerikaanse nucleaire technologie. De landen bleven militaire inlichtingen uitwisselen. In die zin was de relatie nog steeds bijzonder. Maar verder was zij grotendeels symbolisch. En doordat het nucleaire defensiesysteem enorme kosten met zich meebracht, schoot de conventionele defensie erbij in, wat al snel een serieus probleem zou worden voor Callaghans opvolger, Margaret Thatcher, een vrouw aan wie Carter onmiddellijk een hekel had. Groot-Brittannië was nu stevig verankerd in Europa, of mensen dat nu wilden of niet, als een belangrijk lid, maar niet als primus inter pares. Callaghan was zich hiervan meer bewust dan zijn opvolger. Tijdens een diner in Bonn, waar Helmut Schmidt de gastheer was, merkte Callaghan op: 'Het was een vergissing te denken dat wij de oorlog hadden gewonnen.'

8

Een buitengewone relatie

> 'In ieder land heb je idioten die oorlog willen.' Maar vooral in landen die zich een oorlog als overwinning herinneren en niet als ellende, die denken dat ze nog steeds een eiland zijn. Een Italiaanse dorpeling kan zich een ander land voorstellen als zijn bevrijder. Een Engels voetbalpubliek lijkt landen alleen te zien als vechthanen, die zijn gefokt om te vechten.
>
> Neal Ascherson, *The Observer*, 1985

Tijdens de Tweede Wereldoorlog was James Callaghan marineofficier. Carter was marineofficier in opleiding. Hun opvolgers, Margaret Thatcher en Ronald Reagan, hadden niet actief deelgenomen aan de oorlog. Aan het eind ervan studeerde zij nog in Oxford en werkte hij in de Verenigde Staten aan films voor het Amerikaanse leger. Reagan schaamde zich een beetje voor de passieve rol die hij tijdens de oorlog had gespeeld, maar daar kon hij zelf niet veel aan doen. Hij was afgekeurd omdat hij slechte ogen had en doof was aan één oor.

Misschien speelde de oorlog zo'n grote rol in hun verbeelding omdat Reagan en Thatcher nooit op een slagveld waren geweest. Thatcher zag zich als de meest churchilliaanse naoorlogse Britse premier en deinsde er niet voor terug om haar mede-Europeanen eraan te herinneren dat 'wij' hun levens hadden gered of dat 'wij de Tweede Wereldoorlog hebben gewonnen' (dat zei ze overigens naar aanleiding van de hervorming van het Britse zorgstelsel).[1] Toen ze naar Downing Street verhuisde, nam ze een portret van Churchill mee uit haar kantoor en hing het aan de muur in de Cabinet Room.

Reagan stond erom bekend dat hij werkelijkheid en film soms door elkaar haalde. Hij vertelde de Israëlische premier Yitzhak Shamir dat hij in 1945 getuige was geweest van de verschrikkingen van de concentratiekampen, terwijl hij alleen maar filmbeelden van de kampen had gezien in een Hollywoodstudio. Maar zijn grootse ambities zette hij minder dan twee jaar na zijn verkiezing in 1980 duidelijk uiteen voor het Britse parlement – 'een moment van verwantschap en thuiskomen in deze gewijde zalen'.[2] Reagan citeerde vrijelijk uit de pittige toespraak die Churchill in 1941 in Washington had gehouden – 'Wat voor soort mensen denken ze dat we zijn?' – en sprak over 'een kruistocht voor de vrijheid die een beroep zal doen op het geloof en de vastberadenheid van de volgende generatie'.[3]

Hij reageerde op de even bezielende toespraak die Margaret Thatcher diezelfde dag tijdens de lunch had gehouden en waarin ze had geciteerd uit een rede van generaal Eisenhower, 'die ook erg geliefd is in dit land, ons land', en die 'het zo mooi formuleerde toen hij zei: "Alles wat we denken en doen moet door één waarheid worden bepaald. De eenheid van allen die in vrijheid leven is hun enige onfeilbare verdediging."'[4]

Daarmee was de toon voor de jaren van Reagan en Thatcher gezet: Churchill, verwantschap, vrijheid. De tegenstander was het communisme in het algemeen en de Sovjet-Unie in het bijzonder, en niet het Derde Rijk, maar de sentimenten dateerden nog uit de eerdere glorietijd. Pogingen om de spanningen te verminderen door een detentepolitiek met de Sovjet-Unie te voeren, zoals Kissinger altijd had nagestreefd, werden nu als slap beschouwd. Een van Thatchers adviseurs, George Urban, schreef later dat hij 'een paar "churchilliaanse" woorden en metaforen' had toegevoegd aan een toespraak die ze in de Verenigde Staten zou houden omdat hij ervan overtuigd was dat Thatcher 'de overtuigendste en opvallendste vertegenwoordiger was van de nieuwe westerse vastberadenheid om de Sovjet-Unie een halt toe te roepen'.[5]

Mooie toespraken over verwantschap moesten natuurlijk niet al te letterlijk worden opgevat. Reagan had lang in Californië gewoond en kwam uit een arme Ierse familie uit het Midden-Westen die nauwelijks meer banden met het oude Europa had. En Thatcher stemde de Britse belangen vaker af op de Europese dan op de Amerikaanse. Maar ze werkten allebei aan het herstel van de suprematie van hun land, die de laatste jaren klappen had opgelopen door economische crises, het verval van het imperium en de vernedering van mislukte militaire acties in verre landen als Vietnam en Iran, waardoor hun doelstellingen in elk geval qua gevoel en vaak ook in de praktijk samenvielen.

Margaret Thatcher en Jimmy Carter, die de pech had president te zijn tijdens enkele van die nationale vernederingen, konden het niet echt met elkaar vinden. De eerste keer dat Carter Thatcher in het Witte Huis ontving, voordat ze premier was, ergerde hij zich zo aan haar gedram over buitenlandbeleid dat hij zijn assistenten verzocht haar bij hem uit de buurt te houden. In haar memoires beweert Thatcher dat ze Carter bewonderde omdat hij een 'toegewijd christen' en 'duidelijk een oprecht man' was. Toen islamitische revolutionairen in 1979 tweeënvijftig Amerikaanse diplomaten gijzelden in Teheran, stond ze hem bij. De onbedoelde gevolgen van de Anglo-Amerikaanse kuiperijen in Iran hadden eindelijk een kritiek punt bereikt: de prowesterse sjah, die in 1953 met de hulp van de Britse en Amerikaanse inlichtingendiensten weer op de troon was geholpen, werd afgezet.

Thatcher was altijd beducht dat de Russen een gevaar voor het Westen vormden, in Europa en elders, en was daarom minder verbaasd dan Carter toen Russische troepen datzelfde jaar Afghanistan binnenvielen: 'Ik kende het beest.'[6] Ze vond Carters analyse van de wereld 'enorm gebrekkig'. Zijn zwakste punt was volgens haar dat hij het gevaar van het communisme onderschatte en te kritisch was tegenover pro-Amerikaanse rechtse dictators.[7]

Ronald Reagan maakte veel meer indruk op haar toen hij in 1975 een bezoek aan Londen bracht als de radicaal conservatieve ex-gouverneur van Californië met presidentiële ambities. Destijds werd de voormalige filmacteur door weinig mensen serieus genomen, zeker in Groot-Brittannië, waar hij over het algemeen als een onbenul werd beschouwd. Maar Thatcher nam hem wel serieus. Ze ontving hem in haar kantoor in Westminster in het bijzijn van het parlementslid Winston Churchill, de kleinzoon van, die ze graag liet opdraven wanneer ze bezoek kreeg van Amerikaanse politici. Reagans ideeën over het terugdringen van de overheid, de strijd tegen het socialisme en het communisme en het herstellen van de Amerikaanse suprematie stonden haar wel aan. Hij verdedigde volgens haar de Amerikaanse doelstellingen niet alleen, maar 'belichaamde' ze ook. Reagan was 'de Amerikaanse droom verwezenlijkt'.[8]

Thatcher had de bewondering voor de Amerikaanse

droom met de paplepel ingegeven gekregen. Wantrouwen jegens buitenlanders die geen Engels als moedertaal spraken en een protestants arbeidsethos kwamen van haar vader, Alfred Roberts, kruidenier en predikant in het provinciale Lincolnshire. Ze had daarom ook minachting voor futloze Engelsen van de upper class, die hun privileges vanzelfsprekend vonden. Thatcher prees de 'puriteinse moraal van de stichters van Amerika'.[9] Ondanks haar bekakte accent, dat ze zich net als Edward Heath in Oxford had aangeleerd en had gepolijst tijdens spraaklessen, was Thatcher geen snob. Ze voelde zich op haar gemak met de Joodse zakenlieden uit haar kiesdistrict in Noord-Londen die vanuit het niets waren opgeklommen en vaak ook grote bewondering voor haar hadden. Toen ze op een gegeven moment vijf Joden in haar kabinet benoemde, zei Harold Macmillan dat 'er meer oude Estonians* dan oud-Etonians in Margarets kabinet zitten'.[10]

Ik bracht ooit een bezoek aan het pseudo-achttiende-eeuwse landhuis van een Amerikaanse textielmagnaat in de buurt van Columbus, Ohio. Zijn Joodse ouders hadden een kledingwinkel gehad. Het imposante huis hing vol kostbare schilderijen. Er waren ook paarden op het landgoed, alsof er werd gewacht op mannen in rode jassen voor de vossenjacht. En op een antiek tafeltje in de hal lag de dikke autobiografie van Margaret Thatcher, die werd verlicht door een discreet spotje, als een waardevol kunstobject. Dat boek leek daar helemaal op zijn plek. Thatcher zou waarschijnlijk meer sympathie voor de selfmade Ameri-

* Meer oude Esten dan oud-leerlingen van Eton. Dat de meeste Joden niet uit Estland kwamen, deed er niet toe. Macmillan vond het een geestige woordspeling.

kaanse neparistocraat hebben gehad dan voor de meeste echte aristocratische Engelsen die in een authentiek oud landhuis woonden. Net als Reagan was deze man de belichaming van de Amerikaanse droom. (Later hoorde ik dat Thatcher het gesigneerde exemplaar zelf had achtergelaten bij een recent bezoek.)

Het project van Reagan en Thatcher om hun respectieve land in ere te herstellen bevatte echter wel een merkwaardige paradox. Omdat ze ervan overtuigd waren dat Groot-Brittannië en de Verenigde Staten 'in een steeds slechtere morele gezondheidstoestand verkeerden', zoals George Urban het formuleerde, bedienden ze zich van retoriek die was gedrenkt in heimwee naar de overwinningen van de Tweede Wereldoorlog, toen de macht en het prestige van de Engelsen en Amerikanen op hun hoogtepunt waren.[11] De geest van Churchill werd constant opgeroepen om hun gezamenlijke kruistocht voor de vrijheid en tegen buitenlandse tirannie kracht bij te zetten. En toch betekende hun verlangen naar een radicale vorm van economisch liberalisme een fundamentele breuk met de orde die na de geallieerde overwinning op Hitler en het fascisme was ontstaan.

Na 1945 hadden Groot-Brittannië en de Verenigde Staten naar een grotere sociale en economische gelijkheid gestreefd, een koers die al was ingezet met Roosevelts New Deal. De socialistische regering van Clement Attlee voerde dat verder door dan willekeurig welke Amerikaanse Democraat of Britse Conservatief ooit zou hebben gedaan. Churchill vergeleek Attlees hervormingen weliswaar met het werk van de Gestapo, maar pleitte zelf ook voor een relatief gematigde vorm van kapitalisme, die door Thatcher als hopeloos 'slap' zou zijn afgedaan.

Volgens John Maynard Keynes was het zaak om vooral

tijdens recessies de overheidsuitgaven te vergroten en zo de werkgelegenheid te stimuleren. Hij bleef tot het einde van de jaren zeventig de invloedrijkste westerse econoom. Richard Nixon, een overtuigd Republikein, was bereid om hoge inflatie te riskeren in de strijd tegen de werkloosheid. Maar in Groot-Brittannië was de inflatie in 1976 zo hoog dat de Britten een ongekend hoge lening bij het Internationaal Monetair Fonds moesten afsluiten om hun economie te redden. De regeringen van Heath, Wilson en Callaghan waren ten val gebracht door de eisen van de vakbonden, die vaak werden geleid door militante linkse leiders. Het Carter-tijdperk werd gekenmerkt door een combinatie van hoge inflatie en geringe groei. De invloed van Keynes was tanende. De naoorlogse consensus begon scheuren te vertonen. En Reagan en Thatcher kwamen aan de macht met grootse ideeën om daar iets aan te doen.

Belastingverlagingen, deregulering, ongebreidelde vrijhandel, een aanbodeconomie, terugdringen van de overheid en beperken van de macht van de vakbonden waren de ingrediënten van het recept om de vooraanstaande positie van zowel de Verenigde Staten als het Verenigd Koninkrijk te herstellen. In de rede die hij in 1981 bij zijn inauguratie uitsprak, formuleerde Reagan het als volgt: 'In de huidige crisis is de overheid niet de oplossing van het probleem. De overheid is het probleem.' Margaret Thatcher formuleerde het zeven jaar later op een iets andere manier: 'De samenleving. Zoiets bestaat helemaal niet! Er zijn individuele mannen en vrouwen en er zijn gezinnen. Een overheid bestaat slechts bij de gratie van die mensen, en mensen zorgen in de eerste plaats voor zichzelf.'[12]

Waarschijnlijk was een zekere aanpassing van het keynesianisme ook wel verstandig, maar deze afbraak van de naoorlogse economische orde die de Verenigde Staten en

Groot-Brittannië met zoveel moeite hadden opgebouwd was beslist niet conservatief. Geen socialistische regering had zo fanatiek traditionele regelingen en instellingen gesloopt als Thatcher en Reagan dat deden. Er zouden fortuinen worden verdiend op de Londense aandelenmarkt toen openbare nutsvoorzieningen als telecom-, transport- en elektriciteitsbedrijven overgingen in de handen van particulieren. Door de belastingverlagingen werden de rijken nog rijker. Sommige mensen verdienden heel aardig toen sociale huurwoningen op de vrije markt werden verkocht. Maar het maatschappelijk leed in de oude industriesteden en mijnbouwgemeenschappen was immens. Grote aantallen mensen raakten hun baan kwijt, en hun woede is in de eenentwintigste eeuw nog steeds niet geluwd, met catastrofale gevolgen. Thatcher beschouwde haar conflict met de vakbonden als een oorlog. Ze behandelde stakende mijnwerkers als verraders.

Thatcher en Reagan presenteerden zichzelf en elkaar gewoonlijk als de belichaming van hun machtige land, zij als een soort Boudica van de Britse stam en hij als de ruige individualist uit het Westen. Ze riepen dat ze opkwamen voor oude Angelsaksische waarden – vrij ondernemerschap versus het Franse of Japanse etatisme. Maar de belangrijkste inspirator achter hun drang om de markten te verlossen van het soort staatsbemoeienis waarvan de zeer Britse Keynes een voorstander was, was afkomstig uit het Oostenrijks-Hongaarse Rijk.

Een van Thatchers favoriete auteurs was Friedrich August Hayek, de Weense econoom die geloofde dat een grote overheid en een planeconomie altijd rampzalig waren voor een land. Zijn stelling, die hij tijdens de Tweede Wereldoorlog had ontwikkeld en die Thatcher rondbazuinde tegen iedereen die zich binnen gehoorsafstand bevond, was dat het socialisme rechtstreeks tot slavernij leidde. Hayeks versie van het economische liberalisme werd onderdeel van de Anglo-Amerikaanse kruistocht voor de vrijheid. Er waren misschien veel mensen betrokken bij het schrijven van Thatchers memoires, maar haar toon is onmiskenbaar:

> Met het verstrijken der jaren beïnvloedde het Britse voorbeeld gestaag andere landen in verschillende werelddelen, vooral wat het economisch beleid betrof. Maar de verkiezing van Ronald Reagan was van direct en essentieel belang, omdat ze aantoonde dat de Verenigde Staten, de meest vrijheidslievende mogendheid die de wereld ooit heeft gekend, op het punt stonden in zaken van wereldniveau opnieuw zelfverzekerd de leiding op zich te nemen.[13]

Over de vraag hoe en waar de Verenigde Staten de leiding op zich moesten nemen, waren Thatcher en Reagan het niet altijd met elkaar eens. In 1981 zei Thatcher tijdens een bezoek aan Washington tegen Reagan dat volkeren aan beide zijden van de Atlantische Oceaan er volledig op vertrouwden dat hij de juiste beslissingen zou nemen voor 'de vrijheid van de algehele mensheid'. Ze citeerde Wordsworth: 'Wij die de taal van Shakespeare spreken moeten vrij zijn of sterven.'[14] En Reagan vergastte Thatcher op inspirerende woorden over gedeelde 'wetten en literatuur, bloedverwantschap en ruggengraat'.[15]

Maar toen Reagan datzelfde jaar, na de opstand van de Poolse vakbeweging (Solidarność) en de daaropvolgende afkondiging van de staat van beleg door de communistische dictatuur, aandrong op economische sancties tegen de Sovjet-Unie, was Thatcher daar faliekant tegen. Verscheidene Europese landen, waaronder Groot-Brittannië, hadden contracten getekend om materiaal voor een aardgasleiding naar Siberië te leveren. Als die overeenkomsten werden verbroken, zouden de Europeanen daar meer onder te lijden hebben dan de Sovjet-Unie. Ondanks al haar toewijding aan de Bijzondere Relatie en haar afkeer van het communisme, koos ze partij voor de Duitsers en de Fransen toen de Amerikanen de NAVO-bondgenoten probeerden te dwingen om hun nationale belangen te schaden.

Iets meer dan een jaar later landden er Argentijnse troepen op de stranden van de Falklandeilanden. Het handjevol aanwezige Britse mariniers kon weinig uitrichten om de bezetting van dit piepkleine stukje Brits grondgebied voor de kust van Argentinië te voorkomen. De junta in Buenos Aires was in extase. De Islas Malvinas, zoals de Argentijnen de Falklands noemen, die al sinds de zeventiende eeuw door Groot-Brittannië waren opgeëist, dreigden in Argentijnse handen te vallen. Rex Hunt, de gouverneur van de Falklandeilanden, zei dat hij 'zich onder geen beding aan die ellendige Argentijnen zou overgeven'.[16] Toch deed hij het spoedig daarna. Generaal Leopoldo Galtieri, de impopulaire militaire leider, kon zich nu laven aan het eerbetoon van enorme mensenmassa's die juichten voor 'de Argentijnse onversaagdheid'. In het parlement zei Thatcher dat de paar moedige bewoners van de koude en winderige archipel, die ze als trouwe onderdanen van de Britse kroon beschreef, moesten worden verdedigd. Voor haar was het een principekwestie. Maar misschien had ze ook last van dezelfde hardnekkige angst die Anthony Eden indertijd had aangezet tot zijn rampzalige avontuur in Suez en die ditmaal werd verwoord door het conservatieve parlementslid Alan Clark, de losbandige rechtse dagboekschrijver en trouwe volgeling van de Iron Lady. Toen hij over de invasie hoorde, zei hij tegen zijn vrouw: 'Het is allemaal voorbij. We zijn een derdewereldland dat nergens goed voor is.'[17]

En zo stuurde Thatcher, die geen oorlogservaring had, na lang debatteren binnen haar kabinet een gevechtseskader van de Royal Navy met twee vliegdekschepen op pad om de Falklandeilanden, dertienduizend kilometer van Groot-Brittannië, te bevrijden. In Washington vonden ze het nogal belachelijk, iets uit een operette van Gilbert and Sullivan. In Buenos Aires vergeleek de Argentijnse schrijver Jorge Luis Borges de oorlog met 'twee kale mannen die ruziemaken om een kam'. Reagan begreep niet goed waarom de Britten zoveel stennis schopten om 'een piepklein, ijskoud stuk land'.[18] Hij probeerde generaal Galtieri nog over te halen om een einde te maken aan de bezetting, maar zonder succes. Belangrijke leden van zijn regering, onder wie Al Haig, de minister van Buitenlandse Zaken, probeerden de Britten ervan te overtuigen dat ze geen geweld moesten gebruiken, maar moesten onderhandelen met de junta. 'Ja, dat is precies wat Haig zou hebben gedaan,' zei Thatcher misprijzend.[19]

Verwantschap en de taal die Shakespeare sprak deden er weinig toe wanneer er Amerikaanse belangen op het spel stonden. Veel Amerikaanse beleidsmakers vonden het veel belangrijker om Argentinië aan hun zijde te houden dan om een oude bondgenoot bij te staan in de strijd om een koloniaal reliek. Uit angst voor Cubaanse en Russische invloed in Zuid-Amerika steunden de Amerikanen vaak militaire dictators die hun eigen landgenoten martelden – iets wat ze vaak hadden geleerd van ter zake kundige Amerikaanse docenten. Jeane Kirkpatrick, de Amerikaanse ambassadeur bij de Verenigde Naties, had Reagan ervan overtuigd dat het de moeite loonde om despoten te beschermen tegen de gemeenschappelijke communistische vijand. Richard V. Allen, Reagans nationaal veiligheidsadviseur, noemde Galtieri een 'majestueuze generaal'. En voor veel Amerikanen leek Argentinië trouwens ook veel dichterbij dan het mistige Groot-Brittannië.

Maar iedereen onderschatte hoe koppig Margaret Thatcher kon zijn. Met nauwverholen weerzin verwierp ze alle dringende Amerikaanse adviezen om een compromis met Galtieri te sluiten. Ze zou zich haar moment van glorie niet laten afpakken. Er werd weer eens naar München verwezen: 'In Groot-Brittannië hadden we ervaren hoe gevaarlijk het was dictators tevreden te stellen.'[20] In Londen tierde ze tegen Al Haig dat de Amerikanen haar vroegen om zich te gedragen als Neville Chamberlain in 1938. Ze zette haar standpunt kracht bij door Haig te wijzen op de portretten van de Duke of Wellington en Lord Nelson die in Downing Street aan de muur hingen. Thatcher besprak de strategie met haar 'oorlogskabinet' in het landhuis van de premier. In haar memoires schreef ze: 'Ik ben blij dat Chequers een grote rol heeft gespeeld in het Falkland-verhaal. Winston had Chequers vaak gebruikt tijdens de Tweede Wereldoorlog en de sfeer droeg ertoe bij ons bijeen te brengen.'[21]

Maar Thatcher had wel een aantal belangrijke en soms tamelijk verrassende bondgenoten. De Franse socialistische premier François Mitterrand gaf haar cruciale militaire steun. De Democratische senator Joe Biden zei tegen de Britse ambassadeur: 'We staan aan jullie kant omdat jullie Britten zijn.'[22] George Shultz, die de Amerikaanse minister van Buitenlandse Zaken was geworden nadat Al Haig was afgetreden, bewonderde Thatcher omdat ze zo duidelijk liet zien dat een westerse democratie voor haar principes wilde strijden. De Anglo-Amerikaanse inlichtingendiensten werkten zoals gewoonlijk ook nauw samen. Maar de belangrijkste bondgenoot van Groot-Brittannië was Caspar Weinberger, de Amerikaanse minister van Defensie. Hij was een trouw aanhanger van het Atlantische Bondgenootschap, een anglicaan, hoewel hij deels van Joodse afkomst was, en idolaat van Churchill. Hij was ervan overtuigd dat Groot-Brittannië zou zegevieren en stelde alles in het werk om te zorgen dat dat ook gebeurde. Hij stelde de Britse troepen een basis ter beschikking op Ascension Island, dat door de Verenigde Staten van Groot-Brittannië werd gepacht, en leverde de munitie, brandstof, luchtafweerkanonnen en raketten die absoluut noodzakelijk waren om de oorlog te kunnen winnen.

Op 14 juni 1982 wapperde de Union Jack weer boven het huis van de gouverneur. De oorlog had vierenzeventig dagen geduurd. Er waren negenhonderdzeven mensen omgekomen, onder wie drie burgers. Sommige Amerikanen mopperden nog dat de Amerikaanse belangen ernstig waren geschaad door de Britse grootheidswaanzin, maar Thatchers politieke reputatie kon niet meer stuk. Door de overwinningsroes dacht men even niet aan de stakingen en rellen die het gevolg waren geweest van haar economische beleid, en ook niet aan het feit dat de astronomische onderhoudskosten van het nationale nucleaire afschrikmiddel de regering-Thatcher hadden gedwongen om radicaal te snijden in het budget van de conventionele strijdkrachten, waaronder dat van de Royal Navy, waardoor de Argentijnen juist in de verleiding waren gekomen om de Falklandeilanden te veroveren.

In de lange en vaak bloedige geschiedenis van Groot-Brittannië was de Falklandoorlog niet meer dan een schermutseling. Het was in elk geval heel iets anders dan D-Day of El-Alamein. Maar in de toespraak die ze in juli hield, legde Thatcher de geestesgesteldheid van een voormalige wereldmacht die zich nog pijnlijk bewust was van zijn verliezen heel goed bloot: 'We zijn niet langer meer een volk dat zich terugtrekt. In plaats daarvan hebben een nieuw vertrouwen herwonnen – voortgekomen uit de economische strijd op het thuisfront en getest en goed bevonden op 13 000 kilometer afstand. [...] We verheugen ons, omdat Groot-Brittannië opnieuw de levenskracht heeft ontstoken die het land generaties lang heeft doen ontvlammen en die vandaag even helder als vroeger is gaan branden. Groot-Brittannië heeft zichzelf hervonden in het zuiden van de Atlantische Oceaan.'[23]

Reagan, die zulke twijfels over het militair machtsvertoon van Groot-Brittannië had gehad, was enkele dagen voor de Argentijnse overgave in Londen om de Bijzondere Relatie te bekrachtigen, waarbij hij Churchill natuurlijk veelvuldig aanhaalde en lovende woorden over Thatchers oorlog sprak. Ja, zei hij, er was in Washington geroepen dat er geen levens van jongemannen opgeofferd moesten worden voor 'een stel rotsblokken en hopen aarde zo ver van huis'. Maar de oorlog was gestreden voor de vrijheid en de democratie: 'Als dat beginsel zo'n vijfenveertig jaar geleden iets krachtiger was gesteund, zou onze generatie misschien niet hebben geleden onder het bloedvergieten van de Tweede Wereldoorlog.'[24]

Diezelfde dag ging Reagan, nonchalant gekleed in een tweedjasje en een opengeknoopt overhemd, als een soort model in een Marlboro-reclame, van top tot teen de stoere cowboy, paardrijden met de koningin bij Windsor Castle. De foto van de president en de vorstin ging al snel de hele wereld over. Een betere illustratie van de warme Bijzondere Relatie was niet mogelijk. Reagans vicestafchef zei vol leedvermaak: 'Zoiets was Carter niet gelukt!'

Het kleine eilandje Grenada, in het oosten van de Caribische Zee, was geen Britse kolonie meer, maar een onafhankelijk lid van het Gemenebest. In 1979 vond er een opstand plaats en greep de marxistische volksmenner Maurice Bishop de macht. De Amerikanen zagen hem als een handlanger van Cuba en de Sovjet-Unie. In 1983 werd Bishop afgezet door een militaire factie in zijn partij. Hij werd neergeschoten en vervolgens werd hem de keel afgesneden. Verscheidene landen in het Caribisch gebied vroegen de Verenigde Staten om in te grijpen. Zonder de moeite te nemen de Britten even op de hoogte te stellen gaf Reagan het bevel voor een militaire invasie, Operation Urgent Fury. De geslaagde inval in deze kleine tropische buitenpost werd door de Amerikaanse regering toegejuicht als een grootse overwinning. Een van Reagans mensen jubelde: 'Grenada heeft bewezen dat het mogelijk was. Daar werd aangetoond dat de communisten met moed en vastberadenheid verslagen konden worden.'[25]

Een van de redenen waarom de Verenigde Staten hun moreel nodig moesten opkrikken was een debacle in Beiroet, waar de Verenigde Staten troepen hadden gestationeerd om de christelijke president van de Libanese regering bij te staan tijdens de bloedige burgeroorlog. Een week nadat Bishop was afgezet in Grenada pleegden islamitische extremisten zelfmoordaanslagen waarbij 241 Amerikaanse militairen om het leven kwamen, een vernederende slag voor de regering-Reagan. Verder was er het zogenaamde Vietnamsyndroom, de heersende opvatting onder Amerikaanse haviken – beter bekend als de 'neoconservatieven', die later zoveel schade zouden aanrichten – dat de Verenigde Staten slap waren geworden na de nederlaag in de Vietnamoorlog en de periode van detente. Het werd tijd dat Amerika 'vastberadenheid' toonde. Grenada bood de kans om dat te doen.

Maar Operation Urgent Fury toonde wel aan dat de Bijzondere Relatie, die Thatcher om de een of andere reden had omgedoopt tot de Buitengewone Relatie (*Extraordinary Relationship*), vaak een illusie bleek te zijn. Aangezien de Britten van tevoren niet over de invasie waren ingelicht, maakte de minister van Buitenlandse Zaken, Geoffrey Howe, zich belachelijk door het parlement te verzekeren dat een aanval haast was uitgesloten. De premier kreeg te horen dat ze zich door president Reagan als een voetveeg liet behandelen. Ze was, in de woorden van Denis Healey, de schaduwminister van Buitenlandse Zaken, 'een brave poedel'.[26] Later liet ze weten hoe ontdaan ze daarover was: 'In het gunstigste geval maakte de Britse regering een machteloze indruk, maar mogelijk zou men ons zelfs van verraad beschuldigen.'[27]

Thatcher was tegen een militaire interventie. Dat vonden de Amerikanen maar ondankbaar en zelfs pervers, omdat ze zoveel hulp had gekregen tijdens de Falklandoorlog. Maar Thatcher betoogde, in zekere zin terecht, dat het conflict op de Falklandeilanden een verdedigingsoorlog tegen een invasie was geweest, terwijl de Verenigde Staten Grenada waren binnengevallen om een nogal onbeduidend regime omver te werpen. Wat het allemaal nog ongemakkelijker maakte, was dat de Engelse koningin officieel het staatshoofd van Grenada was. Thatcher geloofde niet echt dat Grenada het volgende Cuba was of dat de moordenaars van Bishop erger waren dan Bishop zelf was geweest. Maar ze had er uiteindelijk vrede mee. Tegen haar adviseur George Urban zei ze dat de Verenigde Staten Groot-Brittannië een slechte dienst hadden bewezen in Grenada, maar ze had haar les geleerd: 'Zo gedragen grote mogendheden zich nu eenmaal. Het geweten speelt niet echt een rol. Dat is wel erg spijtig.'[28]

(Overigens bleek de regimeverandering in Grenada uiteindelijk een succes. In december 1984 werden er verkiezingen gehouden, en sinds die tijd is het eiland een democratie. Daardoor leek 'regimeverandering' in sommige kringen opeens een succesformule.)

Daarna greep Reagan naar dezelfde remedie als veel andere Amerikaanse presidenten die hun minder machtige bondgenoten tegen de haren in hadden gestreken. Hij nam zijn toevlucht tot vleierij. In Washington ontving Thatcher een prijs van de Winston Churchill Foundation of the United States. Reagan stuurde haar een geestdriftige lofrede: 'Voor internationale aangelegenheden zijn tegenwoordig de moed en integriteit van een Churchill vereist. Hoewel hij niet meer onder ons is, weet ik zeker dat hij zou willen dat we u als de legendarische Britannia zouden zien, een bijzondere vrouw, de belangrijkste verdediger van het rijk.'[29]

Misschien vond Thatcher het wel prettig om zo te worden gevleid, maar ze begreep dat de Britse invloed in Washington beperkt was. Ze was geschokt door de Amerikaanse invasie in Grenada. En ook door de volgende Amerikaanse interventie, ditmaal in Libië. Op 27 december 1985 schoten Palestijnse terroristen die in Libanon waren getraind zeventien mensen neer op de luchthavens van Wenen en Rome. Kolonel Kaddafi van Libië was zichtbaar opgetogen. Reagan bestempelde Libië als 'terroristische staat', besloot het land sancties op te leggen en verwachtte dat de NAVO-bondgenoten zijn voorbeeld zouden volgen. Thatcher was niet geraadpleegd en was helemaal niet van plan om hieraan mee te doen. Ze geloofde niet in sancties.

Toen ontplofte er op 5 april 1986 een bom in een Berlijnse discotheek waar veel Amerikaanse soldaten kwamen. De Amerikaanse inlichtingendiensten vonden aanwijzingen die op een verband met Libië wezen. Reagan besloot Libië te bombarderen om Kaddafi een lesje te leren. Thatcher was het er alweer niet mee eens en wekte de ergernis van de Amerikanen, vooral vanwege haar 'on-Europese gewoonte om geen blad voor de mond te nemen',[30] zoals ze zelf opmerkelijk genoeg verklaarde. (Dat chauvinistische idee, dat de Engelsen zo rechtdoorzee waren, in tegenstelling tot die achterbakse Europeanen op het continent, is een oud cliché, maar daarom niet minder dubieus.) Reagan vroeg toestemming om Amerikaanse bommenwerpers vanaf bases in Groot-Brittannië te laten vertrekken. De Fransen hadden toestemming voor het gebruik van hun vliegbases geweigerd. Hoewel ze twijfelde en bang was voor eindeloze repercussies kwam Thatcher tot de conclusie dat 'Groot-Brittannië het zich niet kon veroorloven Amerika niet te steunen'.[31]

'Premier Thatcher stond zoals altijd achter ons,' schreef Reagan in zijn dagboek.[32] De Fransen hadden daarentegen zelfs niet toegestaan dat Amerikaanse bommenwerpers door hun luchtruim zouden vliegen. Thatchers beleid was om de Amerikanen zo veel mogelijk te steunen, zoals ze in haar memoires schreef, 'zowel door hun het gebruik van de vliegbases toe te staan als door [de Amerikaanse] actie te verdedigen tegen de storm van protest die ongetwijfeld in Engeland en Europa zou losbarsten'.[33] Dat hield het vuur van de Bijzondere Relatie ongetwijfeld brandende. De vraag is of het verstandig was om wederom de kant van Amerika te kiezen terwijl ze het eigenlijk eens was met de Fransen, die tegen bombardementen op Libië waren.

Ondanks alle wederzijdse steun bleven de bommen, en dan vooral atoombommen, een netelige kwestie in de Anglo-Amerikaanse wereld. Thatcher had nog maar net de door Callaghan en Carter in gang gezette deal over de aanschaf van de dure Lockheed Trident C4-kernraketten afgehandeld, of de Amerikanen besloten ze te vervangen door het veel duurdere raketsysteem D5. Daarover hadden ze de Britten niet geraadpleegd, en Groot-Brittannië kon zich dat systeem ook niet echt veroorloven. Een ander teer punt was dat de Britten niets te zeggen hadden over de manier waarop de Amerikanen de in Groot-Brittannië gestationeerde kernwapens zouden gebruiken. Dat zorgde natuurlijk voor een constante stroom van commentaar uit de oppositiebanken over voetvegen en poedels.

Thatcher was echter vooral bezorgd over Reagans droom om dit soort wapens helemaal af te schaffen. Sinds de Tweede Wereldoorlog was het de rol van Britse premiers, te beginnen met Churchill, om Amerikaanse leiders tot voorzichtigheid te manen en de wijze veteraan te spelen aan het hof van de onbesuisde parvenu's. Britse leiders waren altijd onmiddellijk naar Washington gevlogen zodra ze ook maar even de indruk kregen dat een Amerikaanse president een atoombom wilde gooien. In het tijdperk van Reagan en Thatcher waren die rollen omgedraaid. Reagan had een morele afkeer van kernwapens. Hij was juist zo gecharmeerd van de mogelijkheden van Star Wars of het Strategic Defense Initiative (SDI) omdat hij dacht dat kernwapens daardoor wellicht overbodig zouden worden. Hij had zelfs beloofd om de uitkomsten van het SDI-onderzoek te delen met de Russen. Wanneer zowel Amerika als de Sovjet-Unie over de mogelijkheid beschikte om ballistische raketten buiten de dampkring te vernietigen, zou geen van beide partijen een reden hebben om een kernbom te gebruiken.

De Russen waren geschrokken van Reagans droom omdat ze geen moment geloofden dat de Amerikanen hun de geheimen van het SDI zouden toevertrouwen. En het zou buitensporig duur zijn om zelf onderzoek naar ruimtewapens te doen (wat overigens juist een van de redenen was waarom de Amerikanen erop aandrongen). Maar het joeg Thatcher de stuipen op het lijf omdat ze ervan overtuigd was dat de wereld alleen veilig bleef door nucleaire afschrikking – en omdat Groot-Brittannië zich dan natuurlijk niet meer tussen de wereldmachten kon scharen. In 1984 had ze het Congres in Washington herinnerd aan de waarschuwing van Churchill dat de Amerikanen 'vooral moesten oppassen dat ze het atoomwapen niet uit handen gaven'. Misschien kwam het doordat ze Churchill ter sprake bracht of misschien ook wel door haar hartstochtelijke voordracht, maar het Congres begon luid 'Maggie! Maggie!' te joelen. Reagans team was hierover zeer ontstemd. Maar Thatcher liet zich niet zomaar sussen. Ze vond het een afschuwelijk vooruitzicht dat de Amerikanen de Britse bom zouden kunnen verkwanselen door een misplaatste en naïeve overeenkomst met de Russen te sluiten. En dat was precies wat Reagan volgens haar bijna had gedaan in 1985, tijdens een top in Reykjavik met de leider van de Sovjet-Unie, Michail Gorbatsjov.

De twee leiders hadden niet meer van elkaar kunnen verschillen qua temperament of stijl: de geslepen, gecultiveerde Russische intellectueel en de minzame Amerikaanse paardenliefhebber die smeuïge showbizzanekdotes vertelde. Maar toch konden ze het met elkaar vinden. En Gorbatsjov, die de leider was van een ineenstortende economie, had geen sterke onderhandelingspositie. Er werden voorstellen gedaan voor enorme inkrimpingen van het wapenarsenaal, die grotendeels werden geaccepteerd. Reagan bood zelfs aan om de strategische ballistische raketten binnen tien jaar allemaal te ontmantelen. Gorbatsjov ging akkoord, maar alleen op voorwaarde dat het SDI beperkt zou blijven tot laboratoriumonderzoek. Tot grote opluchting van zijn adviseurs weigerde Reagan een dergelijke restrictie op zijn droomproject te accepteren, en zo eindigde de top.

Thatcher was ontzet: 'Toen ik hoorde hoe ver de Amerikanen bereid waren geweest te gaan, was het alsof de grond onder mijn voeten wegzakte.' Ze was ervan overtuigd dat de president 'wiebelig' was geworden, om alvast een woord te gebruiken dat ze later voor Reagans opvolger George H.W. Bush zou gebruiken. 'Ik moest de Amerikanen opnieuw bewegen tot een geloofwaardige afschrikkingspolitiek. Ik besloot daarom naar de Verenigde Staten te vliegen om president Reagan te ontmoeten.'[34]

Een geschiedenis van de Bijzondere Relatie zou mooi kunnen worden verteld aan de hand van foto's van ontmoetingen tussen verschillende Britse en Amerikaanse leiders: een peinzende Winston Churchill die zich buitengesloten voelt in Teheran terwijl de zieke Roosevelt zich naar Stalin overbuigt; Kennedy die grinnikt om een cynische opmerking van Macmillan in Bermuda; Lyndon Johnson die uittorent boven een pijprokende Wilson. En dan de foto van Thatcher en Reagan in Camp David: samen in een golfkar met de president achter het stuur: Thatcher draagt een onberispelijke wollen mantel en schoenen met hoge hakken, terwijl Reagan is gekleed in een leren jack en cowboylaarzen draagt. Reagan hield dergelijke bezoeken het liefst informeel en liet de saaie details graag aan anderen over, maar Thatcher wilde al de prietpraat juist achterwege laten en meteen ter zake komen. Zij was een soort toegewijde boekhouder en dol op details. In dit geval kreeg ze waarvoor ze gekomen was. Het SDI zou worden voortgezet, maar de balans tussen nucleaire en conventionele wapens zou in stand worden gehouden. En wat helemaal bevredigend was: de president 'betuigt nogmaals zijn steun voor de modernisering van de Britse kernstrijdmacht met behulp van de Trident-raketten. Ik had alle reden om tevreden te zijn.'[35]

Merkwaardig genoeg had Groot-Brittannië juist in het tijdperk van de chauvinistische Thatcher, halverwege de jaren tachtig, veel aanzien in Europa. Ze had flair, had een oorlog gewonnen en was een felle tegenstander van het communisme. Met name in Oost-Europa was ze heel populair. En deels omdat haar vertrouwen in Amerika een deuk had opgelopen door Grenada deed ze iets wat naoorlogse Britse premiers al zo vaak hadden gedaan om te laten zien dat hun land er op het wereldtoneel nog toe deed: ze reikte Moskou de hand. Thatcher had Gorbatsjov al eerder dan de Amerikanen herkend als 'een man met wie je zaken kon doen'. Ze genoot blijkbaar meer van haar discussies met de Sovjetleider dan van gesprekken met de charmante maar intellectueel beperkte Reagan. Ze had ontzag voor de macht van de president, maar zag hem niet als een serieuze denker. Ritjes in golfkarren waren niet echt haar stijl. Ze voerde liever een discussie over politiek met iemand die goed tegengas gaf. Het feit dat Gorbatsjov voor zijn eerste top met Reagan in 1987 een tussenstop maakte in Groot-Brittannië toonde aan dat het land nog steeds een rol kon spelen als Europese bemiddelaar tussen Oost en West.

Toch had Thatchers belangrijkste bijdrage aan de Europese zaak niets te maken met de Verenigde Staten of de Sovjet-Unie. Samen met Jacques Delors, de voorzitter van de Europese Commissie, was ze verantwoordelijk voor de Europese Akte, die een ingrijpende aanpassing aan het Verdrag van Rome inhield. Delors, een typisch Franse linkse *dirigiste*, was voorstander van een Europese interne markt met uniforme regels en open grenzen. Dat was voor hem een stap in de richting van een federatie. Thatcher wilde dat nu juist niet. Ze was een Britse gaullist en was voorstander van een losse economische gemeenschap van soevereine natiestaten. Maar ze was er zo van overtuigd dat een Europese interne markt het 'thatcherisme' naar Europa zou brengen dat ze besloot het over het hoofd te zien dat haar economische doelstelling politieke consequenties zou hebben. Het was een verstandshuwelijk dat al snel zou uitlopen op pijnlijke conflicten. Delors begon als een bondgenoot, maar werd het belangrijkste mikpunt van de haat van Britse eurosceptici, onder wie de premier zelf. UP YOURS, DELORS! ('Rot op, Delors!') was de kop in de chauvinistische sensatiekrant *The Sun* toen de voorzitter in 1990 voor een Europese munteenheid pleitte.

In elk geval had Thatcher eindelijk de rol kunnen spelen die veel Europeanen en heel wat Britten, evenals een groot aantal belangrijke Amerikanen, al heel lang voor haar zagen weggelegd. Ze had ervoor kunnen zorgen dat Groot-Brittannië een vooraanstaande rol in Europese zaken speelde zonder de Amerikanen van zich te vervreemden. Aan weerszijden van de Atlantische Oceaan zou voldoende vertrouwen kunnen worden opgebouwd om de Anglo-Amerikaanse orde in een eenwordend Europa te verankeren. De Duitsers wilden het. De kleine noordelijke landen wilden het zeer zeker. Zelfs de Fransen konden zich er misschien in vinden. Maar het mocht niet zo zijn. Thatcher liet haar kans lopen.

Hier speelden niet louter politieke motieven een rol. Thatcher had weinig geduld met buitenlanders, behalve met Amerikanen. Er was wel sprake van een bepaalde wederzijdse fascinatie tussen Thatcher en Mitterrand. Hij bewonderde de dominatrix in haar: 'De ogen van Caligula en de lippen van Marilyn Monroe.' En zij waardeerde zijn intellectuele lenigheid. Maar ze had een enorme hekel aan de Duitse bondskanselier Helmut Kohl. Ze vond hem een dikke Duitse blaaskaak met een jammerlijke voorliefde voor *Saumagen*, een soort worst van gevulde varkensmaag, een specialiteit uit Rijnland-Palts, zijn geboortestreek. Thatcher noemde hem 'de windbuil'. Ze had ook geen goed woord over voor de Italiaanse premier Giulio Andreotti, die volgens haar 'een echte aversie tegen principes' had.[36] Ook Mitterrands opvolger Giscard d'Estaing mocht ze niet, want ze vond hem onuitstaanbaar arrogant. De Fransen, meende ze, waren egoïstisch, halsstarrig en geobsedeerd door hun viriliteit. En wat doorging voor Europees staatsmanschap was in haar ogen corrupt en fundamenteel 'on-Brits'.[37] De enige die wel deugde was Ruud Lubbers. Hij deelde Thatchers afkeer van de Franse en Italiaanse voorliefde voor een keynesiaanse begrotingspolitiek en vertrouwde de Duitsers ook niet, wat misschien nog wel het belangrijkst was.

Thatcher stond niet echt bekend om haar literaire inslag, maar om haar diepste gevoelens over de band tussen de Britten en het door de Fransen beïnvloede vasteland uit te drukken, greep ze naar de 'oude, beduimelde bundel van [haar] favoriete dichter'. Die favoriete dichter was Rudyard Kipling en de titel van het gedicht luidde 'Normandiërs en Saksen', over een Normandische baron die zijn zoon waarschuwt voor het Angelsaksische ras:

> De Saks is niet als wij, Normandiërs. Hij is lang niet
> zo beleefd.
> Maar hij is echt serieus over het recht waarnaar hij
> streeft.
> Als hij nors naar je kijkt, als een os in zijn voor,
> En gromt: 'Da's niet eerlijk', zoon, laat de Saks dan
> ongestoord.[38]

Aan het einde van de jaren tachtig begon het zelfs tot de provinciaalste Britten door te dringen dat hun land qua welvaart enorm bij Duitsland was achtergebleven. Na de oorlog waren de Britten niet zo fel anti-Duits geweest als de Fransen of de Nederlanders. De vernedering van een Duitse bezetting was hun bespaard gebleven, dus voelden ze niet diezelfde onversneden haat en konden ze zich een superieure houding permitteren. In Britse tv-series over de oorlog waren de Duitsers meestal lachwekkend. De oorlog was een rijke voedingsbodem voor Britse komedie, iets wat ondenkbaar was in Frankrijk en al helemaal in Rusland of Polen. Maar toen het eenmaal tot de Britten was doorgedrongen dat de Duitsers het economisch zoveel beter deden, ontstond in Groot-Brittannië het gevoel dat dat eigenlijk oneerlijk was. Groot-Brittannië had tenslotte de oorlog gewonnen. Dit was in de tijd dat Engelse voetbalhooligans het vasteland terroriseerden en daar op lompe wijze oorlogje gingen spelen. Wanneer een Engels team tegen een Duitse ploeg speelde, spreidden de Engelse supporters hun armen alsof ze bommenwerpers waren en werd de melodie van *The Dam Busters*, een populaire Britse oorlogsfilm, luidkeels gezongen. Vaak moesten bovendien de centra van Europese steden het ontgelden, als de moderne strijders de boel kort en klein sloegen.

Alan Clark, die ik al eerder citeerde als de Thatcher aanbiddende chroniqueur, verzekerde mij ooit dat de Britse hooliganmentaliteit 'best eens van nut zou kunnen zijn'. Zover had Margaret Thatcher waarschijnlijk niet willen gaan, maar ondanks haar pragmatische en soms zelfs stoutmoedige politieke beslissingen (de Europese interne markt), waren haar standpunten over het Europese vasteland klaarblijkelijk blijven steken in het jaar 1940, toen de moffen schoften waren, de Italianen opportunisten, de Fransen onbetrouwbaar en die arme Hollanders in elk geval nog kranig.

Dat Kohl zijn best deed om het eventueel ontluikende Duitse nationalisme te bedelven onder een grootse visie op de Europese eenheid ergerde Thatcher alleen nog maar meer. Ze vermoedde een of ander listig Duits complot om stiekem de macht te grijpen in Europa. In 1990 werkte ik voor *The Spectator*, een conservatief weekblad dat sterk pro-Thatcher was. Onze hoofdredacteur interviewde een van Thatchers ministers, Nicholas Ridley, die later de titel baron Ridley of Liddesdale kreeg. De adellijke kettingroker Ridley, die niet bepaald bekendstond om zijn tact, stelde bij deze gelegenheid niet teleur. De EEG, tierde hij door een gordijn van rook, was 'een Duitse bende die van plan was heel Europa over te nemen'. In principe was hij niet tegen het afstaan van nationale soevereiniteit, zei hij, maar 'niet aan dit zooitje. Geef het dan maar meteen aan Adolf Hitler.'[39] Op het omslag van het tijdschrift stond een tekening van Helmut Kohl met een Hitlersnorretje.

De interviewer, Dominic Lawson, de zoon van Nigel Lawson, Thatchers voormalige minister van Financiën, wist waarover hij het had toen hij schreef: 'Waarschijnlijk durft de heer Ridley zijn standpunten over het Duitse gevaar zo zelfverzekerd onder woorden te brengen omdat hij weet dat deze niet significant verschillen van die van de premier.' Dat was ongetwijfeld waar. Maar Ridley had publiekelijk dingen verkondigd die men normaal gesproken alleen onder vier ogen zei. Hij moest aftreden.

Binnen de Conservatieve Partij was een eurosceptische etterbuil aan het ontstaan. Angst en afkeer van Duitsland gingen samen met een groeiende nostalgie naar de mythische zuiverheid van 1940, toen Groot-Brittannië het zogenaamd in zijn eentje opnam tegen de vijanden van het vasteland. Zulke gevoelens, die niet door iedereen in Thatchers kabinet werden gedeeld maar werden aangewakkerd door de rechtse boulevardpers, begonnen in steeds grotere mate te bepalen hoe de premier over Europa dacht. Thatcher vermoedde dat de Duitsers werden geholpen door die geniepige Fransen en steeds meer opschoven in de richting van het soort illiberale, ondemocratische Europa dat Napoleon en Hitler zonder succes tot stand hadden proberen te brengen. In haar memoires schreef ze dat landen als Italië en België er natuurlijk geen moeite mee hadden om de bevelen uit Brussel op te volgen. Maar, schreef ze in haar memoires, 'in Groot-Brittannië was de stemming anders, dat voelde ik'.[40]

Daarom zette Thatcher in 1988 haar eigen visie op Europa uiteen in een beroemde rede die ze gepassioneerd uitsprak op het Europacollege in Brugge. Met een vroege versie, waarin werd gesproken over Europees 'gewauwel' en over de manier waarop Groot-Brittannië in zijn eentje Europa had gered van een eenwording onder 'Pruisische overheersing', had ze zelfs haar eigen diplomaten en de medewerkers van het ministerie van Buitenlandse Zaken ernstig schrik aangejaagd.[41] Maar ook de gematigde versie was een niet al te subtiele aanval op de Europese Gemeenschap. Thatchers Europa zou zich, zoals ze dat later uitdrukte, misschien wel uitstrekken 'tot aan de Oeral' en zou zeker 'ook dat Nieuwe Europa aan de overzijde van de Atlantische Oceaan' omvatten.[42] Haar beroemdste zin was: 'We hebben niet met succes de grenzen van de staat teruggedrongen in Groot-Brittannië om ze op een Europees niveau weer terug te zien komen, met een Europese superstaat die een nieuwe heerschappij uitoefent vanuit Brussel.'

Tot wanhoop van sommige van haar collega's, onder

wie minister van Buitenlandse Zaken Geoffrey Howe, waren de naaste bondgenoten van Groot-Brittannië woedend. Groot-Brittannië begon door deze toespraak, waaraan eurosceptische tory's nog steeds met weemoed terugdenken, langzaam op te schuiven naar de marges van Europa. Thatchers onverdroten atlantisme werd door sommige leden van de regering-Reagan toegejuicht, maar als ze erop had gerekend dat de meeste Amerikanen zouden instemmen met haar vijandige houding ten opzichte van een verenigd Europa, zou ze al snel van een koude kermis thuiskomen. Haar idee dat de Verenigde Staten als een verlengstuk van Europa moesten worden beschouwd, was voor de meeste Amerikanen op zijn zachtst gezegd bizar. Over het algemeen deelden ze ook haar ouderwetse vooroordelen over de Duitsers niet. Als ze Europa nu als een verlengstuk van de Verenigde Staten had gezien, had ze misschien iets meer weerklank gevonden in Amerika, maar zo zagen de meeste Europeanen zichzelf nu juist liever niet.

Maar Thatcher kwam nog meer alleen te staan door haar reactie op een van de belangrijkste gebeurtenissen van de twintigste eeuw. Toen Ronald Reagan in juli 1987 voor de Brandenburger Tor in Berlijn 'meneer Gorbatsjov' smeekte om 'deze muur te slopen', had zelfs hij waarschijnlijk niet verwacht dat zijn hoop al twee jaar later bewaarheid zou worden. Enkele van zijn naaste adviseurs hadden hem aangeraden om zulke provocerende woorden te vermijden. Wat had het voor zin om Gorbatsjov voor het hoofd te stoten? Het was vrijwel onvoorstelbaar dat de muur zou worden gesloopt. Toen daar toch mee werd begonnen, tijdens die glorieuze nacht van 9 november 1989, was Reagan al geen president meer. De volgende dag belde een opgewonden Helmut Kohl met president George H.W.

Bush. Zonder de Verenigde Staten, zei hij hijgend, 'zou deze dag niet mogelijk zijn geweest. Zeg dat maar tegen uw landgenoten.'[43]

Kohl besloot al snel dat een hereniging van Duitsland de enige manier was waarop een explosieve situatie kon worden gestabiliseerd. Oost-Duitsers eisten dat ook tijdens massademonstraties. De eerdere slogan 'Wir sind das Volk!' was veranderd in 'Wir sind ein Volk!' De ondernemendste burgers van de voormalige communistische staat vertrokken al in groten getale naar het Westen. Mensen buiten Duitsland waren over het algemeen minder enthousiast over het idee van een verenigd Duitsland. Bush was zelfs de eerste westerse leider die Kohl steunde bij zijn dramatische beslissing. Zoals hij het later formuleerde: 'Thatcher, Mitterrand en anderen waren bang dat Duitsland voor nog meer rampspoed en ellende zou kunnen zorgen, maar ik helemaal niet.'[44] Een herenigd, democratisch Duitsland, dat stevig was geworteld in het westerse kamp, was tenslotte al heel lang een van de doelen van de NAVO.

Thatcher had nooit echt een band met Bush, en Bush ook niet met Thatcher. Bush was te veel een patriciër, te afkerig van ideologisch fanatisme ('zo'n zogenaamde visie') en veel te 'slap' naar haar smaak. Hij leek te veel op die betuttelende oude tory's die ze al meteen uit haar kabinet had verbannen. En Bush hield er niet van als hem de les werd gelezen. In haar memoires maakte Thatcher de aandoenlijke opmerking dat ze 'later begreep [...] dat president Bush soms geïrriteerd was door mijn gewoonte om aan één stuk door te praten over onderwerpen die me fascineerden'.[45] Maar het waren toch haar vooroordelen die de meeste schade aanrichtten.

Zelfs nadat Bush en, na enige aarzeling, ook alle andere

Europese leiders en zelfs Gorbatsjov hadden ingestemd met de wens van de Duitsers om hun land te herenigen, misschien omdat er geen betere optie was, stond Thatcher nog altijd te zieden van woede langs de zijlijn. Tegen een groep eminente Amerikaanse en Britse historici die ze op Chequers had ontboden om haar duidelijkheid te verschaffen over de vraag of 'de Duitsers te vertrouwen waren', zei ze dat zij ervan overtuigd was van niet. Het probleem was de Duitse 'volksaard': die was agressief, angstig, explosief, enzovoort. Het Duitse beest, betoogde ze, kon alleen in toom worden gehouden door een permanente militaire aanwezigheid van de Amerikanen in Europa en een hecht Frans-Brits bondgenootschap. Maar helaas weigerde Mitterrand, zoals Thatcher het uitdrukte, 'zijn eigen instincten en die van de Fransen te volgen en de Duitse belangen aan te vechten'.[46] Ook zijn opvolger, Giscard d'Estaing, weigerde dat. Thatcher kreeg zelfs de indruk dat hij en Kohl tegen haar samenspanden en een Frans-Duitse as aan het vormen waren, waarbij ze, om het allemaal nog erger te maken, door de Amerikaanse regering werden gesteund.

Bush had in elk geval geen begrip voor Thatchers angst voor de Duitsers. Dat werd duidelijk toen hij in mei 1989, minder dan zes maanden voor de val van de Muur, voor het eerst een bezoek aan Europa bracht als president. Een jaar eerder was Reagan voor de laatste keer tijdens zijn presidentschap naar Europa gereisd om de NAVO-conferentie in Brussel bij te wonen. Hij leek afgeleid en een beetje verdwaasd, liet alle ingewikkelde kwesties over aan George Shultz en keek verheugd op toen Thatcher weer eens over de noodzaak van een sterke nucleaire defensie tegen de Russen begon. Ze herinnerde zich later dat het 'vanaf het begin duidelijk was dat de West-Duitsers waarschijnlijk de voornaamste bron van moeilijkheden zouden vormen'. Ze waren onbetrouwbaar als het om het nucleaire vraagstuk ging en wilden niet meewerken aan de modernisering van de korteafstandsbewapening omdat dit zo impopulair zou zijn bij de Duitse kiezers dat Kohl dan vast de verkiezingen zou verliezen. Toen Thatcher uit Brussel vertrok was ze er echter van overtuigd 'dat de president en ik het eens waren'.[47]

Het daaropvolgende jaar, toen Bush aan de macht was, had Thatcher gehoopt de volgende NAVO-conferentie in Londen te organiseren. Haar voorstel werd afgewezen. Het werd weer Brussel. Maar eerst bracht Bush twee dagen door in Duitsland, waar hij door Kohl, die de president bij aankomst enthousiast had omhelsd, werd getrakteerd op een boottochtje over de Rijn. Dit bezoek, vertelde Brent Scowcroft, de nationaal veiligheidsadviseur, was onderdeel van Kohls herverkiezingscampagne, waarin hij de Amerikaans-Duitse betrekkingen wilde onderstrepen en wilde 'pronken met zijn grote vriend'. Bush maakte de bondskanselier dolgelukkig door een lange toespraak in de Rheingoldhalle in Mainz te houden en Duitsland en de Verenigde Staten 'partners in het leiderschap' te noemen.[48]

Voor Thatcher bevestigde deze opmerking 'de manier waarop de visie van de Amerikanen op Europa zich ontwikkelde'. Ze wist zeker dat het Amerikaanse ministerie van Buitenlandse Zaken onder James Baker III berichten tegen haar en haar beleid verspreidde. Bush was de Bijzondere Relatie aan het afbouwen en richtte zijn blik op Duitsland. 'Ik zou de eerste zijn om toe te geven,' schreef ze, 'dat dit een tamelijk rationele aanpak lijkt als je verkiest de geschiedenis en de banden die daaruit voortvloeien te negeren.'[49] Maar het enige wat Thatcher nu juist niet uit haar hoofd kon zetten was de geschiedenis.

Het was dus niet verwonderlijk dat Bush' eendaagse bezoek aan Londen, dat aan zijn Europese tripje was vastgeplakt, geen succes was. Er waren geen belangrijke toespraken, geen verwijzingen naar Shakespeare, Churchill of bloedverwantschap (hoewel de familie Bush volgens sommigen ergens heel in de verte aan de koninklijke familie verwant was). Toen de president na het diner in Downing Street om commentaar werd gevraagd, zocht hij stamelend naar een antwoord: 'Wat zal ik zeggen, ik heb het verschrikkelijk druk. Ik moet naar huis en heel erg snel naar bed. Nee, ik zeg maar niets.'[50]

Het had er alle schijn van dat Thatcher erin was geslaagd Groot-Brittannië in een positie te manoeuvreren die voorgaande premiers nu juist tegen elke prijs hadden willen vermijden: afgesneden van Europa en niet serieus genomen door de Verenigde Staten. Uiteindelijk werd ze echter gered door weer een oorlog, die de illusie bood dat ze de oude Anglo-Amerikaanse orde in haar oude glorie zou kunnen herstellen. In de zomer van 1990 viel de Iraakse dictator Saddam Hoessein Koeweit binnen. Hij wilde de oliebronnen in bezit nemen en zo een dominante positie in de regio veroveren. President Bush besloot te wachten met militair ingrijpen. Hij wilde de steun van de Arabische leiders. Voor economische sancties waren VN-resoluties nodig. Er moest een coalitie van bondgenoten worden gevormd. De militaire opties werden veelal zorgvuldig afgewogen en soms misschien iets minder zorgvuldig. De Amerikaanse minister van Defensie, Dick Cheney, bracht een bezoek aan Londen en vroeg Thatcher wat zij ervan vond als er kernwapens tegen Irak zouden worden gebruikt.[51] Dat vond ze niet echt een goed idee. Maar ze zou wel tegen Bush hebben gezegd dat het 'niet het moment was om wiebelig te worden'. Groot-Brittannië, zei ze, had dictators al eerder hun zin gegeven. Dat hoefde niemand Bush te vertellen. Hij was net de omvangrijke Churchill-biografie van Martin Gilbert aan het lezen. Bush vertelde later hoe hij zich voorbereidde op een televisietoespraak: 'Ik maakte de taal strakker en versterkte zo de overeenkomsten die ik zag tussen de Perzische Golf en het Rijnland van de jaren dertig, toen Hitler gewoon het Verdrag van Versailles negeerde en kwam binnenmarcheren.'[52]

Nu was Thatcher in haar element. 'De Verenigde Naties,' schreef ze, 'namen resoluties aan, maar binnen korte tijd zou een grootscheepse oorlog uitbreken. Met een goed getraind leger en een regering die vastbesloten was zij aan zij met de Verenigde Staten ten strijde te trekken, leek Groot-Brittannië opeens de echte Europese "partner in het leiderschap".'[53]

Gedurende enkele glorieuze maanden leek het net of het weer 1941 was: Groot-Brittannië streed zij aan zij met de Verenigde Staten. De Duitsers konden geen bijdrage aan de strijd leveren vanwege hun grondwet. De Fransen deden wel mee, maar stuurden minder militairen dan de Britten. Ook andere Europese landen droegen hun steentje bij. Maar voor Thatcher bewees dit allemaal alleen maar dat je er niet op kon vertrouwen dat 'de Europeanen' de vrijheid zouden verdedigen. Dat hele idee, vond Thatcher, was 'belachelijk'. Nee, het Westen kon alleen worden gered door 'de overeenkomsten in bloed, taal, cultuur en waarden die Groot-Brittannië en Amerika verbonden'.[54]

Margaret Thatcher was een dappere vrouw. En het verleden dat ze in herinnering riep – Duinkerken, Churchill, strijden op de stranden, enzovoort enzovoort – was onmiskenbaar heroïsch. Maar het vormde geen adequate basis voor politiek in een wereld die sinds 1941 ingrijpend was veranderd. Ze was in de ban van een nationale mythe die haar beoordelingsvermogen benevelde. En dat was uiteindelijk haar ondergang. Op 1 november 1990, voordat de Golfoorlog echt was losgebarsten, sprak Thatchers trouwe minister van Buitenlandse Zaken, Geoffrey Howe, zich eindelijk uit tegen de schadelijke vooroordelen van de premier die ondermijnend waren voor de positie van Groot-Brittannië in Europa, een continent waar zij naar keek, zoals hij het formuleerde, alsof het een plek was waar 'het krioelt van de mensen met kwade bedoelingen, die, zoals zij het formuleert, samenzweren "om de democratie te vernietigen".' Hij trad af. Een paar weken later deed zij dat ook. Ze was bedroefd en boos, en bleef zich tot de laatste snik gedragen als een churchilliaanse figuur.

Na haar val was Thatcher niet meer zo populair in Groot-Brittannië, behalve onder loyalisten als Alan Clark, die haar aftreden omschreef als een 'aanslag'. Maar in de Verenigde Staten kon ze zich nog laven aan eerbewijzen die veel overdadiger waren dan alles wat ze in Groot-Brittannië had meegemaakt. In 1991 was Thatcher de eregast bij een prijsuitreiking van de Heritage Foundation. Toen de eminente gasten allemaal gingen staan, speelde de kapel van de Amerikaanse marine in vol ornaat een bezielende 'Thatcher Freedom March', die speciaal voor de gelegenheid was gecomponeerd door de eerwaarde J. William Middendorf II.

Twee jaar later was Thatcher in Californië om Reagans tweeëntachtigste verjaardag te vieren in de zojuist geopende presidentiële bibliotheek in Simi Valley. Dit luisterrijke gala werd bijgewoond door sterren uit de showbusiness als James Stewart en Merv Griffin. Ook Betsy Bloomingdale en Rupert Murdoch bevonden zich onder de vijfhonderd gasten, die een enorm bedrag hadden betaald om erbij te mogen zijn. Ze waren gekomen ter ere van Reagan, maar Thatcher was, zoals *The Los Angeles Times* berichtte, 'duidelijk de meest geëerde gast van de avond'.[55]

Ze hemelde de president op omdat hij 'het Rijk van het Kwaad' ten val had gebracht en half Europa had bevrijd. Vervolgens kwam Reagan overeind om Thatchers heldhaftige rol te prijzen. Er was even een gênant moment toen de oud-president, die al enigszins begon te dementeren, zijn hele lofzang woord voor woord herhaalde. Maar het applaus was er niet minder uitbundig om. De Verenigde Staten en Groot-Brittannië hadden wederom een oorlog voor de vrijheid gewonnen, zei hij. Om de gelegenheid op de juiste historische manier te vieren was er een speciale tentoonstelling ingericht in de presidentiële bibliotheek: 'The Art and Treasures of Sir Winston Churchill'.

9
Vriendelijker, zachter

George H.W. Bush was geen welbespraakte man. Hij kwam niet zo bevlogen over als Ronald Reagan en was ook niet zo'n goede verkoper. Zijn conventionele patriottisme werd veelal aan de man gebracht met oninspirerende slagzinnen. Tijdens zijn inauguratietoespraak in 1989 zei Bush dat de Verenigde Staten 'nooit helemaal zichzelf zijn wanneer ze zich niet aan hoogstaande morele principes houden. Als volk hebben we nu zo'n doel. We willen de natie een vriendelijker aangezicht geven en de wereld een zachter aangezicht.'

Hoewel Bush wel enigszins geneigd was om anderen het vuile werk te laten opknappen, kwam hij altijd over als een beschaafde heer, als een discrete en competente vakman, een clublid en een teamspeler. Eigenlijk leek hij erg op de Britse premier, John Major. Major, die in 1990 Margaret Thatcher was opgevolgd, was juist als leider van de Conservatieve Partij gekozen omdat hij niet zo uitgesproken, kleurrijk of twistziek was als zijn voornaamste concurrenten voor die functie. Hij was een intens keurige man die niemand tegen het zere been zou schoppen en in een populair satirisch tv-programma belachelijk werd gemaakt als een grijze man die clichés debiteerde. Major was er de figuur niet naar om heibel te schoppen. Hij was precies het type dat de partij zocht na al het geruzie over Europa en na Thatchers leiderschap, dat vooral tot verdeeldheid had geleid.

Daarom konden de twee leiders het misschien ook zo goed met elkaar vinden. Bush en Major stelden de voornaamste beginselen van het tijdperk van Reagan en Thatcher niet serieus ter discussie – Major was zelfs de protegé van Thatcher – maar zorgden voor rust, streken de plooien glad, vooral in Europa, en maakten het conservatisme ook iets minder hardvochtig. Bush beloofde ook dat hij een nieuw tijdperk van universele vrijheid zou inluiden – een uitspraak die absurd zou hebben geklonken uit de mond van een Britse premier. Maar Bush zou dat op een diplomatieke en voorzichtige manier doen, en vooral niet al te fanatiek.

Volgens Thatcher, en trouwens ook volgens vele anderen, had Reagan de Koude Oorlog gewonnen. De Sovjet-Unie was ten val gekomen. In een beroemd artikel dat tussen de inauguratie van Bush en de verkiezing van Major verscheen, werd gespeculeerd over het einde van de geschiedenis.* De suprematie van de liberale democratie zou nooit meer door een andere ideologie in twijfel worden getrokken. Er hoefde nooit meer een ander regeringsstelsel te worden bedacht. Of zoals Bush het in zijn inauguratietoespraak formuleerde: 'We weten wat werkt: vrijheid werkt. We weten wat goed is: vrijheid is goed. We weten hoe we het leven van de mensen op aarde rechtvaardiger en welvarender moeten maken: door vrijhandel, de vrijheid van meningsuiting, vrije verkiezingen en de uitoefening van de vrije wil zonder inmenging van enige staat.'

Major zei wel dat hij in 2000 'een klasseloze maatschappij' tot stand wilde hebben gebracht, een land dat 'al onze burgers

* Ik verwijs hier natuurlijk naar het essay van Francis Fukuyama, 'The End of History?' dat in de zomer van 1989 in *The National Interest* verscheen.

een betere kwaliteit van leven zou verschaffen',[1] maar dat zou volgens hem worden bereikt door mensen een *hand-up* te geven en geen *hand-out*, ofwel door mensen de helpende hand toe te steken, maar hen niet de hand te laten ophouden.[2] 'De markt' zou ons bevrijden. Majors streven naar egalitarisme was ongetwijfeld oprecht. Maar net als Bush zag hij niet in waarom het nodig was om de ideologie van de vrije markt ter discussie te stellen in de heerlijke nieuwe tijd van ongebreidelde vrijheid. Het socialisme had tenslotte verloren. Sommige mensen zagen onmiddellijk in dat er nogal wat haken en ogen aan dit standpunt zaten. De linkse Franse filosoof Pierre Hassner waarschuwde bijvoorbeeld dat 'de mensheid niet alleen van vrijheid en universaliteit kan leven'.[3] Verbondenheid, identiteit en solidariteit waren minstens zo belangrijk. Maar in de overwinningsroes na de Koude Oorlog zouden juist die belangrijke zaken nauwelijks aandacht krijgen. Nu er geen communistische vijand meer hoefde te worden verslagen, was een sociaaldemocratisch alternatief veel minder urgent geworden.

De Amerikaanse president en de Britse premier kwamen uit een totaal ander milieu. Bush was een telg uit een voorname yankeefamilie, een alumnus van Yale en een onderscheiden held uit de Tweede Wereldoorlog, die zijn land had gediend in uiteenlopende hoge overheidsfuncties, waaronder die van vicepresident, waarbij hij het in elk geval had laten voorkomen alsof hij dat allemaal had gedaan omdat hij het aan zijn stand verplicht was. Major, de zoon van een circusartiest en leverancier van tuinornamenten, had alleen een middelbareschooldiploma.* Hij was in 1943

* De vader van Major had trouwens tien jaar in de Verenigde Staten gewerkt als circusartiest en als profhonkballer op niet al te hoog niveau.

geboren, in de tijd dat Bush heldendaden verrichtte als piloot bij de marine. Maar ondanks hun verschillen verkeerde Bush liever in het gezelschap van Major dan in dat van de bazige Thatcher. En de president behandelde Major niet zo uit de hoogte als de snobs van de Conservatieve Partij. (Ik herinner me de redactievergaderingen bij *The Spectator*, waar Majors Zuid-Londense accent en zijn ideeën over de klasseloze maatschappij geregeld belachelijk werden gemaakt, tot grote hilariteit van de meeste aanwezigen.) Over Major zei Bush: 'Ik stel zijn gezelschap gewoon op prijs. Ik hou van zijn gevoel voor humor. Ik hou van zijn eergevoel, zijn gevoel voor fatsoen. En ik ben dol op zijn vrouw.'[4]

Dus daar zaten ze dan met z'n allen in december 1990 in Camp David voor een houtvuur bij de kerstboom, Bush met cowboylaarzen aan en Major in een gemakkelijke trui, zo knus als het maar kon, terwijl een koor van het Amerikaanse leger kerstliederen voor de twee families zong. Het is een sereen en vredig beeld, als een victoriaanse kerstprent. Maar Bush had toen al besloten dat hij oorlog zou gaan voeren.

Saddam Hoessein weigerde een einde te maken aan de bezetting van Koeweit en zou waarschijnlijk niet van gedachten veranderen voordat het ultimatum van de Verenigde Naties op 15 januari 1991 afliep. De Europese Gemeenschap overwoog om een diplomatieke missie naar Bagdad te sturen. De Italianen wilden de hulp inschakelen van Yasser Arafat, de Palestijnse leider, in de hoop dat hij een uitweg zou vinden. Over de Fransen schreef Bush in zijn dagboek: 'Mitterrand zelf was fantastisch. Maar de Fransen op het ministerie van Buitenlandse Zaken zijn uit op een compromis en willen hun eigen agenda er doordrukken.' En 'de rest van de Europeanen wil geen geweld gebruiken'.[5] De Duitsers, die gebonden waren aan hun grondwet, die alleen de inzet van Duitse militairen ter verdediging van het NAVO-grondgebied toestond, wilden wel meebetalen, maar konden verder niet veel doen. Edward Heath, de voormalige premier, wekte de ergernis van het Britse ministerie van Buitenlandse Zaken door naar Irak te reizen om te zien of hij Saddam er nog van kon overtuigen zich terug te trekken. (De Britse tabloids maakten hem uit voor *appeaser*, een Chamberlain in München en zelfs voor 'verrader'.) Sommige Congresleden en prominenten van Labour waarschuwden dat de oorlog ook rampzalig zou kunnen verlopen. Ze waren bang dat Saddam chemische of biologische wapens zou gebruiken. Er waren al noodplannen opgesteld waarin werd uitgegaan van vijftigduizend Britse doden.[6] Maar er stond ook veel op het spel, niet in de laatste plaats de olietoevoer naar de Verenigde Staten en hun bondgenoten. Bush beweerde dat het conflict met Irak het 'belangrijkste morele vraagstuk sinds de Tweede Wereldoorlog' was.[7] Hij vergeleek Saddam Hoessein met Hitler.[8]

Toen ze in de presidentiële limousine op weg waren naar hun kerstfeest in Camp David vertelde Bush Major over zijn oorlogsplannen. De aanval zou beginnen zodra het ultimatum van de Verenigde Naties was verstreken. 'Om 04.00 in de ochtend van 16 januari?' vroeg Bush. 'Wat vind je daarvan?' Bush had er alle begrip voor als Major nog even moest nadenken of met zijn kabinet wilde overleggen, maar de premier aarzelde geen seconde. Major, herinnerde Bush zich, 'verklaarde onmiddellijk dat de Britten tot het einde toe van de partij zouden zijn. Dat zal ik nooit vergeten. Hij was de eerste buitenlandse leider en de eerste buiten onze eigen kring die van onze oorlogsplannen wist – en dat was ook gepast gezien zijn betrouwbaarheid en onwankelbare steun, en daarvóór die van Margaret Thatcher.'[9]

En weer werd de Bijzondere Relatie nieuw leven ingeblazen tijdens een oorlog. De Britse bijdrage was nogal onbeduidend vergeleken met de Amerikaanse, maar geenszins symbolisch: er werden meer dan dertigduizend militairen uitgezonden en de Britse luchtmacht was verantwoordelijk voor 5 procent van alle gevechtsmissies. De Fransen namen ook deel, maar weigerden aanvankelijk hun troepen onder Amerikaans bevel te plaatsen. De conservatieve Duitse krant *Frankfurter Allgemeine Zeitung* verzuchtte gefrustreerd: 'Tijdens de Golfoorlog was het oude Europa alleen het koor. De Britten en de Fransen waren de vastberaden koorleiders en Duitsland was een jammerend, huilend koorknaapje.'[10] GEEN BLOED VOOR OLIE was een van de populaire slogans op spandoeken bij Amerikaanse bases in Duitsland.

Bush probeerde de toon van een principiële oorlogsleider aan te slaan, of zelfs die van een leider met een visie. 'Er staat veel meer op het spel,' zei hij op de dag dat de aanval begon, 'dan een klein land [Koeweit], namelijk een groot idee – een nieuwe wereldorde waarin verschillende landen zich verenigen voor de gemeenschappelijke zaak om de universele doelen van de mensheid te bereiken: vrede en veiligheid, vrijheid en de rechtsorde.'[11]

Dat grote idee was natuurlijk helemaal niet zo nieuw, maar een aftreksel van oude opvattingen over de Angelsaksische missie om de wereld van de tirannie te bevrijden. Bush was weliswaar een vastberaden leider, maar net als Major hield hij wel rekening met de publieke opinie. Hij hield altijd nauwlettend in de gaten wat er over hem werd geschreven. Aan het einde van het Reagan-tijdperk was er vaak angstig gesproken over het economische succes van de Duitsers en de Japanners, die een bedreiging voor de superioriteit van de Amerikanen zouden vormen met hun 'soft power' en industriële kracht. Er verschenen veel bestsellers – *Japan as Number One* was een kenmerkende titel – waarin dergelijke dingen werden beweerd. Daaraan kwam voorlopig een einde door de Golfoorlog. *The Wall Street Journal* kraaide triomfantelijk: 'Al die verhalen over Duitsland en Japan als nummer één zijn snel verstomd. De Iraakse crisis toont wel aan dat de Verenigde Staten de enige echte supermacht zijn.'[12] Een Vietnam-veteraan die in *The New York Times* werd geciteerd, sprak waarschijnlijk namens vele anderen: 'Videorecorders komen uit Japan en Mercedessen komen ook ergens vandaan, maar wat nu in het Midden-Oosten gebeurt, komt overduidelijk uit Amerika. Volgens mij is dat voor het eerst sinds de Tweede Wereldoorlog een reden om trots te zijn.'[13]

Operation Desert Storm verliep zo succesvol dat de oorlog slechts iets langer dan een maand duurde. Irak probeerde nog een grootschaliger conflict uit te lokken door Scud-raketten op Tel Aviv af te schieten, maar de Verenigde Staten wisten de Israëliërs ervan te overtuigen zich gedeisd te houden. Op 27 februari werd Koeweit bevrijd. Iraakse soldaten die over de 'snelweg van de dood' naar Bagdad vluchtten werden door Amerikaanse, Britse en Franse troepen gebombardeerd tijdens een actie die door opgewonden soldaten als 'een schietkraam' werd beschreven. Duizenden geblakerde lijken lagen in de woestijn tussen de restanten van brandende voertuigen en tanks. De volgende dag riep Bush een staakt-het-vuren uit. Er waren 110 000 operationele vluchten uitgevoerd. Zo'n tweeduizend Koeweiti's waren gedood door Iraakse troepen. Honderdachtendertig Amerikaanse soldaten, zevenveertig Britten en negen Fransen kwamen om tijdens de gevechten. Er vielen ook enkele slachtoffers uit Senegal, Egypte, Saoedi-Arabië en een paar andere geallieerde landen te betreuren. Tijdens tankgevechten en bombardementen en in de schietkraam kwamen meer dan dertigduizend Iraakse militairen om het leven.

Maar Saddam Hoessein was nog steeds de leider van zijn land. Op de radio verklaarde hij dat de Amerikanen tot overgave waren gedwongen. Margaret Thatcher en andere strijdlustige types in Groot-Brittannië en de Verenigde Staten bekritiseerden Bush omdat hij de troepen van Saddam had laten ontkomen en rieden hem dringend aan om op te trekken naar Bagdad. Major werd ervan beschuldigd dat hij het gevecht niet wilde aangaan. Een van Majors topadviseurs buitenlandbeleid, de plechtige Percy Cradock, merkte op: 'De Irakezen lagen voor pampus. Ik was er voetstoots van uitgegaan dat ze dan ook wel zouden worden afgemaakt.'[14]

Bush besloot echter te stoppen zodra de Iraakse bezetting van Koeweit beëindigd was. Dat was per slot van rekening wat in de VN-resolutie was bepaald. Hij was bang dat de geallieerde coalitie van negenendertig naties, waaronder enkele Arabische landen, geen stand zou houden bij een invasie van Irak. Wanneer er meer bombardementen op vluchtende soldaten werden uitgevoerd, zou de oorlog uitdraaien op een slachtpartij, en dat zou niet goed overkomen. Korea- en Vietnam-veteranen waren bang dat ze zouden worden meegezogen in een eindeloos conflict. En Major wees er later terecht op dat ze de oorlog waren begonnen om de rechtsorde te herstellen en niet om deze te schenden. Bush was misschien verstandig geweest, maar in sommige kringen bleef men morren, vooral nadat Saddam massaslachtingen had aangericht onder de Koerdische en sjiitische rebellen, die door Bush waren aangemoedigd om in opstand te komen, maar geen hulp hadden gekregen van de Verenigde Staten nadat ze zijn advies hadden opgevolgd. Het strekt Major tot eer dat hij Bush ervan wist te overtuigen dat hij veilige enclaves voor de Koerden moest creëren, maar dat gebeurde pas nadat er al veel schade was aangericht.

Het voornaamste was dat Bush zijn doel had bereikt, met substantiële hulp van de Britten. Hij ging er niet prat op, maar bedankte zorgvuldig alle bondgenoten die hem hadden bijgestaan, onder wie Gorbatsjov. En in zijn dagboek gaf hij toe dat de oorlog geen 'duidelijk einde' had gehad. Er was geen Battleship Missouri-moment geweest, zoals in 1945, toen de Japanners in de Baai van Tokio de capitulatie hadden ondertekend in het bijzijn van generaal Douglas MacArthur: 'Daarom is de gelijkenis met de Tweede Wereldoorlog niet compleet.'[15] En toch schoot Bush als gevolg van deze zege in de Golf in de Amerikaanse opiniepeilingen omhoog naar 90 procent van de stemmen, terwijl Major in de peilingen hoger scoorde dan alle Britse premiers sinds Winston Churchill.[16]

Daaruit bleek, volgens Bush, dat 'niets het Amerikaanse leiderschap zou kunnen vervangen'. Dat zei hij in een toespraak tijdens een gezamenlijke sessie van het Amerikaanse Congres. 'In het aangezicht van de tirannie,' vervolgde hij, 'zou niemand enige twijfel moeten hebben omtrent de Amerikaanse geloofwaardigheid en betrouwbaarheid. Laat niemand onze onverzettelijkheid tarten.' Niets had de orde die tijdens de Tweede Wereldoorlog tot stand was gebracht zo duidelijk kunnen bekrachtigen als deze zege: 'Opnieuw hebben Amerikanen zich vrijwillig gemeld en geëmotioneerd afscheid genomen van hun familie voordat ze naar een vreemd land vertrokken.'[17] Het was ook een bekrachtiging van de Bijzondere Relatie, want Groot-Brittannië was standvastig gebleven, terwijl de Europeanen hadden geaarzeld en de Japanners en Duitsers thuis waren gebleven. Bernard Lewis, de Midden-Oosten-deskundige van Princeton, en duidelijk een havik, merkte tegen *The Washington Post* op: 'Deze crisis heeft weer duidelijk laten zien hoe loos de Europese pretenties zijn.'[18] Daar leek de Belgische minister van Buitenlandse Zaken het wel mee eens. Uit de Golfoorlog was gebleken dat Europa 'een economische reus, een politieke pygmee en een militaire larve was'.[19]

De overwinning in de Golfoorlog kan echter op verschillende manieren worden geïnterpreteerd. Als we Bush moeten geloven was deze het hoogtepunt van het naoorlogse Amerikaanse succes. De Anglo-Amerikaanse orde had op alle fronten gezegevierd: de Koude Oorlog was gewonnen en nu was ook de Arabische Hitler verslagen door een brede coalitie van landen, onder aanvoering van de Verenigde Staten, met Groot-Brittannië als secondant. Achteraf bezien kunnen we het waarschijnlijk beter beschouwen als een moment van hybris dat de basis legde voor toekomstige rampspoed. Doordat de superioriteit van de Anglo-Amerikaanse orde en daarmee van de Bijzondere Relatie eens te meer tijdens een militair bondgenootschap leek te zijn bewezen, werd het voor beide landen vrijwel onmogelijk om vraagtekens te plaatsen bij de overtuigingen die na de Tweede Wereldoorlog waren ontstaan. Progressieve en conservatieve haviken in de Verenigde Staten waren het erover eens dat vrijheid en democratie met militair geweld konden worden opgelegd. En de Britten werden gesterkt in hun geloof dat het land onvoorwaardelijk de kant van Washington moest kiezen. Deze beide overtuigingen zouden ernstig op de proef worden gesteld tijdens een afschuwelijke oorlog die vrijwel onmiddellijk na afloop van de Golfoorlog in een uithoek van Europa losbarstte.

John Major was niet anti-Europees. Al meteen nadat hij premier was geworden, begon hij te werken aan het herstel van de Britse betrekkingen met andere Europese landen, met name Duitsland, die ernstige schade hadden opgelopen tijdens Thatchers premierschap. Major geloofde dat zijn partij en ook zijn land dat nodig hadden om de interne verdeeldheid waar het 'Europa' betrof te overwinnen. Weliswaar was hij in 1989 drie maanden Thatchers minister van Buitenlandse Zaken geweest, maar Major wist weinig van buitenlandse betrekkingen of van welke buitenlandse aangelegenheden dan ook. Hij liet zich er juist op voorstaan dat hij een doodgewone Engelsman was die van zijn partijtje cricket genoot met een pint lauw bier bij de hand. Maar hij had geen herinneringen aan de Tweede Wereldoorlog en deelde Thatchers vooroordelen over het Europese vasteland niet. Major koos er bewust voor om zijn eerste buitenlandse redevoering in Duitsland te houden. De beroemdste regels van zijn toespraak voor de Konrad-Adenauer Stiftung in Bonn luidden: 'Mijn doelen voor Groot-Brittannië in de Gemeenschap kunnen eenvoudig onder woorden worden gebracht: ik wil dat we zijn waar we thuishoren. In het hart van Europa. En dat we met onze partners samenwerken aan het bouwen van de toekomst.'[20]

Helmut Kohl was opgetogen dat er nu een andere toon werd aangeslagen. *Le Monde* schreef enthousiast: 'Interventies, tirades, geruzie en gestampvoet behoren duidelijk tot het verleden. In plaats daarvan krijgen we de glimlachende, kalme, beminnelijke nieuwe Britse premier.' Er was echter niets wat Thatcher en haar aanhangers meer had kunnen storen. Ze had er persoonlijk voor gepleit om Major als haar opvolger te benoemen, en nu stond hij de boodschap van haar rede in Brugge ronduit tegen te spreken. Ze wilde nu juist níét dat haar land zich in het hart van Europa bevond. Major was er helemaal niet blij mee dat Thatcher al had aangekondigd dat ze niet van plan was om rustig van haar pensioen te gaan genieten. Ze had er de pest in dat ze de macht was kwijtgeraakt en had beloofd dat ze 'zou meesturen vanaf de achterbank'. Die opmerking was in de eerste plaats bedoeld voor Bush, want ze maakte zich continu zorgen dat hij in een oorlog weleens 'wiebelig' zou kunnen worden, maar Major vatte het persoonlijk op en werd daardoor nog defensiever. Terwijl Major zijn best deed om het goed te maken met Europa, begon Thatcher meteen agressieve toespraken te houden waarin ze waarschuwde voor de Duitse overheersing. Dat deed ze op de Amerikaanse televisie.

Thatcher werd gesteund door de Brugge-groep, een bonte verzameling nationalisten die zich veelal aan de flanken van de Conservatieve Partij bevonden. Een harde kern van deze eurosceptici, die Major in een onbewaakt ogenblik 'die klootzakken' noemde, en Thatcher zelf, zouden Major het leven zuur blijven maken. Maar hij jutte ze wel extra op doordat hij hetzelfde deed als andere conservatieve premiers die na hem zouden komen: hij probeerde ze kwijt te raken door ze te paaien.

Een van de ergste frases uit het lexicon van de Britse eurosceptici is 'Verdrag van Maastricht'. Dit is het verdrag dat in februari 1992 werd gesloten en waardoor de Europese Economische Gemeenschap de Europese Unie werd. Voordat het verdrag werd ondertekend en de lidstaten op economisch en politiek vlak nog nauwer gingen samenwerken, had Major al duidelijk gemaakt dat Groot-Brittannië niet zou deelnemen aan de plannen voor een Economische en Monetaire Unie (EMU) en ook niet aan het Sociaal Protocol, waarmee de sociale rechten van werknemers werden gewaarborgd, zogenaamd omdat 'het Britse concurrentievermogen' daarmee zou worden ondermijnd.[21]

De andere Europese landen deden alles om de beminnelijke premier tegemoet te komen, vooral nadat hij had gedreigd het verdrag te saboteren als Groot-Brittannië zijn zin niet kreeg. Uiteindelijk ging de EU verder met zowel de EMU als het Sociaal Protocol, nadat Groot-Brittannië voor beide een uitzonderingsclausule had weten te bedingen. Major was trots dat hij dit had bereikt. Zijn persvoorlichter verklaarde dat het 'game, set and match' was en bevestigde zo het algemene beeld in Groot-Brittannië dat het land verwikkeld was in een constante strijd met de rest van Europa. Aanvankelijk werd Major nog geprezen in de pers omdat hij zo'n succesvolle slag had geslagen voor zijn land. Zelfs Thatcher sprak van een briljante prestatie.

Maar 'die klootzakken', onder aanvoering van de voormalige premier, keerden zich al snel tegen Major. Het Verdrag van Maastricht werd ondertussen steeds meer als een schande gezien. Thatcher herhaalde de formule die ze ooit tijdens een parlementair debat over Europa had gebruikt: 'Nee, nee, nee en nog eens nee!' Het verdrag maakte de weg vrij voor een federaal Europa, zei ze. Die uitzonderingsclausules betekenden helemaal niets. Major was een onderhandelaar zonder werkelijke overredingskracht geweest. Woedende eurosceptici eisten dat het Britse volk in een referendum zou kunnen stemmen voordat er een beslissing werd genomen over een gemeenschappelijke munteenheid. Major weigerde ja of nee te zeggen. Om die reden werd hem verweten dat hij arrogant was en de wensen van 'het Britse volk' negeerde, een argumentatie die telkens weer zou opduiken.

Een catastrofe in de Britse economie zou een enorme

stimulans blijken voor de eurosceptici. In 1990 had John Major (als minister van Financiën) Margaret Thatcher met veel moeite weten over te halen om Groot-Brittannië te laten toetreden tot het Europees Wisselkoersmechanisme (WKM), een economisch systeem waarin de wisselkoersen van de Europese valuta slechts binnen bepaalde nauwe marges mochten fluctueren. De koppeling van de koers van het pond aan die van de Duitse mark werd gezien als een instrument om inflatie tegen te gaan. De Duitsers zouden voor de nodige discipline zorgen – voor te veel discipline zelfs, zoals zou blijken.

Het probleem was dat Groot-Brittannië had geweigerd om toe te treden tot het WKM toen dat in 1979 werd geïntroduceerd en het pond zwakker was. Een nog ernstiger probleem was dat Groot-Brittannië aan het begin van de jaren negentig door een diepe recessie ging. Door het WKM kon de regering de rente niet verlagen om de economie te stimuleren, omdat de waarde van het pond dan zou dalen ten opzichte van de mark. En devaluatie zou een onverdraaglijk gezichtsverlies betekenen. Als de Duitsers akkoord waren gegaan met een verlaging van hun rentetarieven had de hele toestand misschien voorkomen kunnen worden. Maar Duitse schrikbeelden van de hyperinflatie in de jaren twintig waren nog niet vervlogen en de integratie van het verpauperde Oost-Duitsland kostte handenvol geld, dus weigerden ze dat te doen. Op 10 september hield Major een van weinig realiteitszin getuigende toespraak waarin hij zei dat hij alles zou doen om het pond binnen het WKM te verdedigen. Beleggers dumpten massaal Britse ponden. In één dag stegen de rentetarieven met maar liefst 5 procent. Speculanten stonden klaar om hun slag te slaan. En op 16 september, de dag die in het vervolg bekend zou staan als Zwarte Woensdag, kondigde de Britse regering aan dat het pond sterling gedwongen was het WKM te verlaten.

Major heeft zich nooit echt van deze vernedering weten te herstellen. Dat de ramp het gevolg was van de koppeling van de valuta aan een Europees mechanisme, dat geïntroduceerd zou zijn ter bevordering van de Duitse belangen, was een bevestiging van alles wat eurosceptici al heel lang riepen. Ze roken het bloed van de man die de euvele moed had gehad om de plaats van hun geliefde Thatcher in te nemen en genoten zo van hun overwinning dat ze het debacle Witte Woensdag besloten te noemen. Norman Lamont, Majors minister van Financiën, eerder een fanatiek voorstander van het WKM, werd nu een van 'die klootzakken' en beweerde dat hij 'uit volle borst in bad had gezongen' toen het pond was gedwongen het WKM te verlaten.[22]

Major begon nu zelf ook terug te krabbelen van zijn ideeën over de betrekkingen tussen Groot-Brittannië en Europa. Een jaar later schreef hij een artikel in *The Economist* waarin hij bijna als Thatcher klonk en betoogde dat 'het aan de landen is om Europa te bouwen en niet aan Europa om te proberen landen af te schaffen'. De Europese plannen voor een gemeenschappelijke munt waren 'even bizar en effectief als een regendans'.[23] Hij had het goed gezien dat er problemen van zouden komen wanneer de monetaire unie niet werd geschraagd door een politieke unie. Maar het was wel dom dat hij de hele gedachte dat die munt er zou komen verwierp (zes jaar later vormden elf Europese landen de facto een monetaire unie). Het hielp Groot-Brittannië in elk geval niet aan een plek in het hart van Europa.

Net als veel andere Britse leiders wist Major echter nooit helemaal zeker wat dan wél de plek van Groot-Brittannië was. De keuze tussen nauwere banden met Europa of de Bijzondere Relatie was beslist niet altijd even gemakkelijk, en Major hoopte maar dat hij die nooit zou hoeven maken. Voor hem was het geen optie om de Europese Unie te verlaten. Tegelijkertijd geloofde hij dat er geen Europees alternatief was voor het bestaande trans-Atlantische bondgenootschap. Door de NAVO bleven de Verenigde Staten garant staan voor de Europese veiligheid, en 'wij zijn het tweede land van de NAVO'.[24] Daarom was het volgens hem idioot om te gaan kiezen tussen Europa en de Verenigde Staten.

En toch zou Major uiteindelijk wel kiezen, maar zijn keuze zou nogal ironisch zijn. Zijn grootste conflict met Washington betrof een afschuwelijke oorlog waardoor voor het eerst sinds de Tweede Wereldoorlog weer concentratiekampen verrezen en massamoorden plaatsvonden in Europa. Het Anglo-Amerikaanse bondgenootschap deed aanvankelijk niets om een einde aan de oorlog te maken, maar toen de Verenigde Staten geloofden dat een gezamenlijke en vermoedelijk harde interventie nodig was om een nog groter bloedbad te voorkomen, drongen de Britten er zelfs bij de andere Europese landen op aan een dergelijk ingrijpen te verhinderen.

Een van de onvoorziene gevolgen van de ineenstorting van het communisme in Europa was het uiteenvallen van Joegoslavië. Josip Broz Tito, de leider die alle staten van Joegoslavië bij elkaar had gehouden, was in 1980 gestorven. In juni 1989 hield de Servische leider Slobodan Milošević, een communistische apparatsjik die inmiddels een nationalistische demagoog was geworden, een opruiende toespraak op het Merelveld. Dat was de plek van een oud slagveld in Kosovo, waar de Servische prins Lazar in 1389 volgens de overlevering was verslagen door een Ottomaans leger, omdat er verdeeldheid heerste in de Servische rangen. De islamitische vijand had de christelijk-orthodoxe Serviërs vernederd. Daar zouden ze nu wraak voor nemen, beloofde Milošević. De Serviërs, waar ze ook woonden, zouden hun waardigheid terugkrijgen en zich verenigen ter nagedachtenis aan de tragische helden van de Slag bij Kosovo. De grondslag voor een Groot-Servië was gelegd.

Uit angst voor een Servische reconquista scheidden Slovenië en Kroatië zich in 1991 af van de Socialistische Federale Republiek Joegoslavië. Daarop besloot de Servische minderheid in Kroatië, die vreesde voor haar toekomst en werd opgehitst door Milošević, haar delen van het land op te eisen. Er braken bloedige gevechten uit tussen de Servische en Kroatische troepen. Het Joegoslavische Nationale Leger, dat werd aangevoerd door Serviërs, schoot de Kroatische Serviërs te hulp. Nog bloediger gevechten en slachtpartijen waren het gevolg. Uiteindelijk wisten de Kroaten het grootste deel van hun grondgebied te behouden, met uitzondering van een Servische enclave die onder toezicht van de Verenigde Naties werd gecreëerd. Het was de eerste stap in de verwezenlijking van de vreselijke Servische term 'etnische zuivering'.

Een jaar later besloot Bosnië-Herzegovina, een multietnische staat met een bevolking die voor 44 procent uit moslims, 32 procent uit Serviërs en 17 procent uit Kroaten bestond, zich af te scheiden na een referendum dat door de Bosnische Serviërs was geboycot. Milošević reageerde met extreem geweld. Servische milities met namen als Gele Wespen en Tijgers, die werden aangevoerd door meedogenloze ex-criminelen, staken samen met troepen van het goed getrainde Joegoslavische Nationale Leger de Servische grens over en vielen Zvornik aan, een stad in Bosnië. Er werden moskeeën vernietigd en huizen geplunderd. Moslims en andere niet-Servische burgers werden uitgemoord. Overlevenden werden uit de stad verdreven en ondergebracht in gevangenissen en concentratiekampen, waar velen werden gemarteld, verkracht en gedood. Dit was pas het begin van de Bosnische Oorlog. Toen de gevechten in 1995 werden gestaakt, waren meer dan honderdduizend mensen omgekomen, van wie bijna de helft burgers.

De eerste reactie uit Washington zou kunnen worden samengevat met de woorden van James Baker III, Bush' minister van Buitenlandse Zaken: 'Deze zaak gaat ons niet aan.' In zijn memoires legde Baker uit dat er geen vitale belangen van de Verenigde Staten op het spel stonden. De schijnheilige Milošević kletste zich eruit en ontkende iedere verantwoordelijkheid voor de gruweldaden van de Serviërs in Bosnië, die werden aangevoerd door de gestoorde psychiater en zondagsdichter Radovan Karadžić. Maar het was Milošević die de troepen bewapende, financierde en aanstuurde. Toch was hij in de ogen van veel westerse leiders een minder geloofwaardige incarnatie van Hitler dan de schurkachtige Saddam Hoessein. Daarom lieten de Amerikanen het met alle genoegen aan de Europeanen over om dit karwei zelf op te knappen. Als het ze zou lukken, zou het weer een last minder zijn, en zo niet, dan zou het eens te meer bewijzen dat de Verenigde Staten het enige onmisbare land waren. Als Europa ooit de kans heeft gehad om aan te tonen dat het ook actie kon ondernemen zonder de Verenigde Staten, was het toen. In de nogal absurde woorden van Jacques Poos, de Luxemburgse minister van Buitenlandse Zaken: 'Dit is het uur van Europa, niet het uur van Amerika.'

Ongetwijfeld maakten alle partijen in deze oorlog zich schuldig aan gruweldaden, maar het was duidelijk dat er een morele reden was om in te grijpen: dit ging niet om oliebronnen in een emiraatje, maar om een kleine multi-etnische staat die dreigde te worden weggevaagd door een regime dat zijn zinnen had gezet op 'etnische zuivering'. Dergelijke barbaarse toestanden hadden zich sinds 1945 niet meer in Europa voorgedaan. Maar toen Baker de Europese leiders tot gezamenlijke actie probeerde te bewegen, kreeg hij alleen uitvluchten en mooie woorden te horen. Volgens de Britten was het allemaal de schuld van de Duitsers omdat ze de onafhankelijkheid van Kroatië te snel hadden erkend. De Portugezen, die voorzitter van de EU waren, zeiden dat de Fransen dwarslagen. De Duitsers voelden zich niet geroepen om in te grijpen en konden dat trouwens ook niet vanwege hun grondwet. Na een halve eeuw van rust, vrede en Amerikaanse bescherming leken de West-Europeanen verlamd nu ze werden geconfronteerd met massaal geweld.

De interessante vraag is waarom de Britten zo weinig geneigd waren om in te grijpen. Al die verhalen over de strijd tegen tirannie, de Angelsaksische liefde voor de vrijheid en het uitdrijven van de geest van Chamberlain leken opeens tot een ander tijdperk te behoren. Konden de Britse herinneringen aan hun finest hour alleen worden aangewakkerd wanneer de Amerikanen het heft in handen namen? Had het einde van de Koude Oorlog ook meteen het einde van de Bijzondere Relatie betekend, omdat die nu niet meer nodig was, zoals sommige mensen beweerden? Het was hoe dan ook merkwaardig dat er van overheidswege zo onverschillig werd gereageerd nu er op een paar uur vliegen van Londen een bloedbad plaatsvond.

Baker was ervan overtuigd dat de Europeanen niet alleen werden gehinderd door bureaucratische traagheid – iedere beslissing moest unaniem zijn – maar ook door historische vooroordelen. Toen hij John Major vroeg of de Britten konden helpen om een einde te maken aan de verschrikkingen in Bosnië of in elk geval hulp konden bieden aan de slachtoffers, antwoordde de premier: 'In theorie wel, ja', maar 'in de praktijk niet'.[25] Major zei dat hij eerst de andere Europese leiders moest raadplegen. Dat was vaak een excuus om niets te hoeven doen. Baker was ervan overtuigd dat de Britten en de Fransen partij kozen voor Servië, hun oude bondgenoot in de strijd tegen nazi-Duitsland, terwijl de Duitsers 'de Kroaten consequent het voordeel van de twijfel gaven' – de Kroatische fascisten waren in de Tweede Wereldoorlog bondgenoten van nazi-Duitsland geweest, hoewel zelfs de SS geschokt was door hun barbaarse praktijken.[26]

Baker zat er misschien niet helemaal naast. De Servische officieren in hun smetteloze uniform werden soms gezien als heren met wie men zaken kon doen, terwijl de ontwikkelde en seculiere Bosnische moslims als uitschot werden beschouwd. De Serviërs noemden hen 'Turken', hoewel zij etnisch niet van de Serviërs verschilden. Maar de voornaamste reden waarom de Britten en de Fransen de Serviërs steunden had toch vooral te maken met een voorkeur voor een kille vorm van realpolitik. Veel mensen waren ervan overtuigd dat de oorlog was uitgebroken vanwege 'oude haat en nijd'. Het ging hier, vond men, om een akelige burgeroorlog en niet om een invasie van een soevereine staat. Als er werd ingegrepen, zou dat de zaken alleen maar erger maken. Aangezien de Serviërs de belangrijkste mogendheid in het voormalige Joegoslavië waren, waren zij, zo meende men, de aangewezen partij om de orde te herstellen, al deden ze dat met harde hand.

Daarom waren de Britten tegen het instellen van een vliegverbod om doodsbange burgers tegen bombardementen te beschermen, tegen een gewapende interventie om ervoor te zorgen dat er humanitaire hulp kon worden geboden, tegen het opheffen van het wapenembargo, waardoor de Bosniërs verstoken bleven van de wapens die ze nodig hadden om zich te verdedigen. Daarom onthield Groot-Brittannië zich ook van stemming bij een VN-resolutie waarin 'etnische zuivering' gelijk werden gesteld aan genocide. En hoewel John Major en zijn minister van Buitenlandse Zaken, Douglas Hurd, de andere Europeanen er meestal de schuld van gaven dat er niet werd ingegrepen, waren het doorgaans de Britten die dwarslagen. Zo dachten andere Europese leiders er in elk geval wel over. De Poolse premier Tadeusz Mazowiecki zei in mei 1993: 'Telkens wanneer zich een kans voordeed om daadwerkelijk iets te doen, werd dat door een bepaalde westerse staatsman [Hurd] verhinderd.'[27]

Margaret Thatcher, die nog steeds meestuurde vanaf de achterbank, had geen ongelijk toen ze dit beleid een 'schande' noemde. Ze was verontwaardigd over Hurds opmerking dat het opheffen van het wapenembargo alleen een *level killing field* zou creëren. Dat killing field bevond zich in Europa, zei ze. Dat lag 'binnen de invloedssfeer van Europa. Het zou ook in onze gewetenssfeer moeten liggen. [...] We zijn niet veel meer dan medeplichtigen aan massamoord.'[28]

De Britse minister van Buitenlandse Zaken zag het echter anders. Hij herinnerde zich het debacle van Suez, de oeverloze strijd in Vietnam en de voortdurende onlusten in Noord-Ierland. Zijn vorm van realisme was eerder voorgekomen in de Britse geschiedenis. In de jaren zeventig van de negentiende eeuw weigerde Benjamin Disraeli om de Bulgaren te helpen toen deze werden afgeslacht door de Ottomaanse Turken. Hij zag de Turken als een solide bolwerk tegen de Russen. Het nationaal belang ging voor morele verontwaardiging. Gladstone, die op dat moment in de oppositie zat, geloofde daarentegen dat verzet tegen massamoord een principekwestie was. Disraeli en koningin Victoria deden hem af als een fanaticus. Zo deden Major en Hurd mensen die kritiek leverden op hun beleid ook af als 'zemelaars' en druktemakers die 'de held uithingen met de levens van anderen'.[29]

Het gedrag van Major en Hurd was te verwachten. En ook dat van president Bush, die tijdens de Golfoorlog bevlogen toespraken had afgestoken over een nieuwe wereldorde, maar nu terugschrok voor een oorlog in Europa. Hun zin voor realiteit was een reactie op de ideologische geestdrift die het tijdperk van Reagan en Thatcher kenmerkte. Zowel Bush als Major beweerde, zonder veel bewijs, dat de publieke opinie in eigen land fel tegen deelname aan weer een nieuwe oorlog gekant zou zijn. Hurd stelde Bush' idee van een nieuwe wereldorde zelfs ter discussie. Zoiets bestond helemaal niet, zei hij: 'We hebben een oude verzameling ongeregeldheden in de wereld en we proberen ons, geval voor geval en institutie voor institutie, te wapenen om deze ongeregeldheden adequater aan te pakken.'[30] Daar zat wat in, maar de mensen in Bosnië, die uit hun huizen werden gejaagd om te worden vermoord, verkracht of opgesloten in kampen, hadden daar helemaal niets aan. Sarajevo, de kosmopolitische hoofdstad van Bosnië, werd belegerd. Het vliegveld was gesloten. En de plaatselijke bevolking werd iedere dag vanuit de omringende heuvels beschoten door Servische kanonnen en mortieren. De Servische generaal Ratko Mladić was trots op zijn scherpschutters: 'Elke keer dat ik in Sarajevo kom, schiet ik in het voorbijgaan gewoon iemand neer. [...] Ik schop die Turken helemaal verrot. [...] Ik maak ze kapot.'[31]

Maar na een tijdje kon men in West-Europa niet meer om de krantenartikelen en televisiereportages over de slachting heen. Op het omslag van *Time* stond een foto van een uitgemergelde jongeman die met holle ogen door het prikkeldraad van een Servisch concentratiekamp staarde, met de kop MUST IT GO ON?[32] Thatcher merkte op: 'Ik had nooit gedacht dat ik in mijn leven nog een Holocaust zou meemaken.'[33] Meer dan een miljoen vluchtelingen probeerden een goed heenkomen te vinden.

Bush weigerde nog altijd om Amerikaanse troepen te sturen. Canada, Groot-Brittannië en Frankrijk droegen wel soldaten bij aan de VN-vredesmacht, de blauwhelmen. Hoewel er in december 1992 een VN-resolutie werd aangenomen waarin de lidstaten werd verzocht 'alle noodzakelijke middelen' aan te wenden om de soevereiniteit van Bosnië-Herzegovina te herstellen, kreeg de VN-vredesmacht geen bevoegdheid om over te gaan tot gevechtshandelingen, behalve wanneer er sprake was van zelfverdediging. Ze waren daar om de humanitaire hulp te beschermen en niet om de Bosnische moslims te verdedigen. En hun kwetsbare aanwezigheid zou als reden worden aangewend om geen NAVO-luchtaanvallen op Servische doelen toe te staan. Later werden de Bosnische Serviërs zelfs zo brutaal dat ze vredessoldaten gijzelden.

In 1992 vond in Londen een ruzieachtige conferentie plaats. Het resultaat was een 'beginselverklaring' waarin werd verkondigd dat de mensenrechten moesten worden geëerbiedigd, de grenzen bewaakt en etnische zuivering veroordeeld. Men beloofde de Serviërs handelsovereenkomsten en economische steun als ze hun gewelddadigheden zouden staken. De VN zou toezicht houden op de zware wapens in Bosnië en een vliegverbod opleggen. In de tussentijd zou er worden gezocht naar een diplomatieke oplossing. De Britten en de Fransen, die hadden gewild dat het voormalige Joegoslavië niet uit elkaar was gevallen, zochten nu naar manieren waarop ze Bosnië in etnische enclaves konden verdelen, waarmee ze de resultaten van de etnische zuivering dus in wezen formaliseerden.

Maar het maakte allemaal geen enkel verschil. Beloftes werden verbroken. De vrede werd niet gehandhaafd. De massamoorden gingen door. James Baker herinnerde zich enigszins zelfvoldaan hoe het hem was gelukt om het vliegveld van Sarajevo open te stellen voor humanitaire hulp. In Washington bedacht men een nieuw plan: men zou de Serviërs dreigen met economische sancties, het staken van olieleveringen, het verbreken van de diplomatieke betrekkingen en zelfs, als dat nodig was, multilaterale luchtaanvallen. De EEG keurde het plan goed. De VN stelde een ultimatum. De Serviërs gingen akkoord met de openstelling van het vliegveld. De Franse president François Mitterrand vloog er onmiddellijk in een helikopter naartoe om er met de *tricolore* te wapperen. Er landde een Frans transportvliegtuig met voorraden. De blauwe VN-vlag werd voor de terminal van de luchthaven gehesen. En terwijl Mitterrand daar hulpeloos stond toe te kijken, bleven de Serviërs toch schieten op burgers in appartementsgebouwen waar het water en de elektriciteit waren afgesloten.

In zijn memoires vertelt Baker dat hij ervan overtuigd was dat de 'humanitaire nachtmerrie' nooit had kunnen worden voorkomen door 'welke combinatie van politieke, diplomatieke en economische maatregelen dan ook'. Dat was alleen gelukt wanneer er onmiddellijk militair was ingegrepen. Maar, concludeerde hij: 'Het besluit van Bush dat het voor onze nationale belangen niet noodzakelijk was dat de Verenigde Staten van Amerika voor de vierde keer deze eeuw oorlog zouden voeren in Europa, met het onvermijdelijke verlies van Amerika's zonen en dochters dat daarvan het gevolg zou zijn, was volkomen juist.'[34]

Toch bleek uit de Bosnische Oorlog duidelijk dat de Britten en de Amerikanen hun pretenties om in de bres te springen voor vrede en vrijheid lang niet altijd waarmaakten. De ruzie over Bosnië tussen Londen en Washington kwam pas later, toen er een nieuwe president aan de macht was gekomen. Het jaar 1992 was een campagnejaar. Bush' campagneleider was James Baker. Bill Clinton verweet Bush dat hij zo passief was gebleven toen hij werd geconfronteerd met een genocidale oorlog. Zijn woorden klonken stoer. Wat nodig was, zei Clinton, was een *lift and strike*: het wapenembargo moest worden opgeheven zodat de Verenigde Staten wapens aan de belegerde Bosnische moslims konden leveren en er moest hard worden aangevallen wanneer de Serviërs in de weg stonden. De Britten wilden niets weten van een lift and strike en de Fransen al evenmin.

Hoewel de Amerikanen net in een economische recessie zaten, was het kamp van Bush vol vertrouwen. Hij was tenslotte de wereldleider die de Golfoorlog had gewonnen en daardoor tot grote hoogte was gestegen in de peilingen. De sympathieën van de regering-Major waren geen geheim. Campagneleiders van de Conservatieven, die er in 1992 in waren geslaagd om Major gekozen te krijgen door Labour-leider Neil Kinnock af te schilderen als een onbetrouwbare socialist die belastinggeld zou verspillen, werden naar Washington gestuurd om het campagneteam van Bush te adviseren. De Conservatieven zagen dit als een noodzaak omdat een Republikeinse nederlaag een bedreiging zou kunnen zijn voor de Bijzondere Relatie. Er werd zelfs in de dossiers van het ministerie van Binnenlandse Zaken gegraven naar schadelijke informatie over Bill Clinton uit de tijd dat hij in Oxford studeerde. Op de ochtend van de verkiezingen stuurde Douglas Hurd een privételegram naar Baker, zijn voormalige ambtsgenoot. 'Ik zal vandaag vaak aan jullie denken,' schreef hij. 'Dat jullie aan het slot van deze jacht alle eenden mogen neerhalen.'[35]

Maar Clinton was Kinnock niet. De verkiezingscampagne van Bush was nooit echt van de grond gekomen. De eendenjacht verliep rampzalig. Bush was verbijsterd door zijn nederlaag en citeerde Winston Churchill, die na zijn verkiezingsnederlaag in 1945 zei dat hij 'een schop onder zijn kont' had gekregen, ofwel dat hij was ontslagen. En dat, zei de held van de Golfoorlog, 'is precies de positie waarin ik me vandaag bevind'.[36]

10

Te veel overtuiging

Bill Clinton was in 1946 geboren. Hij was de eerste Amerikaanse president die geen herinneringen aan de Tweede Wereldoorlog had. Hij was ook de eerste die in Groot-Brittannië had gestudeerd, namelijk van 1968 tot 1970 in Oxford. John F. Kennedy had in 1935 een toelatingsverzoek ingediend bij de London School of Economics, maar had zich moeten terugtrekken omdat hij ziek was. In Oxford had de bebaarde Clinton meegedemonstreerd tegen de Vietnamoorlog, en daarom wilden de Conservatieven – om Bush terzijde te staan bij zijn herverkiezingscampagne – graag weten of er in de dossiers van het ministerie van Binnenlandse Zaken iets te vinden was waaruit bleek dat hij de Britse nationaliteit had aangevraagd. Er werd niets gevonden.

Ondanks zijn verblijf in Groot-Brittannië was Clinton geen anglofiel, en hij was ook duidelijk immuun voor de aanhoudende nostalgie naar de oorlog. Hij was ook niet afkomstig uit de hogere klassen van de Oostkust, waar de snit van een mooi Engels pak nog werd gewaardeerd, maar uit het provinciale Arkansas, waar hij opgroeide als de stiefzoon van een alcoholistische autoverkoper. Een premier van de Conservatieve Partij wiens medewerkers hun best hadden gedaan om te voorkomen dat Clinton werd gekozen, hoefde dus niet op zijn welwillendheid te rekenen. Clinton maakte in de winter van 1992 niet eens tijd vrij voor een ontmoeting met John Major.

Gegriefdheid over de inmenging van de Conservatieven bij de presidentscampagne was niet de enige reden waarom Groot-Brittannië geen grote rol speelde in het wereldbeeld van Clinton. In zijn campagne had hij beloofd om de positie van de Amerikaanse economie te verbeteren en banen te creëren. In dat opzicht was hij een *America Firster.* Hoewel Groot-Brittannië de grootste investeerder in de Verenigde Staten was, hadden landen als Duitsland en Japan meer economische macht. Clinton had ook een fermere toon aangeslagen waar het Bosnië betrof. Hij nam, althans verbaal, afstand van Bush en constateerde dat de Verenigde Staten toch belangen hadden in die oorlog: afzijdigheid bij een massamoord was immoreel en schadelijk voor het prestige van het Westen in de wereld. Er zou geweld worden gebruikt, waarschuwde Clinton, als 'de wil van de internationale gemeenschap' werd getart. De Verenigde Staten zouden oproepen tot luchtaanvallen tegen iedereen die humanitaire hulp probeerde tegen te houden.[1] In Washington bezag men de Britse tegenwerking met minachtig. Zonder de Britten te raadplegen werd er ook gesproken over een uitbreiding van het aantal landen dat zitting had in de VN-Veiligheidsraad, ten koste van de Britse invloed. Onder druk van invloedrijke Iers-Amerikanen zoals senator Edward Kennedy wist Clinton de Britten nog zenuwachtiger te maken met de belofte dat hij zich in het Noord-Ierse conflict zou mengen door een 'speciale Amerikaanse vredesgezant' naar Noord-Ierland te sturen. (Die geplande missie was volgens de beoogde gezant Tom Foley een 'bespottelijk' idee; men liet het plan varen, maar kwam er in 1995 weer mee op de proppen.[2])

Nog meer dan al zijn voorgangers leek president Clinton te bevestigen dat Groot-Brittannië er eigenlijk niet zo toe deed. In dat licht was het dus begrijpelijk dat John Major dolgraag Clintons eerste buitenlandse bezoeker in het Witte Huis wilde zijn. De sfeer werd mooi beschreven door Raymond Seitz, de Amerikaanse ambassadeur in Londen, een van de aangewezen mensen om de gekwetste gevoelens aan beide kanten van de Atlantische Oceaan weg te nemen en de Britten het gevoel te geven dat ze toch wel een beetje bijzonder waren. Terwijl hij op de premier wachtte, zat Clinton met zijn medewerkers in het Oval Office te kletsen. Een van zijn medewerkers zei voor de grap: 'Als de pers komt, moet je vooral niet vergeten om "bijzondere relatie" te zeggen.' Waarop Clinton antwoordde: 'O ja, hoe kon ik dat nou vergeten? De "bijzondere relatie".' En hij 'viel achterover van het lachen'.[3]

Maar ten slotte liet Clinton zich tegenover de premier toch van zijn charmantste kant zien. De Noord-Ierse kwestie werd tactvol vermeden, tot Clinton tijdens de persconferentie een vraag kreeg over de Britse mensenrechtenschendingen in Noord-Ierland. Major bracht zijn toehoorders onmiddellijk in herinnering dat er in Groot-Brittannië onschuldige burgers waren gedood door bommen van de IRA. Clinton kon Majors snelle reactie wel waarderen. Major slaagde niet in zijn poging om de Amerikanen ervan te overtuigen troepen naar Bosnië te sturen om het Vredesplan Vance-Owen te verwezenlijken. Dit plan, dat op initiatief van de VN tot stand was gekomen, voorzag in een verdeling van het voormalige Joegoslavië in etnische regio's. Maar Major was wel zo beleefd om Clintons plan om voedsel en medische apparatuur boven Bosnië te droppen 'inventief' te noemen, hoewel zijn ministers van Buitenlandse Zaken en Defensie daar fel tegen waren.[4] In elk geval was er oppervlakkig bezien genoeg bonhomie tussen beide mannen om *The Guardian* te verleiden tot de volgende kop: CLINTON EN MAJOR HERNIEUWEN HET OUDE BONDGENOOTSCHAP.[5]

Dat was te optimistisch. Clinton en Major hadden niet echt een hekel aan elkaar, maar er was ook geen sprake van een innige band. De twee landen werden steeds verder uit elkaar gedreven door de Noord-Ierse kwestie en Bosnië. Niet dat Clinton, ondanks zijn boude campagnetaal, nu de indruk wekte dat hij zich dolgraag in het strijdgewoel in Bosnië wilde storten. Door de rampzalige militaire interventie in Somalië in oktober 1993, waarbij achttien Amerikaanse soldaten werden gedood door plaatselijke milities en er twee door een uitzinnige menigte door de straten van Mogadishu waren gesleept, was al het enthousiasme voor militaire avonturen verdampt. De president, die tijdens de Vietnamoorlog aan de dienstplicht had weten te ontkomen, voelde zich trouwens sowieso niet op zijn gemak in het gezelschap van militairen. Somalië was natuurlijk geen Bosnië. De Verenigde Staten hadden zich er eerst onder Bush en vervolgens onder Clinton om een eerbare reden (de bevolking was aan het verhongeren) mee bemoeid. Maar Somalië was een wetteloos land dat werd geregeerd door krijgsheren die tegen elkaar streden in brute bendeoorlogen. Dat had verschrikkelijke gevolgen voor de Somaliërs, maar in Bosnië stond er politiek gezien meer op het spel. Richard Holbrooke, die later een belangrijke diplomatieke rol zou spelen in de Bosnische Oorlog, schreef in een memo aan Clinton dat Bosnië 'de belangrijkste test van het Amerikaanse beleid in Europa' zou zijn. 'Aanhoudende afzijdigheid heeft gevolgen die de Amerikaans-Europese betrekkingen op de lange termijn zouden kunnen verstoren.'[6]

Belangrijke Republikeinen en Democraten verzochten Clinton dringend om de Serviërs in elk geval te dreigen met luchtaanvallen en het opheffen van het wapenembargo. Zelfs volgens de behoedzame generaal Colin Powell, een belangrijke exponent van het Vietnamsyndroom, was dat de juiste zet. Maar toen de lift and strike in het landhuis van de Britse minister van Buitenlandse Zaken ter sprake kwam, reageerden Major, Hurd en de minister van Defensie, Malcolm Rifkind, verbijsterd. Dat zou onuitvoerbaar zijn. Dat zou de woede van de Serviërs wekken, de humanitaire hulp belemmeren en de Britse blauwhelmen in gevaar brengen. Daardoor zou de oorlog alleen maar langer duren.

Warren Christopher, Clintons minister van Buitenlandse Zaken, kon in andere Europese hoofdsteden al evenmin op veel enthousiasme rekenen, maar de Britten waren het felst in hun afwijzing. De vaakst gehoorde Britse repliek was dat de Amerikanen niet het recht hadden de Serviërs te bedreigen zolang ze zelf geen grondtroepen stuurden. Rifkind, die geen enkele ervaring had als militair, pareerde het verzoek van de Republikeinse senator Bob Dole om een lift and strike met de woorden: 'Jullie Amerikanen weten niets van de verschrikkingen van een oorlog' – een nogal ongelukkige uitspraak tegen Dole, die in 1945 – een jaar voordat Rifkind was geboren – bijna was omgekomen toen hij in Italië tegen de Duitsers vocht.[7]

De toestand verergerde dusdanig dat Christopher de Bijzondere Relatie doodverklaarde. In 1994 verleenden de Verenigde Staten een visum aan Gerry Adams, de Sinn Féin-leider die in Londen als een terrorist werd gezien – en met reden. Dat was voordat Adams had ingestemd met een staakt-het-vuren in Noord-Ierland. De Iers-Amerikaanse lobby had er ongetwijfeld bij Clinton op aangedrongen, maar de uitnodiging was ook een handige manier om de Britten te straffen voor hun obstructie in Bosnië.

De Anglo-Amerikaanse betrekkingen bereikten hun dieptepunt in de winter van 1994, toen Servische troepen oprukten naar Bihać, een eeuwenoude en ooit welvarende stad aan de Bosnische kant van de Kroatische grens, die door de VN was aangewezen als veilige enclave. Tijdens het beleg door het Servische leger was Bihać constant met bommen bestookt en veranderd in een uitgestrekt, smerig vluchtelingenkamp dat verstoken was van voedsel en medische voorzieningen. De beveiliging van de VN was zo ontoereikend dat de Serviërs een VN-hulpkonvooi wisten buit te maken met tonnen voedsel, dat ze vervolgens uitdeelden aan de Kroatische Serviërs. Servische straaljagers vertrokken van de basis in Udbina, vlak over de Kroatische grens, om napalm en clusterbommen op gebouwen vol vluchtelingen in Bihać af te werpen. Onder druk van Washington bombardeerden Amerikaanse, Britse, Franse en Nederlandse NAVO-straaljagers de landingsbaan in Udbina, maar ze zorgden er wel voor om de Servische vliegtuigen niet te raken. Het was een symbolische daad, slechts een speldenprik, maar dat was ook de bedoeling. Meer dan een symbolische daad keurden de VN-gezanten en de Europese regeringen niet goed, omdat een vergeldingsactie van de Serviërs anders niet kon uitblijven.

Clinton keurde de beslissing om te bombarderen goed. Maar er waren ook Amerikanen die veel verder wilden gaan. Daarom werd Bob Dole ook vermanend toegesproken door Malcolm Rifkind over de verschrikkingen van de oorlog. Dole wilde dat de VN vertrok zodat de NAVO met harde hand kon optreden tegen de Serviërs. De Verenigde Staten besloten dat ze het wapenembargo niet langer zouden handhaven. De Britten waren woedend dat de Amerikanen het durfden te wagen partij te kiezen. De NAVO was nu verdeeld tussen de Amerikanen en de Europeanen.

De Amerikanen, en trouwens ook enkele Britse kranten, suggereerden dat het spook van Chamberlain weer rondwaarde bij Major en zijn ministerie van Buitenlandse Zaken. De Fransen zagen een kans om gebruik te maken van de scheuring binnen de NAVO en nodigden de Britten uit om het Amerikaanse leiderschap te verzwakken en de rol van een puur Europees leger te versterken – iets wat nog altijd eerder theorie dan werkelijkheid was. Major en Hurd stonden open voor het idee. Het was, volgens wel meer dan één regeringsmedewerker, de ergste trans-Atlantische crisis sinds Suez. Maar in 1956 waren het de Amerikanen die de Europeanen ervan hadden weerhouden om een onbezonnen militaire interventie door te zetten. Nu trokken de Fransen en Britten samen op om te voorkomen dat de Verenigde Staten militair zouden ingrijpen in de bloedigste oorlog in Europa sinds de Tweede Wereldoorlog. Dit Frans-Britse bondgenootschap was al even ongelukkig als het vorige.

Door de timide reactie van de VN en de Europeanen dachten de Servische leiders dat ze hun gang konden gaan. Maar de bloeddorst was hun naar het hoofd gestegen en ze overspeelden hun hand. Tweemaal beschoten ze het centrale marktplein van Sarajevo. Er kwamen meer dan honderd burgers om. Tweehonderdelf VN-soldaten werden met geweld gegijzeld en als menselijk schild vastgeketend aan potentiële NAVO-doelwitten. Zelfs toen waarschuwden Britse en Franse politici voor de gevaren van militair ingrijpen. In april 1992 werd Srebrenica, een andere 'veilige' enclave, ingenomen door Bosnisch-Servische troepen onder aanvoering van generaal Ratko Mladić. De VN, hierin gesteund door Groot-Brittannië en Frankrijk, weigerden de Nederlandse blauwhelmen, die ver in de minderheid waren, de luchtsteun te bieden waarom ze hadden verzocht. Bosnische mannen werden gescheiden van de vrouwen en kleine kinderen. Meer dan zevenduizend mannen en jongens, die soms nog geen twaalf jaar oud waren, werden door het hoofd geschoten en in een massagraf gedumpt.

De Britten en woordvoerders van de VN waren nog steeds tegen represailles. Maar de Franse president Jacques Chirac veranderde van gedachten. Op 14 juli, de nationale feestdag, vergeleek hij het westerse onvermogen om het bloedbad van Srebrenica te voorkomen – en met het Westen bedoelde hij voornamelijk Groot-Brittannië, niet zijn eigen generaal Janvier, die pogingen om de militairen van Dutchbat te steunen had tegengehouden – met München, 1938. Dat was nogal gortig uit de mond van de president van een land dat zich bijna net zo afzijdig had gehouden als Groot-Brittannië. Maar Chirac overtuigde Clinton wel dat hij 'het Westen moest redden' door Milošević te treffen met de volle kracht van het Amerikaanse leger. Het had onmiddellijk resultaat. Er werd een akkoord opgesteld in Dayton, Ohio. De Amerikaanse hoofdonderhandelaar Richard Holbrooke dwong de Serviërs om zich tevreden te stellen met een groot stuk van een voorheen multi-etnische, multireligieuze republiek, die verscheurd en gehavend was door een oorlog van meedogenloze etnische zuivering.

Het Westen was misschien gered, maar de oorlog toonde ook aan dat Europa voor zijn veiligheid nog steeds volledig afhankelijk was van de Verenigde Staten. John Major zei ooit: 'Telkens wanneer de Europeanen hebben geprobeerd om iets aan defensie te doen zonder de Amerikanen, hebben ze er een zooitje van gemaakt.'[8] Maar ditmaal was het vooral de schuld van de Britten. Nu ze voor de verandering de kant van de Europeanen hadden gekozen en niet die van de Amerikanen waren de gevolgen dramatisch. Het Atlantische bondgenootschap was in feite een Amerikaanse orde. Dat was het natuurlijk al heel lang, maar door het gedrag van de Britten in de Bosnische Oorlog was de laatste illusie van een bijzondere Anglo-Amerikaanse relatie vervlogen. Dat leek althans zo. Illusies blijven vaak lang in stand: een volgende oprisping van hoogmoed zou niet lang op zich laten wachten, en deze zou zoveel schade aanrichten dat de herinnering aan de massamoord in de Balkan bijna werd uitgewist.

In 1997 leed John Major een verpletterende nederlaag bij de algemene verkiezingen. Dit kwam niet door zijn beleid tijdens de Bosnische Oorlog. Europa was alweer de voornaamste reden waarom een Britse premier uit Downing Street moest vertrekken. Het land, en met name de Conservatieve Partij, was diep verdeeld over de Brits-Europese betrekkingen. Major had besloten nog niets te besluiten over deelname aan een gemeenschappelijke Europese munteenheid. 'We wachten wel af' was de houding waarmee hij tijd probeerde te winnen, terwijl andere Europeanen haast maakten met hun monetaire unie. Afwachten was het officiële beleid van de Conservatieve Partij, maar 'die klootzakken' en andere conservatieve eurosceptici deden meteen hun uiterste best om dat te ondermijnen. Toen Margaret Thatcher werd gevraagd of ze voorstander was van een gemeenschappelijke Europese munteenheid, zei ze: 'Hemeltjelief, nee! Daarop heb ik juist het antwoord bedacht. Nee, nee, nee en nog eens nee.'[9]

Maar in plaats van zich tegen deze sentimenten te verweren, gaf Major eraan toe. Hij begon zelfs een meer eurosceptische toon aan te slaan en zei op de televisie dat hij spijt had van zijn bewering dat Groot-Brittannië zich 'in het hart van Europa' moest bevinden. Daarmee wist hij de klootzakken niet voor zich te winnen, maar wel zijn trouwste pro-Europese aanhangers van zich te vervreemden, waardoor de splitsing in zijn partij nog groter werd. Tony Blair, zijn opponent van Labour, had volkomen gelijk toen hij zei: 'Er zijn twee Conservatieve Partijen die deelnemen aan deze verkiezingen. Van geen van beide is John Major de baas.'[10]

Europa was niet de enige reden waarom Major verloor. Na achttien jaar van Thatchers leiderschapscultus en het lauwe conservatisme van Major hadden mensen wel genoeg van de tory's. Major was een aardige man die mensen oprecht de kans wilde geven om vooruit te komen in het leven, zoals hij zelf ook was opgeklommen ondanks zijn nederige komaf en een jeugd in het armoedige Zuid-Londen. Maar hij had geen greep meer op de werkelijkheid en was ouderwets, zoals bijvoorbeeld bleek uit zijn visie op Groot-Brittannië, die hij in 1993 uiteenzette voor de Conservative Group for Europa en waar hij vaak om is uitgelachen. Groot-Brittannië, psalmodieerde hij, 'blijft gewoon het land van de lange schaduwen op de cricketvelden, warm bier, onoverwinnelijke groene buitenwijken, hondenliefhebbers en – zoals George Orwell zei – oude vrijsters die door de ochtendnevel naar de Heilige Communie fietsen'.

De Heilige Communie bleek later ook wel naar Tony Blairs smaak, maar verder had hij totaal andere ideeen over Groot-Brittannië: Blairs New Labour beloofde nieuw elan, moderne tijden, opwinding, vooruitgang, nieuwe uitdagingen, nieuwe kansen, vernieuwing op alle fronten. Wat hij werkelijk wilde bleef nogal vaag en was in veel opzichten niet wezenlijk anders dan het beleid van Major. Hij stal zelfs Majors campagneslogan en beloofde mensen geen hand-outs te geven maar hand-ups, een uitdrukking die hij minstens twee keer in zijn autobiografie gebruikte. Maar hij was goedgebekt. Zijn verkooppraatjes sloegen aan, waarbij hij zijn boodschap vaak in merkwaardige staccato-zinnen verpakte: 'Onze partij: New Labour. Onze missie: New Britain. New Labour. New Britain. New Britain. New Britain.'[11]

Dit zou de basis worden voor een nieuwe Anglo-Amerikaanse relatie. Blair en Clinton begrepen elkaar uitstekend. Clinton had tweemaal de presidentsverkiezingen gewonnen, maar voelde zich alleen staan in zijn pogingen zijn zogenaamde Derde Weg – geen socialisme maar ook geen laisser-faire, een beetje links maar wel kapitalistisch, hands-up maar geen hand-outs – aan de man te brengen. Tony en Bill dineerden gezellig samen in Londen met hun echtgenotes, Cherie en Hillary. Bill zei later dat hij al meteen het gevoel had dat ze oude vrienden waren.

Blairs spindoctor, zijn 'hoofd communicatie en strategie' Alastair Campbell, beschreef de eerste ontmoeting tussen Clinton en Blair in november 1995, toen Blair nog in de oppositie zat. Ze hadden het over politiek, maar in wezen ging de discussie over marketing. Daarover zegt Campbell: 'Clinton deed een interessante uitspraak over prestaties, die in het informatietijdperk volgens hem minder belangrijk waren dan presentatie. [...] Net als TB had hij het vaak over peilingen en de media. [...] Hij zei dat het belangrijk was om mainstream-waarden te hebben en een mainstream economisch beleid te voeren.'[12]

De Derde Weg probeerde niet alleen de kandidaten zelf aan de man te brengen, maar ook een meritocratie waarin klassenprivileges geen rol meer speelden. Dat was ook wat Major in de aanbieding had gehad, maar de persoonlijke en politieke ambities van Clinton en Blair waren minder ingetogen en lagen meer in de lijn van Margaret Thatchers 'meritocratische' opvatting dat hebzucht goed was. Peter Mandelson, een van Blairs naaste adviseurs, wist het mooi te verwoorden: 'New Labour doet absoluut niet moeilijk over mensen die stinkend rijk worden.'[13] Het vergaren en zelfs aanbidden van geld, roem en succes zouden in de plaats komen van klassenprivileges. Het was dus niet verbazingwekkend dat Blair en zijn vrouw Cherie aanpapten met popsterren en hun vakantie doorbrachten als gast van de louche Italiaanse parvenu, premier Silvio Berlusconi. Hetzelfde gold voor Clintons besluit, in de laatste dagen van zijn presidentschap, om een suspect gezelschap van rijke internationale fraudeurs die hem financieel hadden gesteund gratie te verlenen. Dat was niet alleen een kwestie van hebzucht, maar ook van strategie. De tijd dat links werd geassocieerd met fatsoenlijke zuinigheid, baarden en sandalen en vijandigheid tegenover de rijken was voorbij. Dat linkse mensen heel veel geld konden verdienen, bewees juist dat de Derde Weg werkte. Dat is een van de redenen waarom Blair de meest Amerikaanse Britse premier is genoemd.

Er was nog een reden. Blair was heel gelovig. Als student in Oxford had hij meer belangstelling voor theologie dan voor politiek. Bill Clinton nam zijn godsdienstige overtuigingen – hij was baptist – wel serieus, maar Blairs anglicaanse geloof, dat hij later zou inruilen voor het rooms-katholicisme van zijn vrouw, had messianistische trekken. Er is wel vaker op gewezen dat het Britse socialisme altijd eerder methodistisch dan marxistisch was. En er waren al vaker vrome Britse premiers geweest. Maar Blair was de eerste Britse premier sinds Gladstone wiens beleid werd bepaald door een zendingsijver om de machten van het kwaad te bestrijden. Blair noemde Gladstone 'een van mijn politieke helden'.[14] Als John Major en Douglas Hurd Disraeli waren, was hij Gladstone. Maar hij had nog meer zendingsdrift dan de grote negentiende-eeuwse politicus.

Een van Blairs mentoren tijdens zijn studententijd was een Australische predikant, Peter Thomson. Over hem schreef Blair: 'Politiek gezien was Peter links, maar het geloof kwam eerst. Daarom was dat voor mij in een bepaald opzicht ook zo. Niet dat hij of ik de twee van elkaar scheidde, maar het kader waardoor je naar de wereld kijkt is anders als het geloof op de eerste plaats komt.'[15] Door dit kader staat de gelovige duidelijk aan de kant van het goede; dat vindt hij althans zelf. In de Verenigde Staten zou Blairs overtuiging niet echt zijn opgevallen. In Groot-Brittannië wel.

Deugdzaam zijn is helemaal niet onverenigbaar met het najagen van geld en wereldlijk succes. Volgens een oude protestantse opvatting zou iemand die daar met succes naar streeft zelfs duidelijk genade vinden in de ogen van God. Deze houding heeft diepe wortels in de Noord-Europese cultuur, maar vooral in de Amerikaanse: het najagen van rijkdom in combinatie met een bepaalde mate van morele zelfvoldaanheid.

Bill Clinton heeft de Derde Weg ooit beschreven als 'een menselijk gezicht op de wereldeconomie plakken'.[16] Maar dat was te bescheiden. Zijn adviseur en onvermoeibare verdediger, de schrijver Sidney Blumenthal, wist de koortsachtige toon die de band tussen Clinton en Blair kenmerkte beter te treffen. De twee leiders ontmoetten elkaar in 1997 op Chequers, het landhuis van de premier, waar ze de strategieën voor de Derde Weg bepaalden. 'De Anglo-Amerikaanse bijzondere relatie,' schrijft Blumenthal, 'had nooit eerder politiek parallel gelopen. Door deze parallel kreeg Clintons presidentschap opeens een nieuwe coherentie en diepgang, en werd zijn koers bekrachtigd. [...] De premier was een bondgenoot als geen ander. [...] Toen Blair in 1997 werd gekozen, had Clinton het gevoel dat hij de leider van een internationale beweging was.'[17]

Blair gaf ook uiting aan dat gevoel toen hij een jaar later een bezoek bracht aan Washington en uitsprak dat het zijn bedoeling was om New Labour aan het hoofd van een 'wereldwijde ideologische beweging' te plaatsen.[18] Die ideeën over globalisering en meritocratie waren niet zo nieuw als de Anglo-Amerikaanse leiders het deden voorkomen, maar waren, zeker in het geval van Blair, wel geïnjecteerd met een passie die rechtstreeks leek terug te grijpen op negentiende-eeuwse ideeën over een gezamenlijke missie om de wereld moreel te verbeteren met behulp van Angelsaksische waarden en liberale idealen. Wat natuurlijk niet meer aanwezig was, was het Britse imperium. En door dit nieuwe 'trans-Atlantische' project zou Blair al snel verstrikt raken in de Europese 'knopen' die zijn voorgangers zoveel ellende hadden bezorgd.

Net als John Major had Blair geen last van vooringenomen ideeën die nog uit de oorlog stamden. Hij verklaarde dat hij 'hartstochtelijk' Europees was. Hij sprak ook redelijk goed Frans. En net als John Major wilde hij dat Groot-Brittannië zich 'in het hart van Europa' bevond. Blair gaf zelfs te kennen dat hij het pond wilde vervangen door de euro. Toch wekte hij met zijn woorden soms de indruk dat hij dat Groot-Brittannië nog altijd als primus inter pares zag. Hoewel het land stevig in Europa was genesteld, moest Groot-Brittannië nog steeds 'een historische rol in de wereld' vervullen als 'belangrijke wereldspeler' die helemaal nieuw en helemaal modern zou zijn.[19]

In zijn memoires beschrijft Blair hoe bijzonder Britse premiers zijn vergeleken bij hun Europese confrères: 'De Britten,' legde hij uit, 'hebben het liefst dat hun minister-president zich ook internationaal doet gelden. De meeste buitenlandse leiders zouden geen enkele aandacht hebben getrokken wanneer ze door High Street in Guildford liepen. De president van de VS wel. [...] Hoe dan ook, Britten zouden willen dat de mensen in Toulouse mij ook zouden herkennen.'[20]

Kort na zijn klinkende verkiezingsoverwinning ging Blair op pad om zijn mede-Europeanen ervan te overtuigen dat de Derde Weg de enige juiste was, maar voor hen klonk dat eerder als het zoveelste verhaal over hoe goed die Engelsen en Amerikanen het voor elkaar hadden. Tegen Europese socialisten verklaarde hij dat het 'sociale Europa' het 'Europa van het volk' moest worden: jong, vitaal, creatief, competitief. De oude sociaaldemocratie van de welvaartsstaat was passé. Er was behoefte aan een dosis fatsoenlijk Angelsaksisch liberalisme, maar wel met 'een menselijk gezicht' natuurlijk.

In Frankrijk was men niet erg enthousiast, want daar had men nog altijd een voorkeur voor etatistisch beleid. De Duitse sociaaldemocratische leider Gerhard Schröder zag wel iets in de Derde Weg, maar de meeste leden van zijn SPD waren uiterst sceptisch. De christendemocratische bondskanselier Helmut Kohl, die nog steeds de koude rillingen kreeg wanneer hij aan Margaret Thatcher dacht, was bereid om warm te lopen voor Blair, maar Blairs eigen toewijding aan de Europese zaak kalfde snel af. Nadat hij aanvankelijk de indruk had gewekt dat hij Groot-Brittannië wilde laten toetreden tot de monetaire unie, nam hij al snel de afwachtende houding aan die Major zoveel schade had berokkend. Hij opperde zelfs dat er een referendum kon worden gehouden. De reden die daarvoor werd gegeven waren de economische verschillen tussen Groot-Brittannië en het vasteland. Maar Blair hield altijd nauwlettend in de gaten wat er werd geschreven in de rechtse tabloids, die nog altijd heel vijandig tegenover 'Europa' stonden.

Ondanks zijn 'hartstochtelijke' gevoelens voor Europa huldigde Blair een traditioneel standpunt over de rol van Groot-Brittannië als brug tussen Europa en de Verenigde Staten. Tijdens een toespraak voor zakenmensen in New York zei hij dat het 'absurd zou zijn om te denken dat Groot-Brittannië een keuze zou moeten maken tussen een band met Europa en een band met Amerika'.[21] Maar als er al een keuze moest worden gemaakt, zou Blair net als bijna al zijn voorgangers naar het laatste neigen. Een van zijn kabinetsleden zei ooit: 'Steun voor de Amerikanen zit in Tony's DNA.'[22] Blair zelf verklaarde met kenmerkende bravoure: 'Als Groot-Brittannië en Amerika samenwerken op het internationale toneel is er weinig wat we niet kunnen bereiken.'[23]

Zoals zo vaak kwamen de Britse pendelbewegingen tussen Europa en de Verenigde Staten het duidelijkst aan het licht tijdens een oorlog. Nadat Clinton er aan het einde van de zomer van 1995 met zijn bombardementen in was geslaagd om Slobodan Milošević tot overgave te dwingen, of in elk geval bereid had gekregen om te onderhandelen, begon hij zich meer op zijn gemak te voelen over het gebruik van militair geweld, vooral wanneer dat vanaf grote hoogte kon gebeuren. Ook Franse, Britse en zelfs Duitse straaljagers hadden deelgenomen aan de NAVO-interventie tegen de Serviërs, maar de Verenigde Staten, volgens Clinton nog steeds 'het onmisbare land', hadden het initiatief genomen en de acties geleid. Er doen zich gevallen voor, zei hij een jaar later, 'waarin alleen Amerika, en geen enkel ander land, een verschil kan maken tussen oorlog en vrede, vrijheid en onderdrukking, hoop en vrees'.[24]

In 1998 gaf de Amerikaanse president opdracht tot raketaanvallen op doelen in Afghanistan en Soedan, landen die als bastions van de terreurbeweging Al Qaida werden beschouwd. In Soedan werd tijdens Operation Infinite Reach een onschadelijke farmaceutische fabriek getroffen omdat men dacht dat er chemische wapens werden geproduceerd. Er zou zeer binnenkort een impeachmentprocedure tegen Clinton worden ingesteld omdat hij onder ede had gelogen over zijn seksuele relatie met de stagiaire Monica Lewinsky. Maar de Verenigde Staten hadden wel een goede reden om Al Qaida aan te vallen. De terroristische organisatie was verantwoordelijk geweest voor aanslagen op Amerikaanse ambassades in twee Afrikaanse landen waarbij 221 mensen om het leven waren gekomen. Blair was zo'n beetje de enige Europese leider die aan de kant van Clinton stond toen de Amerikaanse president besloot om bommenwerpers naar het Midden-Oosten te sturen terwijl hij zich voorbereidde om voor een *grand jury* over zijn seksuele gedrag te getuigen.

De volgende militaire actie in het Midden-Oosten was een puur Anglo-Amerikaanse aangelegenheid. Toen Saddam Hoessein pogingen van VN-wapeninspecteurs om na te gaan of hij massavernietigingswapens produceerde bleef tegenwerken, wilde Clinton de Iraakse machthebber straffen. Volgens neoconservatieven in Washington was het de plicht van Amerika om de wereld van dictators te bevrijden. Clinton was niet neoconservatief. Over het algemeen stonden de neoconservatieven sympathieker tegenover de Republikeinen, maar hun standpunten sloten nauw aan bij die van de zogenaamde liberale haviken in het Democratische kamp. Blair had Saddam al langer in het vizier als een belangrijke bron van het kwaad. Al zijn instincten zeiden hem dat hij de Amerikanen moest steunen. In februari 1998 stond hij in Washington aan de zijde van de president en verklaarde hij: 'We hebben eerder zij aan zij gestaan tegenover de tirannie. Dat is belangrijk, niet uit machismo of om onze internationale viriliteit te tonen, maar omdat het in het belang van een langdurige wereldvrede is dat Saddam Hoessein in toom wordt gehouden.'[25]

Groot-Brittannië was toen voorzitter van de Europese Raad, waarvan het voorzitterschap om de zes maanden rouleerde. De Raad bepaalde het Europese beleid. De EU had geen beleid inzake Saddam. De Fransen waren fel tegen militair ingrijpen. Blair had zich in de nesten gewerkt door plannen te maken over een gezamenlijk Europees leger met Frankrijk, zonder eerst de Verenigde Staten te raadplegen. Dat irriteerde de Amerikanen. Maar onmiddellijk daarna zette Blair nog meer kwaad bloed bij de Fransen door te besluiten om mee te doen met Operation Desert Fox zonder dat aan zijn mede-Europeanen te melden. 'Dit keer besloot Bill dat we moesten optreden,' schrijft Blair in zijn memoires. Daarom bombardeerden Britse Tornado's en Amerikaanse B-1's vier dagen lang Iraakse militaire stellingen, waarna de overwinning werd uitgeroepen. 'Het was een zenuwslopende tijd,' schrijft Blair, 'en de operatie was een beperkt succes.'[26] Saddam was nog altijd aan de macht, hoewel zijn gevechtskracht wel enigszins was 'aangetast'. En de VN-inspecteurs waren uit Irak vertrokken. Maar opnieuw hadden de Britten ervoor gekozen om als enige Europese wapenbroeder Amerika terzijde te staan.

Vergeleken bij de volgende ingreep was Operation Desert Fox maar een vingeroefening. Tony Blairs werkelijke ‘bewustwording van de buitenlandse politiek’ voltrok zich, zoals hij zelf zei, ‘bij de Kosovo-crisis’.[27] Tijdens dit conflict toonde Blair zich in vol ornaat als strijder voor het goede en tegen het Kwaad, en dat stelde ‘mijn persoonlijke relatie met Bill Clinton tot het uiterste op de proef’.[28]

Het begon allemaal toen Milošević, die had moeten inbinden vanwege de Akkoorden van Dayton, besloot op te treden tegen de anti-Servische onlusten in Kosovo, een deel van het voormalige Joegoslavië waar een meerderheid van Albanese moslims woonden. De Serviërs en Albanezen in Kosovo hadden altijd al op gespannen voet met elkaar geleefd. De Albanezen hadden besloten het Servische juk af te werpen en het Bevrijdingsleger van Kosovo opgericht. Er braken hevige gevechten uit. Milošević stuurde politiebataljons en legertroepen. Dit leidde tot slachtpartijen en grote aantallen vluchtelingen, die vast kwamen te zitten in de bergen en geen kant op konden. Met de ijskoude winter in aantocht waren ongeveer tweehonderdduizend Albanezen gedwongen in de open lucht te overnachten. Er werd geprobeerd de zaak met diplomatieke middelen op te lossen. Milošević beloofde zijn troepen terug te trekken, maar brak vervolgens zijn belofte. Aan het moorden kwam geen einde. Blair vond dat de gebeurtenissen in Bosnië zich niet in Kosovo mochten herhalen. Hij gruwde van de gebruikelijke optie om gruweldaden in een ver land te negeren. Het soort ‘realisme’ dat werd geassocieerd met het leiderschap van Major was uit de tijd. Blair: ‘Net als Gladstone vind ik het ook nog eens immoreel.’[29]

In een van de fascinerendste passages van zijn memoires beschrijft Blair hoe hij rond die tijd in de bibliotheek van Chequers op de dagboeken van Chamberlain stuitte. Hij las over diens ontmoeting met Hitler in 1938, toen de Britse leider besloot ‘vrede voor onze tijd’ te kopen en Tsjecho-

Slowakije op te offeren. Blair: 'Ik probeerde me voor te stellen hoe het was om hem te zijn, om te denken zoals hij.' Hij concludeerde dat Chamberlain 'een goed mens' was en werd 'gedreven door goede motieven', maar dat hij een fundamentele fout had gemaakt. Hij had niet ingezien dat het fascisme zo sterk en diepgeworteld was dat het 'met wortel en tak moest worden uitgeroeid'. Churchill zag dit heel goed in. En hij 'had hier op Chequers aan dezelfde tafel gezeten'[30] waar Blair zat na te denken over belangrijke historische kwesties en verstandig leiderschap. 'Waarom wilde ik zo graag ingrijpen [in Kosovo]? Ik zag het vooral als een morele kwestie. En dat werd in zekere zin de grondslag van mijn visie op buitenlands en militair ingrijpen.'[31]

In mei 1999 bezocht Blair een Albanees vluchtelingenkamp. Zodra hij uit de Black Hawk-helikopter tevoorschijn kwam begonnen mensen te juichen en 'Tony! Tony!' te roepen. Mensen vertelden hem verhalen over gruweldaden, en hij vergeleek de deportaties van Kosovaarse moslims met wat de Joden eerder was overkomen. 'Dit is geen gewoon militair conflict meer,' zei hij, 'het is een strijd tussen goed en kwaad, tussen beschaving en barbaarsheid.'[32]

Clinton had gehoopt dat hij buiten een volgend militair conflict op de Balkan zou kunnen blijven. In Washington beschouwde men Kosovo als een Europees probleem. De Russen en de Fransen hadden weinig zin in een NAVO-interventie. Milošević betwijfelde of het Westen bereid was om oorlog te voeren, en daarom bleven Servische strijdkrachten moslims vermoorden in Kosovo, ondanks nog meer diplomatieke beloftes om zijn troepen terug te trekken. Uiteindelijk wist Blair Clinton ervan te overtuigen actie te ondernemen. Er zouden bommenwerpers van de NAVO naar Kosovo worden gestuurd. Clintons adviseur Sidney Blumenthal vertelt opgetogen wat er daarna gebeurde: 'Het natuurlijke verbond van de Verenigde Staten werd bestendigd in gemeenschappelijke doelstellingen als nooit tevoren – de relatie was nog nauwer dan die van Franklin Roosevelt en Churchill was geweest [...] De band tussen Clinton en Blair was tijdens de bombardementen op Irak al op de proef gesteld. In heel Europa zagen leiders van de aloude sociaaldemocratische partijen Clinton als een politieke pionier.'

Blumenthal bekeek het conflict op de Balkan door de lens van de Derde Weg, wat niet zo verwonderlijk was omdat hij de ideologische verbindingsman tussen Londen en Washington was. Volgens Blumenthal was Kosovo een crisis voor alle sociaaldemocraten: 'Als ze in Kosovo zouden slagen, zouden ze een steviger platform veroveren voor de Derde Weg en voor hun nieuwe ideeën over globalisering en onderlinge verbondenheid. Clinton zelf begreep heel goed wat er op het spel stond.'[33]

Dat was misschien wel zo, maar er was ook sprake van een sluimerende schaamte omdat het Westen niets had gedaan tijdens de burgeroorlog in Rwanda, toen tussen 1990 en 1994 meer dan een miljoen mensen waren vermoord. Voor Blair waren moralisme in de stijl van Gladstone en oppervlakkige maar niet minder gemeende verwijzingen naar de Tweede Wereldoorlog waarschijnlijk belangrijker dan het propageren van de Derde Weg. In redevoeringen waarin hij pleitte voor gewapend ingrijpen tegen de Serviërs, benadrukte hij dat deze oorlog werd gestreden 'niet zozeer om onze belangen, als wel om onze waarden te verdedigen'.[34] Dit zei hij in april 1999 in Chicago tegen een groep zakenlieden. In deze toespraak, die zijn eigen diplomaten nogal overviel, verklaarde Blair dat militaire interventie niet alleen gerechtvaardigd was. Het was van cruciaal belang wanneer grote aantallen mensen werden afgeslacht, al waren hun eigen leiders de daders.

Daarom bleven de straaljagers van de NAVO alsmaar bombarderen, eerst alleen de Servische stellingen in Kosovo en vervolgens ook de doelen in Servië, waarbij per ongeluk de Chinese ambassade werd geraakt omdat de CIA was vergeten zijn plattegronden van Belgrado bij te werken. Daardoor probeerden nu honderdduizenden mensen het helse Kosovo te ontvluchten. En al snel begonnen de doelwitten van de NAVO op te raken. Blair wist het dilemma mooi te verwoorden: 'Dan dient zich de vraag aan: Wat nu? De doelwitten liggen steeds vaker in burgergebieden. De nevenschade – een afschuwelijke term die ik probeer uit te bannen – neemt toe en de verkeerde doelwitten worden getroffen.'[35] Maar met bommen alleen win je vrijwel nooit een oorlog, en dat was ook nu niet het geval. Milošević kon de verliezen wel aan. Daarom ging Blair nog een stap verder in zijn toespraak in Chicago: 'We zijn pas in onze opzet geslaagd wanneer een internationale troepenmacht Kosovo is binnengetrokken en de vluchtelingen kunnen terugkeren naar hun huizen.'[36]

Maar dat was nu juist wat Clinton en de Europese NAVO-bondgenoten niet wilden. Blair belde iedere dag met Clinton om hem van zijn standpunt te overtuigen. De traditionele rolverdeling in de Bijzondere Relatie was opnieuw omgedraaid: het was niet de wijze oude Griek die probeerde de heetgebakerde Romein in toom te houden, het was andersom. Blair gedroeg zich precies als Margaret Thatcher toen ze dacht dat Reagan 'wiebelig' begon te worden waar het kernwapens betrof. De medewerkers van Clinton begonnen zich aan het gedram van Blair te ergeren en noemden hem achter zijn rug om soms 'Winston'. En Clinton zelf vond het onaangenaam dat de Britse premier nu de hoofdrol wilde opeisen, vooral toen neoconservatieven en liberale haviken stickers met de tekst BLAIR FOR PRESIDENT op hun bumper begonnen te plakken. Een voormalig linkse journalist noemde Blair 'de leider van de vrije wereld'.[37]

Blair bleef maar aandringen bij Clinton, die zich beriep op de Amerikaanse publieke opinie, die volgens hem tegen een grondoorlog was. De gemiddelde Amerikaan wist nauwelijks waar Joegoslavië lag. Toen de Britse minister van Defensie, George Robertson, in Washington een bezoek bracht aan zijn Amerikaanse ambtgenoot William Cohen, zei Cohen dat de Britten zo bleven aandringen omdat er vooral Amerikaanse jongens zouden omkomen. Waarop Robertson antwoordde dat er al vijftigduizend Britse soldaten klaarstonden om te vertrekken.

Ten slotte was Clinton zo gebelgd over de suggestie dat hij een zwakke leider was en misschien murw geslagen door Blairs volharding, dat hij verklaarde dat alles mogelijk was, zelfs het inzetten van grondtroepen in Kosovo. Milošević had waarschijnlijk wel kunnen standhouden als hij op de steun van de Russen had kunnen blijven rekenen, maar toen Boris Jeltsin in een van zijn steeds schaarsere heldere momenten tegen hem zei dat dit niet langer het geval zou zijn, gaf de Servische leider het op en trok hij zich terug uit Kosovo.

Het was een moment van triomf voor Blair. Hij was in Duitsland toen hij op donderdag 3 juni het nieuws te horen kreeg. De BBC-correspondent, John Simpson, zei tegen Alastair Campbell, Blairs hoofd strategie: 'Gefeliciteerd. Het lijkt erop dat het game, set en match is.'[38] De Duitse bondskanselier Schröder was blij dat het allemaal voorbij was. De eerste naoorlogse leider die de Duitsers bij actieve gevechtshandelingen had betrokken (straaljagerpiloten) was tegen een invasie geweest. Jacques Chirac zei in een toespraak dat de Amerikanen eerder een einde aan het geweld hadden kunnen maken als ze maar met de Russen hadden gepraat. Campbell concludeerde: 'Binnen de NAVO leken we in feite meer op de Amerikanen en uiteindelijk helemaal niet op de Europeanen.' Waarop Blair opmerkte: 'Dat zei Thatcher nou ook toen ik haar dinsdag sprak.'[39]

Blair werd in 2000 verder gesterkt in zijn opvatting dat militaire interventie de norm zou moeten worden wanneer de mensenrechten waar dan ook op grote schaal werden geschonden, toen zo'n duizend Britse mariniers en paratroepers een moorddadig opstandelingenleger uit de hoofdstad van Sierra Leone verdreven. Er stonden geen nationale belangen op het spel. Groot-Brittannië, de oude koloniale machthebber, had weten te voorkomen dat de burgerbevolking werd verkracht en vermoord door strijders van het Revolutionary United Front, dat voor een groot deel bestond uit tieners in gevechtskleding die strak stonden van de heroïne en cocaïne. Dit was Blairs 'ethische buitenlandbeleid' in de praktijk. Het was een relatief gemakkelijke overwinning geweest.

In hetzelfde jaar kwam er een einde aan Clintons tweede termijn als president. Hij was nog altijd best populair in de Verenigde Staten, maar doordat hij nu de reputatie van een roekeloze rokkenjager had, besloot de nieuwe kandidaat van de Democraten, zijn vicepresident Al Gore, om afstand van hem te nemen. Dat had hij misschien beter niet kunnen doen. De Derde Weg zou al snel doodlopen in de Verenigde Staten. Het was niet erg duidelijk wat er tot stand was gebracht. Onder Clinton was de economie enorm opgeleefd, maar hij was er niet in geslaagd het Amerikaanse zorgstelsel te hervormen en de ongelijkheid te verminderen. Net als Blair had Clinton meer geld in het onderwijs gestoken. De misdaadcijfers waren gedaald, maar het aantal gedetineerden – voornamelijk zwarte mannen – was verdubbeld. Een onmiskenbare prestatie was het Goedevrijdagakkoord, waardoor het eindelijk weer vrede werd in Noord-Ierland. De totstandkoming was voor een groot deel te danken aan de actieve Amerikaanse inmenging. De woorden waarmee Blair het veranderde aangezicht van Noord-Ierland beschreef kloppen wel: 'Mensen die elkaar eerst wilden vermoorden, wilden nu samenwerken. Opmerkelijk, ontroerend en bevredigend.'[40]

We hebben ook andere, verontrustender erfenissen overgehouden aan de jaren van Blair en Clinton. Een ervan is het toegenomen belang van het 'creëren van spin', van politiek als een soort marketing, waarbij de nadruk steeds meer op presentatie kwam te liggen en de resultaten er steeds minder toe leken te doen. Dat, en het feit dat de leiders van de Derde Weg misschien iets te gemakkelijk deden over 'mensen die stinkend rijk werden'. Ze hoorden zelf ook duidelijk tot die groep. Maar de belangrijkste erfenis was niet het gevolg van hebzucht, maar van verhevener sentimenten. Blair was er, in feite nog meer dan Clinton, van overtuigd geraakt dat het de missie van het Westen en met name van Groot-Brittannië en de Verenigde Staten was om de wereld te beschaven, gewapenderhand als dat nodig was.

Voordat hij het politieke toneel verliet gaf Clinton Blair nog een laatste advies: 'Laat je vriendschap met Amerika niet doodbloeden omdat ik er niet meer ben...'[41] Blair, zei Clinton, moest 'even dikke vrienden met Bush worden als met mij'.[42] Blairs stafchef Jonathan Powell had de Britse ambassadeur in Washington, Christopher Meyer, een paar jaar eerder al ongeveer hetzelfde aangeraden: 'We willen dat je in de kont van het Witte Huis kruipt en daar blijft zitten.'[43]

Dat hoefde je Meyer of de premier niet te vertellen. Hoewel het er steeds donkerder werd, bleven ze er rustig zitten, niet omdat ze wel moesten of omdat ze sentimentele gedachten koesterden over de Bijzondere Relatie, en zelfs niet omdat ze dachten dat de Britten alleen met de grote jongens konden meedoen als ze vrienden bleven met de Amerikanen. Het was vooral omdat Blair er stellig van overtuigd was dat hij daar thuishoorde.

11

The finest moment

> Onze leiders moeten zich laten gelden, en niet alleen diepe indruk maken maar ook en in ieder geval iets teweegbrengen. [...] Opnieuw benadruk ik: het is niet een reden om in Afghanistan of Irak op te treden of wat dan ook, maar ons bondgenootschap met de vs gaf Groot-Brittannië een enorm sterke positie.
>
> Tony Blair[1]

Net als de meeste andere Amerikaanse presidenten was George W. Bush een groot bewonderaar van Churchill. De Britten wilden een wit voetje halen bij de nieuwe president, wiens beleid weinig gemeen had met Blairs Derde Weg en al helemaal niets met de ideeën van Blairs kabinetsleden die een stuk linkser waren dan hij. Vandaar dat Bush een buste van Winston Churchill te leen kreeg. En daarom kreeg hij ook een exemplaar van het Atlantisch Handvest cadeau, met aantekeningen van Churchill in de kantlijn. Christopher Meyer, de Britse ambassadeur, had al gemerkt dat ze in Washington verzot waren op dat soort dingen. Hij had ook gemerkt dat ze heel welwillend tegenover de Bijzondere Relatie stonden 'telkens wanneer Margaret Thatcher zich in het gezelschap van Amerikanen bevond;

of wanneer er aan Winston Churchill werd gerefereerd, en dat was vaak, ook in het Witte Huis'.[2]

Ondanks Bush' voorliefde voor churchilliana vroegen de medewerkers van Blair zich bezorgd af hoe de twee leiders het met elkaar zouden kunnen vinden. Er moest wederzijdse argwaan worden overwonnen. Blairs eerdere overeenkomst met Frankrijk om de Europese defensiecapaciteiten te vergroten had woede gewekt in Washington. De Republikeinen zagen 'de Europeanen' over het algemeen als een stel verwende en onbetrouwbare 'socialisten' die Amerika belazerden. En heel wat mensen in Londen zagen Bush als een botte Texaanse onbenul die onmiddellijk blijk had gegeven van zijn minachting voor de internationale pogingen om iets aan klimaatverandering te doen door zich terug te trekken uit het Kyoto-protocol, dat een vermindering van de kooldioxide-emissies nastreeft.

De medewerkers van Bush wonden er geen doekjes om: de Amerikaanse belangen zouden op de eerste plaats komen. Internationale bondgenootschappen konden op een ad-hocbasis worden gevormd, mits ze die nationale belangen dienden. Het resultaat was een nog diepere breuk in de internationale orde die na de Tweede Wereldoorlog was ontstaan en tijdens de Koude Oorlog was bestendigd. De westerse solidariteit tussen Europa en Amerika, die mede was voortgekomen uit de angst voor een gemeenschappelijke communistische vijand, was niet meer zomaar een gegeven. Groot-Brittannië zat nu in een ongemakkelijke positie omdat het land zich in Europa dreigde te isoleren wanneer het wilde vasthouden aan de Bijzondere Relatie.

Aan de lange reeks foto's van de officiële Anglo-Amerikaanse ontmoetingen kunnen we er nu eentje toevoegen van Blair en Bush, die elkaar in de winter van 2001 voor het eerst ontmoetten in Camp David. Ze laten de hond van Bush uit in het bos, Bush in zijn presidentiële leren bomberjack en cowboylaarzen en zijn lange armen een eindje van zijn lichaam in een ietwat aapachtige pose, en Blair, die opgelaten grijnst en zijn best doet om er even stoer en informeel uit te zien, met zijn vingers in de zakken van een blauwe ribbroek die door de Britse ambassadeur als 'een ballenkneller' werd omschreven. Ze hadden het over politiek, familie en God. En zo te zien konden ze uitstekend met elkaar opschieten.

Blair zag de rol van Groot-Brittannië nog altijd als die van brug tussen Europa en de Verenigde Staten. Na 11 september, toen er door drie terroristische aanslagen meer dan drieduizend mensen om het leven kwamen, veranderde deze rol in een missie. Twee passagiersvliegtuigen, die gekaapt waren door terroristen van Al Qaida, boorden zich in de Twin Towers in New York; een derde vliegtuig sloeg een gat in het Pentagon in Washington; en een vierde stortte neer in een veld in Pennsylvania nadat passagiers de terroristen hadden overmeesterd. Ze wisten te verhinderen dat een volgend doel werd geraakt, maar waren te laat om de crash te voorkomen.

Blair verklaarde onmiddellijk dat '9/11' een oorlog tegen 'de vrije, democratische wereld' was. Groot-Brittannië zou 'zij aan zij staan met onze Amerikaanse vrienden' en 'niet rusten voordat dit kwaad van de aardbodem is verdwenen'.[3] Om zijn solidariteit te tonen vloog Blairs buitenlandadviseur David Manning meteen met de hoogste chefs van de Britse inlichtingendiensten in een privévliegtuig naar Washington, waar hij dineerde in het hoofdkwartier van de CIA. George Tenet, de baas van de CIA, noemde dit 'een bevestiging van de bijzondere relatie tussen beide landen en misschien wel de ontroerendste gebeurtenis die ik in mijn zeven jaar als DCI [Director of Central Intelligence] heb meegemaakt'.[4]

Net als de meeste Amerikanen zag Bush het terrorisme van Al Qaida als een aanval op 'onze manier van leven, onze vrijheid zelf'. Hij verwees ook naar de Tweede Wereldoorlog: 'Vandaag heeft het Pearl Harbor van de eenentwintigste eeuw plaatsgevonden.'[5] Dat deed Blair in New York ook, maar dan vanuit Brits perspectief, toen hij vertelde hoe zijn vader de Duitse bombardementen had overleefd. Tijdens de blitzkrieg in 1940 in Londen, zei Blair, 'was er een land en een volk dat aan onze zijde stond. Dat land was Amerika en dat volk was het Amerikaanse volk.'[6] Dat was natuurlijk helemaal niet waar. Er waren indertijd veel kiezers in Amerika die vijandig tegenover nazi-Duitsland stonden, maar de meeste Amerikanen waren nog altijd fel tegen hulp aan Groot-Brittannië, en die houding veranderde pas toen de Japanners de Amerikanen in december 1941 bij de oorlog betrokken en Hitler de Verenigde Staten de oorlog verklaarde.

Maar Blairs sentimenten maakten hem razend populair in de Verenigde Staten. Hij werd uitgenodigd voor een gezamenlijke sessie van het Amerikaanse Congres, waar Bush een toespraak hield. 'Amerika heeft geen betere vriend dan Groot-Brittannië,' zei de president met een blik naar Blair, die in de vipgalerij zat. 'Wederom strijden we samen voor een gemeenschappelijk doel. Ik ben vereerd dat de Britse premier de oceaan is overgestoken om te laten zien dat hij aan onze kant staat. Bedankt voor je komst, vriend.' Dit leidde tot betraande ogen en langdurig applaus. Bij een honkbalwedstrijd in het Yankee Stadium werd gezwaaid met een spandoek waarop GOD BLESS GEORGE BUSH AND TONY BLAIR stond. De beschaving zelf, 'onze gedeelde beschaving', stond op het spel, beweerde Bush.

Je zou gemakkelijk over het hoofd kunnen zien dat al deze woorden drie terroristische aanslagen betroffen en niet de uitbraak van een nieuwe wereldoorlog. Maar het had iedereen naar het hoofd kunnen stijgen. Bij Blair kwamen in elk geval zijn messianistische trekjes naar boven. Dat had hij gemeen met de diepgelovige president, die een bornagain christen was. Beiden hadden het heel vaak over 'het Kwaad'. Drie dagen na 9/11 koos Bush de National Cathedral in Washington als het geschikte decor om te verklaren dat 'onze verantwoordelijkheid ten opzichte van de geschiedenis al duidelijk is: wij moeten deze aanvallen vergelden en de wereld bevrijden van het kwaad'. Tijdens zijn toespraak voor het partijcongres van Labour in oktober klonk Blair zo mogelijk nog geschifter. Hij sprak over 'de strijd voor de vrijheid'. Dit moment moest worden aangegrepen. De 'caleidoscoop was door elkaar geschud. De delen zijn in beweging. We moeten de wereld opnieuw ordenen voordat zij dat doen.'[7] Wie 'zij' waren werd in het midden gelaten, maar het was wel duidelijk wie de boel opnieuw zou ordenen. Blairs minister van Buitenlandse Zaken, Jack Straw, klonk bijna even gewichtig. Groot-Brittannië, oreerde hij, was 'een zeer machtige mogendheid die voor het goede streed'.[8] Groot-Brittannië zou Europa leiden in de oorlog tegen het terrorisme.

Blair volgde Churchills voorbeeld en begon de Amerikaanse president missives te sturen om hem van advies te dienen. De leider van Al Qaida, Osama bin Laden, telg uit een rijke Saoedische zakenfamilie, moest worden aangepakt in Afghanistan. Hij genoot nog bescherming van het theocratische talibanregime. Bush had Blair al beloofd dat Afghanistan zou worden getroffen door de 'volle kracht van het Amerikaanse leger [...] met bommenwerpers die van alle kanten komen'.[9]

Zoals gewoonlijk had Blair de geschiedenisboeken op Chequers doorgebladerd om inspiratie op te doen. Daarbij was hij gestuit op de dagboeken van veldmaarschalk Roberts, de man die in 1857 de Sepoy-opstand tegen het Britse koloniaal bestuur in India had helpen neerslaan. In zijn memoires zegt Blair weinig over de aanleiding voor de Indiase opstand, maar meldt hij wel dat hij onder de indruk is van 'het opmerkelijke elan van de Britse soldaat'. Tijdens de kansloze bestorming van een Indiase veldschans waren Schotse Hooglanders een wisse dood tegemoetgegaan: 'Maar hoe groot was de trots van hun regiment!'[10]

Hier werd wel zeer vreemde taal uitgeslagen door de leider van New Labour, die een nieuw, modern 'Cool Britannia' had beloofd. Het was eerder iets uit een koloniaal avonturenverhaal van John Buchan. Maar Blair realiseerde zich tenminste hoe zwaar een oorlog in Afghanistan zou worden. De Afghanen waren altijd al een nagel aan de doodskist van de Britse imperialisten geweest. Daarom was het volgens Blair van het grootste belang dat de strijd die 'we' zouden aangaan niet zomaar een strafexpeditie was. 'Het moest een bevrijdingsoorlog zijn.'[11] Blairs 'humanitaire interventionisme' overlapte met het Amerikaanse neoconservatisme. Hij huldigde niet simpelweg het oude idee dat het Amerika's bestemming was om vrijheid en democratie over de wereld te verspreiden, maar geloofde ook dat het zíjn missie was. Het probleem was dat enkele machtige figuren in Washington, zoals vicepresident Dick Cheney en minister van Defensie Donald Rumsfeld, minder sentimentele redenen hadden om de Amerikaanse militaire kracht te doen gelden.

Dat de war on terror niet in Afghanistan zou eindigen, was onmiddellijk na de aanslagen in New York en Washington al duidelijk. Op diezelfde dag vroeg Donald

Rumsfeld zich tijdens een vergadering van de Nationale Veiligheidsraad al af waarom de Verenigde Staten naast Al Qaida niet ook meteen Irak zouden aanpakken. De volgende dag vroeg Bush om bewijzen dat Saddam Hoessein de aanslagen had beraamd. Het idee dat Saddam achter Al Qaida zat, werd al enige tijd verkondigd door warhoofden in neoconservatieve onderzoeksinstellingen. Cheney, Rumsfeld, zijn plaatsvervanger Paul Wolfowitz en Bush' nationaal veiligheidsadviseur Condoleezza Rice leken te geloven in een samenzwering. Of misschien gaf het ze wel een handig excuus om naar de wapens te grijpen. Toen ze van hun inlichtingendiensten te horen kregen dat er geen bewijs was, vroegen ze hun om te blijven graven tot ze dat wel hadden gevonden.

Er is geen reden om aan te nemen dat Blair Saddam als de hoofdverantwoordelijke voor 9/11 zag. De chefs van zijn inlichtingendiensten zagen dat in elk geval zeker niet. Maar hij had al vroeg gewaarschuwd voor het gevaar dat Saddam Hoessein vertegenwoordigde. Wat als die wrede dictator over biologische wapens, kernwapens of andere 'massavernietigingswapens' zou beschikken? De VN had Irak sancties opgelegd om ervoor te zorgen dat het niet zover zou komen, maar Saddam bleef de wapeninspecteurs van de VN dwarsbomen. De westerse bezorgdheid over Saddam was nogal hypocriet, aangezien de Britse regering hem in 1985 had geholpen bij de bouw van een chemische fabriek voor de productie van mosterdgas en zenuwgas, dat op grote schaal tijdens de oorlog tegen Iran was gebruikt en zeer veel slachtoffers had geëist. En de regering-Reagan had Saddam tijdens die afschuwelijke oorlog actief gesteund. In 1983 was er een bemiddelaar naar Bagdad gestuurd om te kijken hoe de Verenigde Staten de dictator konden helpen. Die Amerikaanse gezant was

Donald Rumsfeld. Maar westerse hypocrisie betekende niet dat Saddam nu onschadelijk was.

In 1998 had Bill Clinton de Iraq Liberation Act getekend: 'De Verenigde Staten steunen pogingen om het regime van Saddam Hoessein te verwijderen en bevorderen de opkomst van een democratische regering die dat regime kan vervangen.' Dat was niet direct een oorlogsverklaring, maar het proces werd bespoedigd door 9/11, al was er geen enkel bewijs dat Saddam iets te maken had gehad met de aanslagen in de Verenigde Staten. Als de wereld 'opnieuw werd geordend', moest Saddam worden afgezet.

Blairs angst voor de schade die Saddam kon aanrichten was niet volkomen absurd. Paul Wolfowitz en andere neocons geloofden misschien oprecht dat het de missie van Amerika was om militair geweld te gebruiken teneinde de opkomst van democratische regeringen in het Midden-Oosten en elders te bevorderen. Er werden vergelijkingen getrokken met de periode vlak na de Tweede Wereldoorlog, toen de Verenigde Staten de democratisering van Duitsland en Japan hadden gestuurd – alsof een invasie van Irak op hetzelfde neer zou komen. Maar de hysterie van de regering-Bush kwam het duidelijkst tot uitdrukking in een memo uit september 2002 van Douglas Feith, onderminister van Defensie, aan John McLaughlin, plaatsvervangend hoofd van de CIA. Oorlog, betoogde Feith, was 'de enige keus'. Het overleven van de Verenigde Staten als vrije samenleving stond op het spel. Het was 'niet (ik herhaal: niet) van essentieel belang om bewijs van een band tussen Al Qaida en Saddam te vinden'.[12]

Het was kortom zo belangrijk om Saddam ten val te brengen dat iedere plausibele reden volstond. Er werd zelfs voorgesteld om hem te provoceren, bijvoorbeeld door met een verkenningsvliegtuig in de kleuren van de

VN over Irak te vliegen in de hoop dat hij het neer zou halen en aldus een reden zou geven om een oorlog tegen hem te beginnen. Bepaalde tekenen wezen erop dat Bush aanvankelijk aarzelde om zo'n oorlog met Irak te beginnen. Zijn minister van Buitenlandse Zaken, Colin Powell, ried hem aan geen wilde dingen te doen. Maar voor Bush was het een persoonlijke aangelegenheid geworden, misschien omdat zijn vader er niet in was geslaagd Saddam na de Golfoorlog ten val te brengen. Begin 2002 werd zijn perschef Ari Fleischer door een journaliste aan de tand gevoeld over de waarschijnlijkheid van een invasie. Toen Bush dit later op de dag te horen kreeg, reageerde hij tegen Fleischer met woorden die Blair vermoedelijk nooit in de mond zou hebben genomen, zelfs niet wanneer er verder niemand bij was geweest: 'Heb je haar wel gezegd dat ik een hekel heb aan motherfuckers die hun eigen volk vergassen? [...] Heb je haar wel gezegd dat ik een hekel heb aan klootzakken die tegen iedereen liegen? [...] Heb je haar wel gezegd dat ik die vieze, vuile, gore teringlijder helemaal verrot ga schoppen?'[13]

Er kon geen twijfel bestaan over de Amerikaanse plannen toen Blair op 6 april 2002 een bezoek bracht aan Bush' ranch in Crawford, Texas. Alastair Campbells dagboekaantekeningen van die dag zijn merkwaardig alledaags, alsof hij het belang van de gelegenheid bagatelliseert. Hij praat met Bush over alcoholisme (ze wisten allebei hoe moeilijk het was om af te kicken). Hij beschrijft hoe Blair door de president wordt gedwongen een heel eind met hem te gaan joggen, en prijst Bush' heerlijke gevoel voor humor. Hij vertelt niet dat de president de dag ervoor aan de pers heeft medegedeeld dat 'ik heb besloten dat Saddam moet verdwijnen'. En ook niet dat Blair het met hem eens was en beloofde de Verenigde Staten te zullen steunen. Blair had al tegen zijn medewerkers gezegd: 'We gaan niet de kant van de andere Europeanen kiezen. Ons beleid inzake Irak is altijd al anders geweest. Hierin hebben we altijd de kant van de Amerikanen gekozen.'[14]

De vraag was vooral hoe ze de kwestie konden afstemmen, definiëren en presenteren en hoe Blair een en ander kon verkopen aan de leden van zijn Labour Party, het Britse publiek en de andere Europese leiders, die zeker niet zouden instemmen met een preventieve oorlog om een buitenlandse regering af te zetten. Blair probeerde Bush te overtuigen van het belang van internationale steun. Iedere aanval op Saddam moest worden goedgekeurd door de Veiligheidsraad van de VN. De Verenigde Staten moesten zich ook actief mengen in het conflict tussen de Palestijnen en Israël, dat weer eens tot ernstige onlusten had geleid. En de oorlog moest om massavernietigingswapens draaien en niet om regimeverandering. Bush knikte beleefd toen Blair was uitgesproken en zei dat hij de standpunten van de premier begreep.

Tijdens een gezamenlijke persconferentie na hun bijeenkomst zei Bush tegen de verslaggevers dat hij 'aan de premier had uitgelegd dat het beleid van mijn regering was gericht op het afzetten van Saddam en dat alle opties op tafel liggen'. Blair was iets genuanceerder en zei dat Irak in elk geval beter af zou zijn zonder Saddam Hoessein. Maar het was vooral onverteerbaar dat Saddam geen wapeninspecteurs toeliet die konden vaststellen of hij massavernietigingswapens had. Saddam moest zich aan de VN-resoluties houden.

Behalve zijn persoonlijke animositeit was er niet één aanwijsbare reden waarom Bush zo graag oorlog wilde voeren. Zeker, na 9/11 wilden de Amerikanen uithalen en aantonen dat ze nog altijd het machtigste land op aarde waren. Donald Rumsfeld merkte ook op dat het gemakkelijker was om een relatief klein land aan te pakken dan een schimmige bende terroristen, die zich in Afghaanse grotten konden schuilhouden maar ook in een achterafstraatje in Hamburg. En er viel geld te verdienen aan Irak na Saddam. Er stonden oliebelangen op het spel. Bij een overwinning in Irak zouden de Amerikanen hun troepen kunnen terugtrekken uit Saoedi-Arabië – het stoorde vrome moslims dat de Amerikanen zo dicht in de buurt van hun heilige plekken zaten. En in Amerika waren er heel wat progressieve mensen die er net als de neocons van overtuigd waren dat het een nobele zaak was om een dictator te verjagen omdat dat tot een democratische lente in het hele Midden-Oosten zou kunnen leiden. De geenszins progressieve Cheney stelde de twijfelaars gerust door te beweren dat Amerikaanse en Britse troepen als bevrijders zouden worden onthaald, net als vroeger, toen ze Europa kwamen bevrijden van de nazi's.

Blairs motieven om onmiddellijk in te stemmen met George W. Bush, terwijl hij zich bewust moest zijn geweest van de politieke risico's die hij daarmee in Groot-Brittannië en de rest van Europa nam, waren ook niet zo eenvoudig. Hij maakte zich echt zorgen over massavernietigingswapens, maar dat was in wezen niet zijn voornaamste reden, al kon hij dat niet openlijk zeggen. Een paar dagen voor zijn bespreking met Bush in Texas had Blair een strategisch overleg op Chequers met de belangrijkste medewerkers van het Britse leger en de inlichtingendiensten. De premier was op zoek naar argumenten waarmee hij Bush kon beïnvloeden. Toen de vraag werd gesteld of regimeverandering dan wel het opsporen van massavernietigingswapens het belangrijkste doel van de oorlog moest zijn, zei een van de generaals dat het om dat eerste moest gaan. Maar Campbell noteert in zijn dagboek dat Blair voor regimeverandering koos, 'gedeeltelijk vanwege die massavernietigingswapens, maar meer in het algemeen vanwege het gevaar voor de regio en de rest van de wereld'.[15] Dat is iets wat Blair niet in het openbaar kon zeggen. Hij wist dat andere Europese leiders, met name Jacques Chirac, het niet met hem eens zouden zijn, evenmin als de meeste Britten die op hem stemden.

Al sinds Winston Churchill begon in te zien (en te betreuren) dat de macht van Groot-Brittannië tijdens de Tweede Wereldoorlog alleen maar afnam terwijl die van de Verenigde Staten groeide, zijn de Britten geobsedeerd door de kwestie van invloed. Deze obsessie heeft veel redenen: de angst van de oudere en vermoedelijk wijzere natie dat de jonge parvenu's er een potje van maken; het verlangen vast te houden aan de laatste resten van de slinkende macht; en misschien ook de minder bewuste wens om zich met Amerika te identificeren, een wens die niet alleen werd ingegeven door verouderde ideeën over een gemeenschappelijke cultuur, maar ook door een soort aanbidding van macht. Daar had Blair ook last van. Hij besloot Bush te steunen omdat hij invloed wilde hebben. Hij wilde niet dat de Verenigde Staten het alleen zouden opknappen. En hoewel Blair zich in tegenstelling tot Churchill en Harold Macmillan niet kon laten voorstaan op Amerikaanse voorouders, werd hij als de meest Amerikaanse premier ooit gezien. Een Amerikaanse fan vergeleek hem zelfs met Abraham Lincoln.

De Britse invloed op Amerikaanse leiders is nooit zo groot geweest als men in Londen wel had gewild. Het stond ook al van tevoren vast dat Blair teleurgesteld zou worden. De regering-Bush had er geen enkel belang bij om Ariel Sharon, de Israëlische premier, aan te sporen de

Palestijnse kwestie op te lossen; integendeel, Sharon kreeg de vrije hand om hard tegen de Palestijnen op te treden. En er was weinig animo in het kamp van Bush om de VN erbij te betrekken. Onder anderen vicepresident Cheney was daar fel tegen gekant. Maar op een dieper niveau, waar Blairs messianistische trekken en Bush' evangelische visie op de toekomst van Amerika samenkwamen in een gedeeld verlangen om dictators omver te werpen en de wereld opnieuw te ordenen, stemden hun ideeën wel overeen. Zoals Blair zei: 'Vanuit een progressief standpunt [was ik] tot dezelfde conclusie gekomen als George vanuit een conservatief standpunt.'[16]

In Campbells opmerkelijke opsomming van banale feitjes over die historische dag in april 2002 waarop Blair en Bush elkaar troffen in Crawford, Texas, staat ook een veelzeggende anekdote. Campbell rende op een loopband in de fitnessruimte van zijn hotel. Naast hem sjokte een forse vrouw die vroeg of hij een Engelsman was. Toen hij bevestigend had geantwoord, vroeg ze of hij Tony Blair kende. Ja, zei hij, die kende hij. Vervolgens vertelde ze dat ze zo blij was dat 'de wereld werd geleid door twee godvrezende jongemannen'. Ze bad iedere dag voor Tony. Was Campbell ook gelovig? Nee, dat was hij niet. Dat was jammer, maar ze was zo vriendelijk hem een plek aan te bieden in haar 'George W. Bush-e-mailgebedsgroep'.[17]

Uiteindelijk besloot men vanuit praktisch oogpunt, en dus niet alleen omdat het Blair goed uitkwam, om in het openbaar te verklaren dat massavernietigingswapens de aanleiding voor de oorlog waren. Dat maakte Paul Wolfowitz in juli 2003 duidelijk in een interview: 'Om bureaucratische redenen kozen we voor één aanleiding, massavernietigingswapens, omdat dat de enige reden was waarover iedereen het eens kon zijn.'[18] Maar er was helemaal geen bewijs dat Saddam die wapens ook had. Dat werd in de eerste plaats een pr-probleem. Toen alle pogingen om bewijzen te vinden waren mislukt, moesten speculaties, veronderstellingen en in sommige gevallen regelrechte fantasieverhalen tijdens persconferenties, in inlichtingendossiers, in voorpagina-artikelen en slideshows als bewijs worden gepresenteerd.

Tegen de kijkers van CNN zei Condoleezza Rice dat het bekend was dat Saddam biologische wapens had en dat er aluminium buizen waren gevonden die 'eigenlijk alleen geschikt waren voor kernwapenprogramma's'.[19] Niet iedereen in Amerikaanse en Britse inlichtingenkringen was dezelfde mening toegedaan. Maar Rice waarschuwde voor een mogelijke atoomaanval vanuit Irak. De regering-Bush verspreidde het verhaal dat er in Praag ontmoetingen tussen leden van Al Qaida en agenten van Saddam plaatsvonden. Irak zou terroristen van Al Qaida trainen in biologische oorlogsvoering. Er werden inlichtingen gefabriceerd waaruit zou blijken dat medewerkers van Saddam in Afrika *yellowcake*-uranium hadden proberen te kopen voor de productie van kernbommen. Dit verzinsel kwam uit een dossier dat was losgepeuterd van de Britse inlichtingendiensten en diende aan te tonen dat het regime van Saddam een acuut gevaar vormde. Uit die boodschap bleek duidelijk dat Alastair Campbell iets met het dossier te maken had. Blair schreef een voorwoord voor een dossier waarin werd beweerd dat Saddam maar vijfenveertig minuten nodig had om zijn massavernietigingswapens af te schieten. Bijna al het bovenstaande was overduidelijk onwaar.

De onfortuinlijke Colin Powell, voormalig generaal en inmiddels minister van Buitenlandse Zaken, was aanmerkelijk minder overtuigd van de noodzaak om ten strijde te trekken dan de meeste van zijn collega's. Daarom werd hem ook gevraagd de zaak tegen Saddam uiteen te zetten bij de VN. Hij kwam geloofwaardiger over dan zij, maar herhaalde ook alleen maar beschuldigingen die in het gunstigste geval niet bewezen waren. Veel van de 'inlichtingen' die door de Britten en Amerikanen werden aangeleverd, waren gebaseerd op dubieuze, onbevestigde bronnen of overgeschreven uit onbetrouwbare verslagen die eerder waren gepubliceerd. In zijn memoires schreef Blair de volgende verbijsterende zin: 'De informatie over Saddam en massavernietigingswapens bleek onjuist. Het is al gezegd – zelfs ik heb het gezegd – dat het een raadsel is hoe dat kwam.'[20]

Dat is eigenlijk helemaal geen raadsel. Blair was misschien niet bewust aan het liegen. Hij geloofde wat hij wilde geloven. Saddam blufte vaak. Hoewel VN-inspecteurs onder leiding van Hans Blix eind 2002 en begin 2003 vergeefse vergeefse pogingen deden om massavernietigingswapens te vinden in Irak, was het moeilijk om onomstotelijk te bewijzen dat Saddam ze níét had. Er is ook reden om aan te nemen dat feiten die niet van pas kwamen werden genegeerd. In september 2002 stelde een rapport van de Gezamenlijke Stafchefs van de VS, dat in opdracht van Donald Rumsfeld tot stand was gekomen, dat er nog altijd veel onduidelijk was over de Iraakse massavernietigingswapens: 'Onze kennis over diverse aspecten van hun programma varieert tussen de 0 procent en ongeveer 75 procent', en 'wat we weten van het Iraakse (kern)wapenprogramma is grotendeels – misschien wel voor 90 procent – gebaseerd op een analyse van onnauwkeurige gegevens'.[21] Het document werd niet buiten het Pentagon verspreid. Dit was in de maand dat Condoleezza

Rice waarschuwde voor een atoomaanval en Blair beweerde dat Irak Groot-Brittannië binnen drie kwartier kon aanvallen met massavernietigingswapens.

In elk geval gaven de Amerikanen de inspecteurs van Hans Blix niet genoeg tijd om hun werk af te maken. De troepen stonden al klaar om binnen te vallen. De invasie kon niet worden uitgesteld tot de zomer, omdat het onmogelijk was oorlog te voeren in de woestijn wanneer het zo heet was. Als er plausibele redenen waren om aan te nemen dat Saddam helemaal niet over massavernietigingswapens beschikte of als hij volledige medewerking zou verlenen aan de inspecteurs, zou er bovendien geen sprake zijn van een casus belli. Blix, die alle reden had om boos te zijn over de manier waarop hij door de Verenigde Staten en Groot-Brittannië werd behandeld, bleef de volmaakte diplomaat. Hij beschuldigde Bush en Blair nooit van kwade opzet, maar schreef hun tunnelvisie toe aan een gebrek aan 'kritisch denken'. Blix vergeleek ze met 'heksenjagers uit het verleden'.[22] Zodra je hebt geconcludeerd dat iemand schuldig is, is verder bewijs overbodig.

George W. Bush is vaak beschreven als een rancuneuze man die wel loyaal is aan zijn vrienden. Hij begreep welke politieke problemen Blair in zijn thuisland had en wekte in ten minste één geval de ergernis van een aantal van zijn naaste medewerkers door een concessie te doen aan de premier. De VN-Veiligheidsraad zou worden gevraagd te stemmen over een resolutie waarin met 'ernstige consequenties' werd gedreigd wanneer Saddam de wapeninspecteurs geen onmiddellijke, onvoorwaardelijke en onbeperkte toegang tot verdachte locaties in Irak verleende. De resolutie, die was opgesteld door de Verenigde Staten en Groot-Brittannië, werd aangenomen. Maar er waren serieuze meningsverschillen over die consequenties. Als Saddam niet volledig meewerkte met de inspecties, zouden de Verenigde Staten unverfroren met de oorlog beginnen. Frankrijk en andere landen waren tegen militair ingrijpen wanneer er niet nog een VN-resolutie werd aangenomen.

Saddam werkte tot op zekere hoogte wel mee, maar niet naar volle tevredenheid van de Amerikanen, die hem sowieso uit de weg wilden ruimen. Blair vroeg Bush om de Veiligheidsraad nog één kans te geven. Hij beloofde Bush dat hij Jacques Chirac, Gerhard Schröder en Vladimir Poetin zou overhalen om zich achter het Anglo-Amerikaanse standpunt te scharen. Hij was tenslotte de stevige brug die de Oude Wereld met de Nieuwe verbond en de belangrijkste Europese politicus, zo vond hij zelf. Maar Blair overschatte zijn eigen overredingskracht. De Duitse kiezers, van wie Schröder afhankelijk was voor zijn herverkiezing, wilden absoluut geen oorlog. Ook Chirac was ertegen, omdat een militaire interventie volgens hem tot onnoemelijk leed zou leiden en niets goeds teweeg zou brengen. Hij maakte ongetwijfeld ook van de gelegenheid gebruik om zijn gaullistische opstandigheid tegenover de 'Angelsaksen' te demonstreren. Maar hij had wel gelijk. Schröder schaarde zich samen met de Fransen bij de tegenstanders van de oorlog. Donald Rumsfeld zei dat het 'Nieuwe Europa' van de voormalige communistische landen, zoals Polen, die de Amerikaanse zaak steunden, gunstig afstak tegenover het decadente, laffe en onbetrouwbare 'Oude Europa' van Duitsland en Frankrijk. Javier Solana, de Spaanse hoge vertegenwoordiger van het gemeenschappelijke buitenlandbeleid van de EU, was verbaasd hoezeer het denken in het Witte Huis was beïnvloed door het geloof. 'Het is een soort binair model,' zei hij. 'Het is alles of niets. Voor ons seculiere Europeanen is dat lastig om mee om te gaan. We zien de wereld niet in zulke zwart-wittegenstellingen.'[23]

Blair was een van de Europeanen die niet in het seculiere kamp zaten. Er liepen meer dan een miljoen mensen door de straten van Londen (en nog meer in Rome en Madrid) om tegen de dreigende oorlog te demonstreren, maar Blair bleef ervan overtuigd dat hij het juiste deed en dat hij de wereld van het kwaad bevrijdde. Hij had zich kunnen aansluiten bij Chirac en zich aan de zijlijn kunnen terugtrekken. Donald Rumsfeld bood hem ook een ontsnappingsmogelijkheid toen hij zei dat de Verenigde Staten het ook zonder de Britten konden opknappen. Met andere woorden, de Britse steun was politiek gezien opportuun, maar op het slagveld niet echt noodzakelijk. Blair besloot Rumsfelds tactloze maar juiste vaststelling af te doen als 'een miskleun en verder niets'. Zijn leger stond te popelen om aan te vallen en 'zou het de Amerikanen zeer kwalijk nemen als het wellicht de tweede viool zou moeten spelen'.[24]

Ondanks Solana's standpunt over het Amerikaanse fanatisme koos de Spaanse premier, José María Aznar, de kant van de Amerikanen en de Britten. Toen hij in het vliegtuig naar Madrid werd geïnterviewd, nam Blair uitgebreid de tijd om de geest die vanouds boven Anglo-Amerikaanse militaire ondernemingen zweefde weer tot leven te wekken. De geschiedenis zou over hem oordelen, zei hij. 'De meeste fatsoenlijke en goedbedoelende mensen zeiden dat het niet nodig was om de strijd met Hitler aan te gaan en dat degenen die dat wel wilden oorlogshitsers waren. [...] Ik ben trots op onze bijdrage aan de regimeveranderingen in Kosovo en Afghanistan en, op een andere manier, op onze steun aan het regime in Sierra Leone.'[25]

Toen Chirac verklaarde dat hij tegen iedere eventuele oorlogsresolutie zou stemmen, wist Blair dat er in de VN-Veiligheidsraad niet genoeg stemmen voor een invasie zouden zijn. Maar hij had de steun in eigen land wel nodig. Daarom hield hij in het parlement een bezielende toespraak over de ongekende verschrikkingen van Saddams regime: 'De martelkampen, de barbaarse gevangenissen voor politieke tegenstanders. [...] Zo leven de mensen in Irak. Als we Saddam laten zitten, zijn ze gedwongen zo te blijven leven.' Dankzij de stemmen van veel Conservatieven kreeg hij de steun die hij nodig had voor zijn 'bevrijdingsoorlog'.

Op 19 maart 2003, toen het ultimatum aan Saddam om vrijwillig zijn land te verlaten was verstreken, begonnen Amerikaanse bommenwerpers met hun aanvallen op Bagdad. Blair was van tevoren niet ingelicht, laat staan geraadpleegd. Hij zag Operation Shock and Awe op de televisie. De volgende dag trokken Britse troepen Irak binnen. Ze bleven daar tot 2009. Er kwamen meer dan vierduizend Amerikaanse soldaten om tijdens het conflict en er sneuvelden honderdzesendertig Britse soldaten. Hoeveel Irakezen er precies zijn omgekomen is onbekend. Schattingen variëren tussen een half miljoen en meer dan een miljoen. Twee miljoen Irakezen raakten ontheemd en vluchtten naar het buitenland, waar ze veelal te maken kregen met nog meer geweld, gedwongen prostitutie en onvoorstelbaar armoedige leefomstandigheden. Meer dan anderhalf miljoen Irakezen sloegen op de vlucht in eigen land. Ontelbaar veel mensen zijn nog vermist.

Op 1 mei 2003 landde George W. Bush op het dek van het vliegdekschip USS Abraham Lincoln. In zijn vliegenierspak poseerde hij met de bemanningsleden. Achter hem hing een spandoek met de tekst MISSION ACCOMPLISHED. Hij zei: 'De voornaamste gevechtsoperaties zijn beëindigd. In de strijd om Irak hebben Amerika en zijn bondgenoten gezegevierd.'

Blair had zich al vanaf het begin terecht afgevraagd of de Amerikanen wel hadden nagedacht over de vraag hoe ze het land na het vertrek van Saddam weer zouden opbouwen. De invloed waar hij naar snakte bleek een illusie. Het vredesproces in Israël werd verwaarloosd. Alles was buiten de VN om gegaan. De massavernietigingswapens werden nooit gevonden. Het bestuur van het verwoeste land was een puinhoop. Zelfs de vette contracten voor de wederopbouw van de Iraakse ruïnes gingen vooral naar bedrijven die banden hadden met de regering-Bush, zoals Bechtel en het oude bedrijf van Dick Cheney, Halliburton. En Blair bleek niet de leider van Europa en ook niet de brug die Europa met de Verenigde Staten verbond, maar kwam helemaal alleen te staan. Toen de Europeanen in april 2003 bijeenkwamen om over het toekomstige gezamenlijke veiligheids- en defensiebeleid te overleggen, weliswaar zonder al te veel resultaat, waren de Britten niet eens uitgenodigd.

Veel mensen denken dat Blair niet meer was dan de poedel van Amerika. Als klein broertje zou hij zo weinig invloed hebben gehad omdat zijn naïeve maar goede bedoelingen werden verpletterd door imperialistische arrogantie. Maar wie zo redeneert ziet een belangrijk punt over het hoofd. Blair was een ware gelovige. Dat bleek vooral duidelijk in 2006, toen Israël raketaanvallen van Hezbollah vergold door Libanon te bombarderen en binnen te vallen. Die meest recente geweldsuitbarsting in het Midden-Oosten werd besproken tijdens een top van de G8 in Sint-Petersburg, waar Bush de Britse premier begroette met: 'Yo, Blair!' Volgens veel mensen in Groot-Brittannië bleek uit deze ongewone begroeting overduidelijk hoe de verhoudingen binnen de Anglo-Amerikaanse betrekkingen in werkelijkheid lagen. Blair koos er sportief voor om het als 'een schitterend "George"-moment' op te vatten.[26]

Hezbollah is een militante islamistische groepering die wordt gesteund door Iran. Guerrillaoorlogsvoering en terroristische aanslagen van Hezbollah hebben veel schade aangericht in het Midden-Oosten, maar de Israëlische vergeldingsactie werd bijna overal als disproportioneel beschouwd. De actie volgde op wat in wezen weinig meer was dan een lokaal conflict. Bij de Israëlische invasie en de grootschalige bombardementen en beschietingen kwamen meer dan duizend Libanezen om en raakten meer dan een miljoen mensen ontheemd, veelal burgers die niets met Hezbollah te maken hadden. De Fransen drongen aan op een staakt-het-vuren onder toezicht van de VN. De Verenigde Staten blokkeerden alle pogingen om een einde te maken aan het geweld. Blair was zo'n beetje de enige in Europa die de Verenigde Staten steunde en de kant van Israël koos, niet omdat hij de poedel van Amerika was, maar omdat hij het probleem als een godsdienstconflict beschouwde. Hij zag het als 'de ruimere strijd tussen de extremistische tak van de islam en de rest van de wereld'.[27]

Dat viel in het geval van Irak moeilijk vol te houden. Saddam was misschien een bruut en hij had mogelijk godsdienstfanaten gesteund wanneer het hem zo uitkwam, zoals de Verenigde Staten de islamistische guerrilla's in Afghanistan hadden gesteund toen deze in opstand kwamen tegen de Sovjet-Unie, maar hij was wel een seculiere dictator. De invasie van zijn land kan niet worden omschreven als een oorlog tegen religieus extremisme. Religieus extremisme was juist een van de voornaamste gevolgen van de invasie.

Minder dan een maand na het begin van de oorlog tegen

Irak gingen er beelden van een spectaculaire gebeurtenis in het centrum van Bagdad de hele wereld over. Mensen zagen een menigte van uitzinnige Irakezen die stonden te joelen toen een man met een sloophamer op het voetstuk van een beeld van Saddam Hoessein begon te beuken. Om de bronzen nek van de dictator, die met zijn rechterhand naar een glorieuze toekomst wees, werd een stevig touw uit een pantservoertuig van het Amerikaanse leger bevestigd en zijn gezicht verdween achter een Amerikaanse vlag. Vervolgens viel Saddam voorover als een man die in slow motion sterft, waarop een aantal jonge Irakezen op het gevloerde beeld begon te stampen en te dansen. Beelden van deze 'spontane' gebeurtenis werden uitgezonden om aan te tonen dat de Irakezen buiten zichzelf van vreugde waren nu ze waren bevrijd. Het leek de bevestiging van alle optimistische voorspellingen die in Washington en Downing Street waren gedaan. Tony Blair herinnerde zich: 'Wanneer mensen hierop terugkijken, zullen ze deze gebeurtenis naar mijn stellige overtuiging als een van de mooiste momenten van onze eeuw zien.'[28]

In werkelijkheid werd het standbeeld helemaal niet spontaan omvergehaald. Camerahoeken kunnen bedrieglijk zijn. Het plein was grotendeels verlaten. Op datzelfde moment waren veel grotere menigtes openbare gebouwen, waaronder musea en ziekenhuizen, in de nabije omgeving aan het plunderen. Een kleinere groep mensen liep dansend achter de voertuigen van het Amerikaanse leger aan. De sloophamer was door een GI aan iemand uit de menigte overhandigd. En de Amerikaanse vlag was door een andere GI om het gezicht van Saddam gewikkeld en vervolgens snel door een Iraakse vlag vervangen toen de Amerikanen zich realiseerden dat zo'n botte vertoning van triomfalisme bij veel televisiekijkers slecht zou vallen. De ‘iconische’ beelden van het Firdosplein op 9 april 2003 waren weer een voorbeeld van public relations en van ‘spin’, die al zoveel hadden bijgedragen aan de oorlog waaraan George W. Bush en Tony Blair met zoveel enthousiasme, maar zo weinig vooruitziendheid, zoveel minachting voor internationale wetten en zulke ongelooflijke incompetentie waren begonnen.

12
Na de crash

> Op het dieptepunt van de Depressie, toen Franklin Roosevelt strijd leverde met de angst zelf, dankte hij de overwinning niet alleen aan de kracht van zijn woorden, zijn persoonlijkheid en zijn voorbeeld. [...] Die had hij vooral te danken aan deze eeuwige waarheid: dat u, het Amerikaanse volk, in uw diepste wezen even optimistisch was en bent als uw Roosevelts, uw Reagans en uw Obama's.
>
> Gordon Brown, minister-president van het Verenigd Koninkrijk 2007-2010

Nog een foto. Deze is op 29 juli 2007 genomen in Camp David. Twee mannen in een golfkar: George W. Bush en Gordon Brown, de nieuwe Britse premier. Ze doen hun best om vrolijk over te komen, Bush een beetje plichtmatig, Brown met de verkrampte grimas van een man die zich niet op zijn gemak voelt en iets te hard zijn best doet. Het leren bomberjack en de strakke broeken zijn verdwenen. Op verzoek van Brown zijn beide mannen in pak en das. Bush noemt de premier 'Gordon' en Brown spreekt Bush aan met 'Mr. President'. (Voor zijn terugreis kreeg Brown discreet een Amerikaans bomberjack met bontkraag in een goudkleurige doos overhandigd; dat jack is nooit gedragen.)[1]

De aanloop naar deze bespreking was niet veelbelovend. Condoleezza Rice had Bush al verteld dat Brown een hark was; de premier had haar doorgezaagd over Afrika, een van zijn stokpaardjes. Twee van Browns bewindslieden hadden net uitlatingen gedaan waaraan de Amerikanen zich mateloos zullen hebben geërgerd. Douglas Alexander, de minister van Ontwikkelingssamenwerking, had kritiek geuit op het 'unilateralisme' en had gesproken over 'nieuwe bondgenootschappen die waren gebaseerd op gemeenschappelijke waarden',[2] en zo gesuggereerd dat de Britten dergelijke waarden niet per se deelden met de regering-Bush. De gezant van Buitenlandse Zaken, Mark Malloch Brown, ging nog een stap verder. Coalities, zei hij, zouden verder moeten gaan dan 'de bilaterale oogkleppen van de gebruikelijke partners', en Groot-Brittannië en de Verenigde Staten zouden niet 'onafscheidelijk zijn zoals in de tijd van Blair en Bush'.[3] Als je bedenkt welke vrome retoriek er gewoonlijk uit de kast werd gehaald bij een eerste ontmoeting tussen een president en een premier waren deze uitspraken bijna heiligschennis.

Gordon Brown wilde voorkomen dat hij belachelijk werd gemaakt als de poedel van Amerika, zoals Blair. Hij onthield zich van Blair-achtig gesnoef over de strijd voor de vrijheid en democratie, maar verzekerde Bush dat Groot-Brittannië zijn troepen niet te snel uit Irak zou terugtrekken. En hij deed zijn best om vast te houden aan de gebruikelijke brave formules. Brown gebruikte niet letterlijk de woorden 'Bijzondere Relatie', maar sprak van een 'partnerschap dat was gebaseerd op en werd voortgedreven door onze gedeelde waarden – dat wat door Winston Churchill, de eerste Britse premier die Camp David bezocht, werd omschreven als de gedeelde erfenis van vrijheid, een geloof in kansen voor iedereen, een geloof in de waardigheid van ieder menselijk wezen'.

Brown hoefde niet enorm zijn best te doen om zulke zinnen uit zijn mond te krijgen. Hij was een groot bewonderaar van de Verenigde Staten en bracht zijn vakanties soms door in Cape Cod. Brown liet zich overdreven lovend uit over Amerikaanse denkers, zoals Alan Greenspan, voorzitter van de Federal Reserve, en kon zich nog herinneren hoe opgewonden hij was toen de Amerikaanse vlag in de maan werd geplant. In de Verenigde Staten sprak Brown zelfs over godsdienst, een onderwerp waarover hij zich in Groot-Brittannië zelden uitliet. Zijn vader was predikant van de Church of Scotland en Brown voelde zich verbonden met het geloof van zijn jeugd, maar het ontbrak hem aan de messianistische ijver van Blair en de devotie van Bush.

Toen Blair uiteindelijk in 2007 aftrad als premier richtte hij de Tony Blair Faith Foundation op. Tijdens een gebedsontbijt in de Verenigde Staten zei hij dat hij het geloof zijn juiste plek wilde teruggeven, 'als de leidraad voor onze wereld en de toekomst'.[4]

Als Blairs minister van Financiën had Brown jaren gekookt van frustratie omdat hij vond dat hij en niet zijn veel geliktere en mediageniekere kameraad in Downing Street zou moeten zitten. Maar al leek Browns gedrag soms regelrechte sabotage, toch had Blair het nooit over zijn hart kunnen verkrijgen om hem te ontslaan. Net als Anthony Eden, die van Churchill veel te lang op zijn beurt had moeten wachten, kreeg Brown de felbegeerde baan uiteindelijk in zijn schoot geworpen, een baan die al snel zou uitlopen op een mislukking. Europa was eindelijk eens niet de oorzaak van de val van een Britse premier. Browns ondergang vond plaats in de nasleep van de wereldwijde recessie, die in Amerika was begonnen. Maar Blair noch

Brown was geheel onschuldig aan dit drama.

Brown was met zijn imago van stijve technocraat niet echt iemand voor gebedsontbijten. Hij had het tijdens zijn premierschap tussen 2007 en 2010 dan ook zelden over zijn godsdienstige overtuigingen. In zijn autobiografie spreekt hij overigens wel enthousiast over het thema.

Brown betreurde het dat hij 'ondanks [zijn] sterke persoonlijke godsdienstige opvattingen' werd gezien als 'een technocraat zonder duidelijke overtuigingen'. Hij nam het zichzelf kwalijk dat hij 'niet had willen erkennen wie hij werkelijk was'.[5] Misschien was hij iets te streng voor zichzelf, want Brown had het veel vaker over 'waarden' dan de meeste Britse politici. Ook dit was de invloed van zowel Amerikaanse retoriek als de Church of Scotland. Browns pogingen om 'Britsheid' te definiëren werden vaak belachelijk gemaakt. In tegenstelling tot John Major, die aan dorpse cricketwedstrijden op lome zomermiddagen dacht, had Brown geen heimwee naar vroeger tijden. Hij wist heel goed dat het moderne Groot-Brittannië steeds meer een multi-etnisch, multicultureel en multireligieus karakter kreeg. Zijn land begon steeds meer op de Verenigde Staten te lijken. Brown wilde dan ook net zo'n nationale feestdag als de Amerikanen, die op 4 juli hun onafhankelijkheid vieren. Britsheid moest in zijn ogen de 'overtuigingen en waarden die alle godsdiensten met elkaar gemeen hebben uitdragen'. Daarmee bedoelde hij iets wat teruggreep op de oude zelfingenomen Anglo-Amerikaanse pretenties: 'Onze toewijding aan vrijheid en verdraagzaamheid, aan burgerplicht, gemeenschapszin en rechtvaardigheid, of, zoals Churchill het formuleerde, "fair play" – met andere woorden een burgerlijk humanisme dat is voortgekomen uit godsdienstige overtuigingen, maar op ethische en rationele gronden werd gerechtvaardigd.'[6]

De kredietcrisis van 2008, waardoor de regering-Brown hard werd geraakt, legde veel onrechtvaardigheid in zowel Groot-Brittannië als de Verenigde Staten bloot. De 'neoliberale' ideologie, die in de jaren van Thatcher en Reagan was aangeprezen als een schoolvoorbeeld van de Angelsaksische vrijheidslievendheid, had een verwoesting aangericht. Door gebrekkige regulering konden financiële instellingen in de Londense City en op Wall Street zonder enige belemmering hun gang gaan in de jacht op steeds grotere winsten. Daarover weidt Brown verbitterd uit in zijn memoires. Hij heeft het over het 'ongecontroleerde schaduwbankwezen' dat riskante, speculatieve en dubieuze financiële transacties mogelijk maakte. Hij had 'meteen al vanaf het begin' zeker geweten dat 'de financiële crisis ook een morele crisis was. [...] Om het in Bijbelse termen te zeggen: de wereld had in aanbidding voor het altaar van de rijkdom en de hebzucht gelegen.'[7]

Een jaar later zei de nieuwe Amerikaanse president Barack Obama min of meer hetzelfde: 'We gaan niet terug naar het onbesuisde gedrag en de teugelloze excessen van weleer die de oorzaak zijn van deze crisis, waarin te veel mensen slechts werden gedreven door de zucht naar snelle winst en vette bonussen.'[8] Toch kun je niet alleen Thatcher en Reagan de schuld geven van dit gedrag. De Glass-Steagall Act uit 1933, die het financiële instellingen verbood om zakenbankieren en effectenhandel te combineren, werd ingetrokken door president Clinton, de kampioen van de Derde Weg. Door dit soort reguleringen op te heffen bevorderde hij de lichtzinnigheid die door Brown en Obama na de crash zo werd betreurd.

Niet zo lang voor die ramp was Brown als minister van Financiën nog een groot voorvechter geweest van deregulering, globalisering en de 'hebzuchtige' spelers in de

Londense City. In 2007 had Brown tijdens een rede voor Londense bankiers en zakenmensen de City gefeliciteerd omdat er 'een nieuwe Gouden Eeuw' was aangebroken. Hij prees de 'dynamiek die eigen was aan de openheid van de City' en die Londen in staat stelde 'de modernste financiële instrumenten' voort te brengen. Zo, vervolgde hij, 'was er, door een van de ingrijpendste herstructureringen van de mondiale economie, die misschien nog ingrijpender was dan de Industriële Revolutie, een nieuwe wereldorde ontstaan'.[9]

Was Brown hypocriet toen hij een jaar later zoveel morele verontwaardiging toonde? Niet per se. Het fascinerende aan de toespraken die Brown voor bankiers hield, is dat ze zo nauw aansluiten bij zijn ideeën over Britsheid en Britse waarden. Ze klonken soms merkwaardig ouderwets en passen slecht bij een linkse politiek. In 2006 bejubelde Brown Adam Smith als een voorloper van de Angelsaksische aanpakkersmentaliteit – Smith als de aartsvader van de globalisten. Smith' opvattingen over concurrentie waren 'gebaseerd op ons fundamenteel geloof in vrijheid en internationalisme'. Dit geloof legde 'de grondslag voor een open internationaal monetair systeem'. Churchill werd voor de verandering niet genoemd, maar Brown verwees wel naar dat andere motief van het angelsaksisme, dat meer dan eens door Churchill werd aangehaald: 'Telkens wanneer er moest worden gekozen tussen protectionisme en de open zeeën, koos Groot-Brittannië voor de open zeeën.'[10]

Net als zijn toenmalige premier was Brown een trots voorvechter van de Derde Weg, maar zijn ideeën over Britse waarden leken achterhaald en sloten nauw aan bij Amerikaanse waarden. Hij was nooit zo anti-Europees als de conservatieve eurosceptici die dweepten met Thatcher.

En in tegenstelling tot de linkervleugel van zijn partij zag hij de EU ook niet als een kapitalistische samenzwering. Maar hij was ervan overtuigd dat Groot-Brittannië Europa – dat inefficiënte, introspectieve en protectionistische continent – bij de hand moest nemen en meevoeren naar de nieuwe Gouden Eeuw van gedereguleerde mondiale markten, die zou worden bestuurd door de reuzen van Londen en Wall Street. Een van die reuzen, Lloyd Blankfein, de CEO van Goldman Sachs, zei ooit dat banken een belangrijke maatschappelijke taak verrichten; ze doen 'Gods werk'.[11] Voor 2008 zou Brown het er ongetwijfeld mee eens zijn geweest. Na 2008 voelde hij zich bedrogen door die hogepriesters van God. Maar hij zwoer zijn geloof in hen nooit helemaal af.

Brown en Obama zijn vaak geprezen omdat ze zouden hebben weten te voorkomen dat de Grote Recessie uitliep op een wereldwijde depressie. Geen van de reuzen van Wall Street die de ramp hadden veroorzaakt werd aansprakelijk gesteld en de machtige figuren uit het Clinton-tijdperk die verantwoordelijk waren voor de deregulering van het banksysteem zaten nog steeds in de regering-Obama. Maar Obama wist een nog grotere ramp af te wenden met zijn economische stimuleringsmaatregelen. De overheid hield de meeste banken overeind en hield de rente laag, zodat er gemakkelijker geld kon worden geleend. Ook Brown wilde overheidsgeld gebruiken om de mondiale economie weer op gang te brengen. Hij zag deze vorm van keynesianisme als een internationale plicht. Protectionisme moest ten koste van alles worden vermeden. Tegelijkertijd moest het internationale banksysteem worden hervormd om nog zo'n crisis of een ergere crisis te voorkomen. Deze Anglo-Amerikaanse benadering was op zich niet verkeerd, maar in de hoogdravende manier waarop het allemaal werd gepresenteerd, vooral door Brown, klonk duidelijk een echo van de jaren veertig door.

Brown presenteerde zichzelf graag als de redder van Europa en zelfs de wereld. Hij wilde dat 'het post-2008-tijdperk een even bedrijvige tijd zou worden voor de wederopbouw en hervormingen als de naoorlogse periode, die het IMF, de Wereldbank, het Marshallplan en de Verenigde Naties had opgeleverd'. In de plaats van het gecorrumpeerde financiële systeem zou iets komen 'wat ik soms een nieuwe Londense consensus noemde'. Het was afgelopen met de 'obsessie met deregulering, privatisering en liberalisering'.[12] De Fransen en de Duitsers waren het er niet mee oneens, maar vonden het vanzelfsprekend niet erg prettig dat hun de les gelezen werd door een Britse leider en zeker niet door de Amerikanen, die in hun ogen de oorzaak van alle ellende waren.

Groot-Brittannië kon natuurlijk niet in zijn eentje de leiding over de hele wereld op zich nemen. Brown had per se de eerste leider willen zijn die Obama telefonisch gelukwenste met zijn overwinning bij de presidentsverkiezingen, en in maart 2009, terwijl de aandelenkoersen aan het kelderen waren, spoedde Brown zich naar Washington voor een bespreking met de nieuwe president. Hij werd niet erg warm onthaald. De Britse tabloids beschimpten Brown vanwege de 'beledigingen' die hem ten deel zouden zijn gevallen. Het Witte Huis had namelijk besloten dat de premier wel op de foto mocht met de president, maar geen formele persconferentie in de Rozentuin verdiende. Brown beloofde de wereld een 'mondiale New Deal'; Obama viel hem niet bij. Downing Street had goed nagedacht over een geschenk dat bij Obama in de smaak zou vallen: een pennenhouder van het hout van een negentiende-eeuws Brits schip dat was uitgezonden om de slavenhandel te bestrijden. Brown kreeg een box met oude Amerikaanse speelfilms. Helaas waren het dvd's met Noord-Amerikaanse codes, zodat hij ze niet eens kon afspelen met een Britse dvd-speler.

De manier waarop Brown werd ontvangen hoefde niemand te verbazen. In zijn campagneboek *De herovering van de Amerikaanse droom* zet Obama zijn ideeën over de Verenigde Staten en de wereld uiteen. In het register is niet één verwijzing naar Groot-Brittannië te vinden (Galesburg, Illinois wordt wel zes keer genoemd). In het hoofdstuk over het Amerikaanse buitenlandbeleid worden vele bladzijden gewijd aan Indonesië, waar Obama deels is opgegroeid, maar niet één aan Groot-Brittannië. De geschiedenis wordt niet verwaarloosd. Er zijn passages over de Eerste Wereldoorlog, het Amerikaanse isolationisme in de jaren dertig en Franklin D. Roosevelt. Obama heeft het ook over de NAVO, China, het Midden-Oosten en de Vietnamoorlog. Maar er is nauwelijks aandacht voor de rol van Groot-Brittannië. En al helemaal opvallend is dat de naam Winston Churchill niet één keer wordt genoemd.

In het hele boek heb ik maar één opmerking over Groot-Brittannië kunnen vinden, en die zegt eigenlijk precies hoe Obama over de Bijzondere Relatie dacht. Hij steekt een pleidooi af voor multilateralisme. De Verenigde Staten, zegt hij, hebben behoefte aan sterke bondgenoten die Amerikaanse acties in het buitenland steunen. Niet dat hij wil dat de VN-Veiligheidsraad een veto over Amerikaanse acties kan uitspreken. 'Ik bedoel ook niet dat we *Groot-Brittannië en Togo erbij halen* en dan doen waar we zin in hebben.'[13] Mijn cursivering. Hij had het nauwelijks duidelijker kunnen zeggen. Toen Obama in 2008 als presidentskandidaat in Europa was, hield hij zijn eerste toespraak over vrijheid, democratie en de plaats van de Verenigde Staten in de wereld niet voor niets in Berlijn.

Het was niet meer vanzelfsprekend dat Londen de eerste plek was die werd aangedaan.

Dat betekent niet dat Obama 'voorouderlijke' vooroordelen tegen het Britse imperium had, zoals Boris Johnson suggereerde. Hij was gewoon niet genoeg met Groot-Brittannië bezig om anglofiel of anglofoob te zijn. Obama was een moderne, patriottische Amerikaan. Angelsaksisme, Milton, Churchill, het Atlantisch Handvest, D-Day, Engelse kleermakers en herenclubs zeiden hem weinig tot niets. En hij was ook niet verzot op Britse spionnen of James Bond. Die dingen hadden sentimentele waarde voor een oudere elite, vooral aan de Oostkust. Als Gordon Brown de Amerikanen toesprak leek hij het vaak tegen dat type mensen te hebben en niet tegen een man die in 1961 op Hawaï was geboren, in het jaar dat Kennedy president werd en de burgerrechtenactivisten van de Freedom Riders de bus naar het Diepe Zuiden namen om het racisme te bestrijden.

Tijdens datzelfde bezoek aan de Verenigde Staten in maart sprak Gordon Brown een gezamenlijke sessie van het Amerikaanse Congres toe. Hij had het over 'voorvaderen' die zij aan zij 'in het zand van Tunesië, op de stranden van Normandië en de bruggen over de Rijn vochten'. Hij herinnerde aan 'de ene na de andere begraafplaats in Europa ter nagedachtenis van Amerikaanse soldaten, die daar rij na rij rusten – vaak naast wapenbroeders uit Groot-Brittannië'. Hij noemde 'de slagvelden van de vrijheid' en prees de Amerikaanse 'moed en opofferingsgezindheid'. Dat had Eisenhower, Kennedy, Nixon, Reagan of de oude Bush misschien tot tranen kunnen roeren, maar ondertussen was er een andere generatie aangetreden. Obama maakte deel uit van een multi-etnische elite, die minder banden had met Europa en meer geïnteresseerd was in Azië.

Maar Obama was altijd hoffelijk. Toen hij zich realiseerde dat de Britten, die waren opgehitst door hun snerende pers, een beetje gekwetst waren door de plichtmatige ontvangst in het Witte Huis, belde Obama Brown op de satelliettelefoon in zijn vliegtuig. Hij verzekerde 'Gordon' dat de pennenhouder nu een ereplaats had op zijn bureau en dat hij er heel erg naar uitzag om hem weer te spreken bij de G20-conferentie in Londen. Brown was zo opgelucht door de vriendelijke woorden van de president dat hij meteen een fles champagne ontkurkte en daarmee door het gangpad liep.

De G20-bijeenkomst was voor Gordon Brown dé kans om de wereld te overtuigen van zijn leiderschap, naast de president van de Verenigde Staten. Hij had dit nieuwe partnerschap al aangekondigd in zijn redevoering voor het Congres: 'Eerdere Britse premiers zijn in tijden van oorlog naar het Capitool gekomen om over die oorlog te praten. Ik ben hier nu om te praten over een nieuwe en andere strijd die we gezamenlijk moeten leveren; om het over een wereldwijde economische crisis en een bedreigde planeet te hebben.' Het doel was om de achttien andere leden van de G20 er in Londen van te overtuigen dat de wereldeconomie moest worden gestimuleerd met een nieuwe reeks fiscale maatregelen. De 'Londense consensus' zou ook zorgen voor nieuwe bankreguleringen en andere maatregelen om de wereld van toekomstige catastrofes te vrijwaren.

Obama vond eindelijk ook de juiste woorden om de Britten te vleien. De twee landen, zei hij, zouden altijd met elkaar verbonden zijn door 'een verwantschap van idealen'.[14] Tijdens een ontbijt in Downing Street sprak de president zijn sympathie voor zijn gastheer uit: 'Roosevelt en Churchill samen in een kamer met een glas cognac, ja, dat is makkelijk onderhandelen.' Maar ervoor zorgen dat alle wereldleiders overeenstemming bereikten, dat was 'ijzer met handen breken'.[15]

Brown was volgens iedereen een briljante voorzitter van zijn conferentie, al slaagde hij er niet in om de wereld te bekeren tot de Londense consensus. De Chinezen en de Russen waren bang dat hun soevereiniteit zou worden aangetast door internationale reguleringen. De Chinezen wilden dat de Fransen hun excuses aanboden omdat ze de Dalai Lama hadden ontvangen. De Fransen en de Duitsers hadden bezwaren tegen de grootschalige stimuleringsmaatregelen en wilden het liever over de aanpak van belastingparadijzen hebben. Op een gegeven moment dreigde de Franse president Nicolas Sarkozy, die andere leiders eigenlijk sowieso geen plek in de schijnwerpers gunde, en zeker niet een Brit, weg te lopen bij de onderhandelingen. Michelle Obama werd in de Britse tabloids op de vingers getikt omdat ze de rug van de koningin had aangeraakt tijdens een banket. Silvio Berlusconi wilde op de foto met Obama en vroeg om het telefoonnummer van het supermodel Naomi Campbell. Ten slotte kreeg iedereen wel iets, vooral dankzij Browns tomeloze inzet en Obama's tactvolle diplomatie. Er zouden maatregelen worden genomen om de belastingparadijzen aan te pakken, zodat Sarkozy kon beweren dat er 'een nieuw hoofdstuk was ingeluid' voor het 'Angelsaksische' kapitalisme. En er zou meer geld naar het IMF gaan voor reddingspakketten voor geplaagde economieën, zoals Brown had gewild. Dit was niet direct een nieuwe Anglo-Amerikaanse orde, maar door deze beperkte internationale samenwerking was in elk geval voorkomen dat de crisis volkomen uit de hand liep.

In zijn memoires schreef Brown dat hij zoveel meer had willen doen. Maar dat zou hebben betekend dat hij 'meer obstakels had moeten overwinnen dan mogelijk was in de tijd dat ik nog zou regeren'.[16]

Uiteindelijk bezweek Browns regering van uitputting. De recessie sleepte zich voort. De mensen geloofden niet echt dat Brown zijn liefde voor grote bankiers had afgezworen. Hij vond Alan Greenspan, onder wiens supervisie de Grote Recessie was begonnen, nog steeds een genie. En door de corruptie die bij de meeste partijen binnensluipt wanneer ze te lang aan de macht zijn kreeg ook de regering-Brown wat louche trekjes. Die corruptie was misschien niet erger dan onder een conservatieve regering het geval zou zijn geweest, maar links had zich altijd laten voorstaan op morele rechtschapenheid. Brown zelf bleef een streng, rechtlijnig type, maar een stel van zijn naaste medewerkers hadden aan wat touwtjes getrokken en politieke gunsten verleend in ruil voor geld. Een uitgever van seksbladen kon een belangrijke krant kopen nadat hij een substantieel bedrag in de partijkas van Labour had gestort. Een voormalige minister van Handel noemde zichzelf een 'taxichauffeur' – voor vijfduizend pond per dag kreeg de cliënt wat hij verlangde. Een minister van Transport pochte tegenover een undercoverjournalist dat hij zijn Rolodex zou omzetten in 'iets wat een flinke smak geld oplevert'.[17] De beroemde uitspraak van Peter Mandelson, Tony Blairs adviseur, dat New Labour absoluut niet moeilijk zou doen over mensen die stinkend rijk werden, was nu opeens een soort vloek voor de laatste regering die de Derde Weg voorstond.

Vergeleken met David Cameron, de gladde en dynamische jonge leider van de Conservatieven, die door het hele land rende met de leus dat het 'tijd voor verandering' was, leek Brown, een man die aan slapeloosheid leed, op zijn nagels beet en altijd stijfjes bleef overkomen, op zijn laatste benen te lopen. Brown geloofde dat geen enkele politiek leider 'lang overleeft als mensen hem of haar nep vinden, een pr-creatie, een bedenksel van een focusgroep'.[18] Cameron was pr-man van een mediabedrijf geweest. Hij vond zijn presentatie zo belangrijk dat hij zich tijdens een conferentie van de Conservatieve Partij binnen een paar uur vier keer omkleedde. Bij de verkiezingen van 2010 versloeg hij Brown zonder al te veel moeite.

'Tussen president Obama en Cameron klikte het meteen vanaf hun eerste privégesprek, dat ze vóór Camerons verkiezingsoverwinning hadden,' vertelt Hillary Clinton in haar memoires.[19] Er was geen sprake meer van beledigingen toen Cameron in de zomer van datzelfde jaar een bezoek aan Washington bracht. Op een foto die werd genomen op de South Lawn van het Witte Huis zien we de twee leiders in een geanimeerd gesprek. Ze zijn allebei gekleed in een wit overhemd met das, met hun jasjes nonchalant over hun rechterschouder geslagen, informeel maar wel zakelijk. Speciaal voor Cameron herhaalde Obama braaf alle clichés die zijn voorgangers ook steeds hadden gedebiteerd: '*Mr. Prime Minister*, we kunnen niet vaak genoeg zeggen dat de Verenigde Staten en het Verenigd Koninkrijk werkelijk een Bijzondere Relatie met elkaar onderhouden.' Er werd herinnerd aan 'gemeenschappelijke waarden', 'gedeeld erfgoed', 'opofferingen', 'dappere mannen', 'samen strijden', enzovoort. 'De eensgezindheid van de Verenigde Staten en het Verenigd Koninkrijk maakt onze volkeren – en volkeren over de hele wereld – veiliger en welvarender.'

Alle wel of niet gemeende sentimenten die Brown niet waren betuigd bij zijn bedevaart naar het Witte Huis kwamen weer tot leven tijdens het bezoek van de frisse voormalige pr-man. De Britse pers noemde het een *bromance*.

Maar het was een opmerkelijk stel. Cameron was een tory. Hij was als partijleider gekozen omdat hij net zoveel sexappeal had als Tony Blair. De nieuwe premier bewonderde Blair en probeerde op hem te lijken. Tegen een groep welwillende journalisten verklaarde hij: 'Ik ben de erfgenaam van Tony Blair.'[20] Tijdens de oorlog in Irak had hij ingestemd met Blairs steun voor George W. Bush, terwijl Obama tegen de oorlog was geweest.

Net als Brown had Cameron zo zijn ideeën over Britsheid. Als rijke oud-leerling van Eton uit de hogere klasse was hij zeker van zijn plek in de Britse samenleving. Hij probeerde soms wel meer mensen aan te spreken door populair te doen ('zeg maar Dave'), maar daar trapte eigenlijk niemand in. In elk geval besloot hij een betoog over Britsheid te houden voor jongeren van een middelbare school in Birmingham. Camerons opvattingen over wat het betekent om Brits te zijn zouden naadloos in de speeches van Brown of willekeurig welke politicus die niet aartsconservatief was hebben gepast: 'een land met veel godsdiensten', 'verbonden door de liefde voor de vrijheid', et cetera. Cameron was in feite progressiever dan veel van zijn collega's van de Conservatieve Partij. Net als Blair probeerde hij de scherpe randjes van zijn partij weg te slijpen en mikte hij op het degelijke midden. Een van zijn wapenfeiten was de legalisering van het homohuwelijk. Blair had zijn partij in wezen van links gezuiverd; Cameron beloofde om de tory's te ontdoen van het imago van 'the nasty party', de partij die geobsedeerd was door de traditionele maatschappelijke orde en altijd de kant van de rijken koos. Obama zei zelfs tegen Cameron dat hij, als hij een Amerikaanse politicus was geweest, 'bij de softe rechterkant van de Democratische Partij had gehoord'.[21]

Maar nadat hij zijn oecumenische, vrijheidslievende

principes had verkondigd, wijdde Cameron de rest van zijn praatje in die school in Birmingham aan het verschijnsel dat hij als de grootste bedreiging van de Britse waarden zag, namelijk islamitisch extremisme. 'Culturele praktijken' die de Britse waarden bedreigden zouden worden uitgebannen. Er zou opnieuw worden gekeken naar de shariarechtbanken. De schoolreglementen zouden strikter worden. Zijn verhaal eindigde met een crescendo: 'Met onze geweldige Britse vastberadenheid hebben we Hitler verslagen, hebben we het communisme verslagen. [...] We hebben geweigerd om compromissen te sluiten over onze Britse waarden of onze manier van leven op te geven. En dat zullen we blijven doen.'[22]

Je kunt het Blair misschien horen zeggen, maar Brown niet, laat staan Obama. Cameron was welbespraakt en charmant, net als de Amerikaanse president. Maar in andere opzichten leek Obama eerder op Brown: uiterst intelligent, belezen en diepzinniger dan de meeste politici. Maar door deze intellectuele eigenschappen was het voor hen ook moeilijker om snel tot een besluit te komen dan voor meer instinctieve leiders. Ze waren tobbers, piekeraars, die ieder vraagstuk van twee of meer kanten bekeken. Dat weerhield Brown ervan verkiezingen uit te schrijven toen hij nog populair was. En het gaf problemen bij Obama's buitenlandbeleid, waarbij Groot-Brittannië in één geval nauw betrokken was.

Al vanaf het begin was er iets lichtelijk schizofreens aan de manier waarop de regering-Obama naar crises in het buitenland keek. Die tweeledigheid had gedeeltelijk met leeftijd te maken. Sommige invloedrijke jongere leden van de regering, zoals Samantha Power van de Nationale Veiligheidsraad en Susan Rice, de VN-ambassadeur, waren liberale haviken die geloofden in 'humanitaire interventies' om dictaturen omver te werpen en massamoord tegen te gaan. Voor oudere leden van Obama's kabinet, zoals minister van Defensie Robert Gates, was orde belangrijker; zij adviseerden om zelfs ongure buitenlandse heersers niet te laten vallen, zolang ze de Verenigde Staten steunden en voor stabiliteit in de regio zorgden. Als minister van Buitenlandse Zaken zwalkte Hillary Clinton tussen beide benaderingen. Instinctief was Obama tegen militaire acties die niet zuiver defensief waren. De Verenigde Staten moesten zich volgens hem niet langer als een lompe reus in buitenlandse oorlogen storten, en hij beloofde dat hij de Amerikaanse troepen zou terugtrekken uit Afghanistan en Irak. Obama bewonderde George H.W. Bush en zijn behoedzame nationaal veiligheidsadviseur Brent Scowcroft. David Cameron, die Blair als zijn voorbeeld zag, maar dan zonder diens godsdienstijver, zag zichzelf eerder als een man van de daad en stond dus dichter bij de jonge haviken in de regering-Obama.

Obama was een realist, maar geen cynische realist. 'Geen stomme dingen doen,' was zijn prijzenswaardige motto. Maar ook hij was gevoelig voor de idealen van de jongere leden van zijn regering, die tenslotte min of meer van zijn leeftijd waren. 'Zo zijn we niet,' luidde zijn gebruikelijke kritiek op praktijken die hij afkeurde, zoals marteling (dat was natuurlijk niet meer dan terecht, maar hij liet het na om degenen die zich eraan schuldig hadden gemaakt ter verantwoording te roepen). Maar net als Hamlet vond Obama het soms lastig om te bepalen wie hij nu precies was.

Het buitenlandbeleid van de regering-Obama werd echt op de proef gesteld toen in 2011 de Arabische Lente begon. Eerst gingen de Tunesiërs de straat op om te protesteren tegen hun corrupte leiders en vervolgens ook de Egyptenaren, de Jemenieten, de inwoners van Bahrein, de Libiërs en de Syriërs. Het was een tijd van hoop, vooral toen de Tunesiërs er na maandenlang demonstreren in slaagden hun president en zijn inhalige vrouw af te zetten. Liberale idealisten meenden dat de Verenigde Staten ook een actieve rol konden spelen bij het verdedigen van de vrijheid tegen de Arabische dictaturen. Een paar jaar eerder had Obama tijdens zijn beroemde toespraak in Berlijn al duidelijk laten weten: 'Dit is het moment waarop we de roep om een nieuwe dageraad in het Midden-Oosten moeten beantwoorden.'

De toestand werd ingewikkelder toen enorme menigtes in het centrum van Cairo aandrongen op het vertrek van Hosni Mubarak, de militaire leider die al heel lang door zowel Democratische als Republikeinse regeringen werd gesteund. Hillary Clinton kende hem goed. De Israëliërs en de Saoediërs vertrouwden hem. Hij was misschien een schurk, maar werd ook als een stabiele factor in het Midden-Oosten gezien. De Egyptenaren hadden echter genoeg van Mubaraks corrupte autocratie, die zelfs een dynastie dreigde te worden toen het erop leek dat zijn zoon hem zou opvolgen. De demonstranten, een explosieve mengeling van islamisten, progressievelingen, ongeregelde voetbalhooligans en gewone boze burgers, waren niet van plan om op te geven.

De oudere leden in het team van Obama verzochten hun president met klem om Mubarak te blijven steunen. Net als andere Arabische landen had Egypte geen democratische traditie. Een revolutie zou alleen op nog meer onderdrukking en geweld uitdraaien. We weten tenminste wat we aan Mubarak hebben... De jongere leden deden een beroep op Obama's idealisme. Na enig beraad besloot hij hun kant te kiezen en zei hij aan de telefoon tegen Mubarak dat hij onmiddellijk moest aftreden. Maar het bleef bij woorden – belangrijke woorden natuurlijk, maar ze verplichtten de Verenigde Staten niet om actie te ondernemen. Terwijl Obama had besloten dat de Verenigde Staten hun Egyptische bondgenoot niet meer zouden steunen, zei een Amerikaanse gezant in Egypte tegen een publiek in Duitsland dat Mubarak moest aanblijven tot er een nieuwe regering was gevormd. Cameron belde met Obama en uitte zijn bezorgdheid. Hij pleitte voor een agressievere aanpak. De schizofrenie in het Witte Huis begon voor verwarring te zorgen.

De sceptici bleken het bij het juiste eind te hebben gehad. Mubarak trad af en er gingen enorme menigtes de straat op, uitzinnig van vreugde omdat ze voor het eerst een glimp van politieke vrijheid opvingen. Maar een jaar later maakte een militaire staatsgreep een einde aan de democratisch gekozen islamistische regering. Alweer heerste er verwarring in de Verenigde Staten. Wat moesten ze doen? Obama weigerde het een staatsgreep te noemen. De nieuwe militaire leider, generaal Abdel Fattah al-Sisi, zou zich ontpoppen tot een nog wredere dictator dan de man die tijdens de Arabische Lente was afgezet. De Verenigde Staten, die van de islamisten het verwijt kregen dat ze dictators hadden gesteund en van het Egyptische leger dat ze een opstand hadden aangemoedigd, vielen al snel terug in hun traditionele rol als medestanders van een autocratisch regime in Cairo.

De volgende crisis had nog dodelijker consequenties. De Libische despoot kolonel Muammar Kadaffi teisterde zijn volk al meer dan vier decennia en had zijn land geruïneerd met zijn grillige, bloedige dictatuur. Zijn regime steunde op een persoonlijke ideologie – een mengelmoes van maoïsme, fascisme, islamisme en zweverige abacadabra.

Kadaffi, die verzot was op clowneske uniformen, mooie vrouwelijke lijfwachten en buitenissig gedrag, was in 1988 verantwoordelijk voor het opblazen van een Boeing 747 van Pan Am boven Schotland, waarbij 270 mensen om het leven kwamen. Maar zodra hij in 2003 had beloofd om zijn nucleaire programma stop te zetten, kon hij weer zakendoen met het Westen. De Libiërs werden op een idee gebracht door de opstand tegen Mubarak en besloten dat ze genoeg hadden van Kadaffi en zijn moorddadige capriolen. Maar Kadaffi reageerde uitdagend op de massale protesten. Hij zwoer dat hij Libië 'centimeter voor centimeter, huis voor huis [...] zou zuiveren totdat het land ontdaan was van vuil en verontreiniging'.[23]

Er werden tanks en zware wapens ingezet. Soldaten die weigerden op burgers te schieten werden geëxecuteerd. De demonstraties draaiden uit op een gewapende opstand. Er brak een burgeroorlog uit, waarbij stammenmilities en groepen opstandelingen vochten tegen de troepen van de regering, die waren versterkt met buitenlandse huursoldaten. De stad Benghazi werd belegerd. Er werd een redelijk fatsoenlijke Nationale Overgangsraad gevormd. Kadaffi noemde de opstandelingen 'ratten' en dreigde ze tot de laatste man op te speuren en 'geen genade of medelijden te tonen'.

Alweer eiste president Obama het 'aftreden en onmiddellijke vertrek' van een buitenlandse leider.[24] Alweer moest de president beslissen hoe hij dit moest aanpakken. En alweer waren de ouderen het niet met de jongeren eens. Vicepresident Biden vond het waanzin om het Amerikaanse leger te laten ingrijpen. Robert Gates zei dat er geen Amerikaanse belangen op het spel stonden. Samantha Power waarschuwde dat er massaslachtingen zouden plaatsvinden terwijl Obama toekeek. Susan Rice vergeleek het gevaar dat in Benghazi dreigde met de genocide in Rwanda in 1994. Obama aarzelde.

Dit was een van die zeldzame gevallen dat de Britten en Fransen een gemeenschappelijk doel hadden. Dit was het moment om in te grijpen en te laten zien dat de Europeanen nog meetelden. Nicolas Sarkozy was iets te goed bevriend geweest met de afgezette Tunesische dictator en had Kadaffi ontvangen in Frankrijk, waar hij goede zaken had gedaan met de Libische leider, voor wie speciaal een bedoeïenentent in het centrum van Parijs was opgezet. Er gingen ook geruchten over bedragen die in Sarkozy's campagnekas waren gestort. De Franse president had duidelijk iets te bewijzen. Net als David Cameron was hij een fervent voorstander van militaire interventie. Cameron geloofde ook dat de Nationale Overgangsraad in Benghazi 'politieke legitimiteit' had. Beide leiders wilden dat de VN een vliegverbod instelden zodat Kadaffi zijn eigen volk niet kon bombarderen. Maar ze wisten dat het alleen een kans van slagen had met de hulp van de Verenigde Staten, en daarom drongen ze er bij Obama op aan om mee te doen.

Obama was bereid om Kadaffi's buitenlandse banktegoeden te bevriezen en een inreisverbod en een wapenembargo op te leggen met de hulp van de VN. Maar hij was huiverig om verder te gaan, gedeeltelijk omdat een vliegverbod Benghazi weinig soelaas zou bieden aangezien de stad werd bedreigd door tanks en niet door bommenwerpers. En hij vond de Britten en de Fransen wat al te gretig. Obama had het gevoel dat de rijke West-Europese landen al te lang op de zak van de Amerikanen hadden geteerd. Hij had Cameron eens gedreigd dat er een einde aan de Bijzondere Relatie zou komen wanneer Groot-Brittannië niet minstens 2 procent van zijn bbp aan defensie zou besteden. De Europeanen hadden volgens hem maar al te vaak de wereldverbeteraar uitgehangen door Amerikaans bloed te verspillen.

Maar ook Angela Merkel vond dat Kadaffi moest worden afgezet. En dat vonden ook de andere Arabische leiders, die hem niet uit konden staan. De VN-Veiligheidsraad stemde voor 'het gebruik van alle beschikbare middelen' om Libische burgers te beschermen. De Fransen stonden klaar om Libië met straaljagers te bombarderen. Cameron stond op het punt de RAF eropaf te sturen. Maar ze hadden nog steeds de steun van het Amerikaanse leger nodig. Toen hij er door een aantal van zijn eigen adviseurs en door de Europese leiders van was overtuigd dat er een genocide ophanden was in Benghazi, besloot Obama uiteindelijk dat niet ingrijpen niet was 'wie we zijn'. Hij stuurde Amerikaanse bommenwerpers om de Libische luchtafweer en grondtroepen uit te schakelen. Daarna was het aan de troepen van de NAVO, voornamelijk de Britten en de Fransen, om het werk af te maken.

De strijd was bruut en snel beslist. Tripoli, de hoofdstad van Libië, viel in handen van de rebellen van de Nationale Overgangsraad. Kadaffi vluchtte de woestijn in met een konvooi, dat werd gebombardeerd door troepen van de NAVO. Kadaffi werd niet geraakt. Sarkozy en Cameron brachten snel een bezoek aan Libië, waar ze zich als 'bevrijders' aan het gejuich van de menigtes in Tripoli en Benghazi laafden. Cameron herinnerde zich vergenoegd hoe 'mensen "Ca-me-ron" en "Sar-ko-zy" riepen'. En dat iemand zijn 'baby zelfs Sarkozy had genoemd'.[25]

Kort daarna werd Kadaffi door opstandelingen tevoorschijn gehaald uit de afvoerpijp waarin hij zich had verstopt, met een bajonet gesodomiseerd en doodgeschoten. Zijn verminkte lijk werd in een vrieskist bewaard en dagenlang tentoongesteld. Daarna duurde het niet lang voordat Libië uiteenviel en veranderde in een 'shit show', zoals Obama het in een privégesprek omschreef.[26] Geen enkele regering is erin geslaagd haar gezag op te leggen aan het land, dat nu een semianarchistische lappendeken van rivaliserende parlementen, stammenmilities en islamistische terreurgroepen is. Daarom wagen veel mensen hun leven om de ellendige vluchtelingenkampen in Zuid-Europa te bereiken.

In een interview tijdens zijn laatste regeringsjaar wees Obama erop dat Sarkozy zijn handen van Libië kon aftrekken omdat hij een jaar na zijn ingrijpen niet meer aan de macht was. En Cameron werd, zoals Obama het heel beleefd formuleerde, 'afgeleid door een heleboel andere zaken'.[27] De kameraadschap die eerder tussen de twee had bestaan stond nu onder grote druk. Obama kon het zichzelf kwalijk nemen dat hij had deelgenomen aan het militair ingrijpen, maar was terecht kwaad omdat zijn bondgenoten er zo'n puinhoop van hadden gemaakt. Tijdens een Brits parlementair onderzoek naar Camerons Libië-beleid bleek dat hij zijn besluiten op zeer dubieuze inlichtingen had gebaseerd. Er waren veel minder redenen om militair in te grijpen dan over het algemeen was aangenomen. Maar het ergste was wel dat Cameron en Sarkozy nonchalant hadden toegestaan dat een actie die was bedoeld om de burgerbevolking te beschermen gaandeweg was veranderd in een oorlog om het regime af te zetten; en ze hadden geen idee hoe het land na het vertrek van Kadaffi opnieuw moest worden opgebouwd. Cameron weigerde mee te werken aan het parlementaire onderzoek en verweet de Libiërs dat ze de kans om een democratie tot stand te brengen niet hadden gegrepen.[28] Hij troost zichzelf met de gedachte dat Libië 'die kans nooit zou hebben gehad als ik naar het officiële advies had geluisterd [...] en had besloten niet in te grijpen en Kadaffi aan de macht te laten'.[29]

Obama, die heel graag verlost wilde zijn van de problemen in het Midden-Oosten zodat hij zijn aandacht op Azië kon richten, zou nog te maken krijgen met de zwaarste beproeving die het gevolg was van de nasmeulende Arabische Lente. Bashar al-Assad, een saaie oogarts die zijn meedogenloos efficiënte vader, Hafez al-Assad, was opgevolgd als president van Syrië, was de laatste Arabische leider die van Obama te horen kreeg dat hij moest aftreden. Nadat er veel doden waren gevallen onder de burgerbevolking, die aanvankelijk vreedzaam tegen het Syrische regime had geprotesteerd, zei Obama in augustus 2011: 'Omwille van het Syrische volk is voor president Assad nu het moment gekomen om te vertrekken.'[30] Het regime werd op de gebruikelijke manier onder druk gezet: buitenlandse tegoeden werden bevroren, er werden inreisverboden opgelegd. De Russen weigerden een VN-resolutie waarin een vreedzame overgang naar de democratie werd geëist goed te keuren. Er werden steeds meer mensen gemarteld en vermoord, met aan de ene kant Assad, gesteund door Iran en Rusland, en aan de andere kant verschillende rebellengroepen, waarvan sommige extremistischer waren dan andere.

Zoals gewoonlijk sprak Obama mooie woorden. Toen er steeds meer doden begonnen te vallen in de Syrische burgeroorlog hield hij een toespraak op de National Defense University in Washington DC: 'Wanneer we Amerika's verantwoordelijkheid als leider en vooral onze verantwoordelijkheid ten opzichte van onze medemensen die in zulke omstandigheden verkeren terzijde schuiven, zouden we verloochenen wie we zijn. Sommige landen zijn misschien in staat om hun blik af te wenden van verschrikkingen in andere landen. De Verenigde Staten van Amerika zijn anders. En als president weigerde ik te wachten op de beelden van slachtingen en massagraven voordat ik in actie kwam.'[31]

Hoewel hij onder druk werd gezet door de gebruikelijke havikachtige adviseurs, onder wie Hillary Clinton, en door David Cameron en de nieuwe Franse president François Hollande, bleef de president zich tegen een militaire actie verzetten. Hij had het gevoel dat er, net zoals eerder in het geval van Irak en Libië, niet goed was nagedacht over de consequenties van het afzetten van een regime. Welke rebellengroep moest de macht overnemen? En hij was bang voor een confrontatie met de Iraniërs in Syrië, juist op het moment dat hij aandrong op een internationaal verdrag om Iran te dwingen zijn nucleaire programma stop te zetten. Men zou wapens kunnen leveren aan de 'gematigden'. Maar wie waren de gematigden?

Toen werd Assad er (terecht, naar later bleek) van beschuldigd dat hij chemische wapens gebruikte om zijn eigen bevolking te vergassen. Obama besloot dat dit de 'rode lijn' was die niet overschreden mocht worden. Als we dat soort gruwelijkheden toestaan, zijn we niet 'wie we zijn'. Zijn minister van Buitenlandse Zaken, John Kerry, noemde het een 'morele obsceniteit'. Obama zei: 'Als we niet optreden, zal het regime van Assad geen reden zien met het gebruik van chemische wapens te stoppen.'[32] Tijdens een gezamenlijke persconferentie met Obama probeerde David Cameron de president aan te sporen om snel in actie te komen. Hij zei: 'De geschiedenis van Syrië wordt geschreven met het bloed van de bevolking, en dat gebeurt terwijl wij aan de macht zijn.' En hij zei tegen het parlement: 'We moeten ons niet laten verlammen door het spook van eerdere vergissingen.'[33] Het probleem was alleen, meende Cameron, dat hij, de Britse premier, werd gekweld door de gedachte dat het Westen er niet in was geslaagd een einde te maken aan de genocide in Rwanda, terwijl Obama werd gekweld door herinneringen aan de rampzalige invasie van Irak.

Toch leek het erop dat Obama eindelijk zou interveniëren, niet door Syrië binnen te vallen, maar door verschillende doelen in het land te bombarderen als een laatste waarschuwing aan Assad. Angela Merkel maande hem voorzichtig te zijn. Hij aarzelde alweer. Toen belde een beteuterde Cameron om hem te melden dat zijn plannen om aan eventuele aanvallen mee te doen helaas door het parlement waren afgekeurd. In zijn memoires schreef hij dat hij het betreurde dat 'Groot-Brittannië, de vierde militaire mogendheid, eeuwenlang de verdediger van de vrijheid, al decennia de partner van Amerika, vanuit de coulissen zou blijven toekijken'.[34]

Obama besloot het Congres te vragen om over het gebruik van geweld te stemmen. Aangezien veel Democraten terugschrokken voor interventies en veel Republikeinen, die Obama aanvankelijk van zwakte hadden beschuldigd, nu geneigd waren ieder plan van Obama te saboteren, weigerde het Congres de aanval goed te keuren. Obama blies het plan af.

Obama gelooft dat hij juist heeft gehandeld. En misschien klopt het ook wel dat een interventie van het Amerikaanse leger geen einde zou hebben gemaakt aan de ellende van de Syriërs; misschien was alles alleen maar erger geworden. Obama's reputatie liep in elk geval aanzienlijke schade op door zijn weigering zich aan zijn woord te houden. Maar misschien minder dan die van Cameron door diens grootspraak. In Groot-Brittannië werd woest gereageerd op zijn vernederende nederlaag in het Lagerhuis. Paddy Ashdown, de leider van de Liberal Democrats, tweette: 'In de 50 jaar dat ik mijn land heb proberen te dienen heb ik me nog nooit zo gedeprimeerd gevoeld.'[35] Een politiek commentator van de BBC dacht dat Cameron zijn invloed op het buitenlandbeleid was kwijtgeraakt. Camerons minister van Financiën, George Osborne, riep op tot een moment van 'nationale bezinning' over 'onze rol in de wereld'. De minister van Defensie, Philip Hammond, vreesde dat de Bijzondere Relatie schade zou oplopen.[36]

Hammonds angst zou misschien gefundeerd zijn geweest als Obama de Bijzondere Relatie überhaupt serieus had genomen. Maar eigenlijk was er niet echt een relatie die schade kon oplopen. Toen Obama verklaarde dat hij tijdens zijn laatste reis naar Europa als president van de Verenigde Staten 'een bezoek zou brengen aan Angela Merkel, die de afgelopen acht jaar waarschijnlijk mijn naaste internationale bondgenoot is geweest', was dat waarschijnlijk geen opzettelijke belediging aan het adres van Cameron, maar gewoon de vaststelling van een feit.[37]

Noch het fiasco in Libië of dat in Syrië, noch de schade aan de Bijzondere Relatie was de oorzaak van het einde van Camerons premierschap. Het kwam weer eens door 'Europa'. Cameron was de laatste Britse premier die ten val kwam door de gecompliceerde betrekkingen tussen Groot-Brittannië en het Europese vasteland. En dat was grotendeels zijn eigen schuld.

In 2006, toen hij nog in de oppositie zat, sprak Cameron tijdens een partijconferentie de wens uit dat de Europese kwestie gewoon zou verdwijnen: 'Terwijl ouders zich bezorgd afvroegen hoe het met de kinderopvang moest, hoe ze hun kinderen naar school moesten brengen en hoe ze een evenwicht tussen werk en gezinsleven konden vinden, zaten wij maar door te zeuren over Europa.' Maar dat weerhield eurosceptische politici en de virulent anti-Europese tabloids er niet van om erover door te blijven zeuren. Toen ze een referendum over het Britse EU-lidmaatschap eisten, kregen ze steun van de zojuist opgerichte United Kingdom Independence Party van Nigel Farage, een voormalige aandelenhandelaar uit de Londense City die op een privéschool had gezeten, maar inmiddels een demagoog was geworden die 'het volk' vertegenwoordigde in de strijd tegen 'het establishment'.

Cameron nam zijn toevlucht tot de tactiek die voorgaande premiers ook al zo vaak met een opvallend gebrek aan succes hadden toegepast: hij probeerde de anti-Europeanen tegemoet te komen en Farage het gras voor de voeten weg te maaien door beetje bij beetje aan hun eisen tegemoet te komen. In 2011 manoeuvreerde Cameron Groot-Brittannië binnen Europa in een geïsoleerde positie door zijn veto uit te spreken over de Europese Begrotingsunie, een verdrag voor het stabiliseren van de euro. Daardoor waren de Europeanen gedwongen een overeenkomst te sluiten zonder Groot-Brittannië. In eigen land werd hij daarvoor als een held onthaald. Het daaropvolgende jaar beloofde Cameron het referendum waar 'die klootzakken' en anderen al heel lang om riepen. Maar eerst zou hij met de pet in de hand naar de andere Europese leiders gaan om opnieuw over het Britse EU-lidmaatschap te onderhandelen. Na zijn obstructie van de Begrotingsunie hoefde Cameron niet op veel medewerking in Europa te rekenen. Maar omdat de meeste Europese leiders wilden dat Groot-Brittannië lid bleef van de EU, kreeg hij op bepaalde punten zijn zin: de sociale voorzieningen voor werknemers uit andere EU-landen zouden in Groot-Brittannië worden ingeperkt en Groot-Brittannië zou zich niet aan het principe van voortgaande integratie hoeven te houden. Maar dat zou nooit of te nimmer genoeg zijn voor de brexiteers, die helemaal uit de EU wilden.

Cameron moest nu betogen dat Groot-Brittannië beter af was wanneer het land lid bleef van de EU. Dat geloofde hij ongetwijfeld oprecht, maar net als de meeste andere Britse politici had hij nooit positieve argumenten aangevoerd voor het Britse EU-lidmaatschap. Voor de meeste Britten, en niet alleen voor de tory's, of ze nu 'klootzakken' waren of niet, hadden verhalen over Britse soevereiniteit en mythes over oorlogsheroïek, de Britse liefde voor de open zeeën en de Bijzondere Relatie nu eenmaal een veel grotere emotionele aantrekkingskracht. Maar die argumenten werden door zijn tegenstanders al gebruikt voor hun Leave-campagne, die in het gunstige geval ontaardde in sentimentaliteit over Spitfires, Churchill en de 'geest van Duinkerken' en in het ergste geval in xenofobe demagogie. Boris Johnson waarschuwde dat Groot-Brittannië zou worden overspoeld door Turken (Turkije was niet eens lid van de EU). Nigel Farage poseerde voor een billboard met een foto van een enorme groep jongemannen uit het Midden-Oosten (het ging hier trouwens om vluchtelingen in Slovenië). WE MUST BREAK FREE OF THE EU AND TAKE BACK CONTROL OF OUR BORDERS, luidde de slogan op de poster. Voor hem draaide het dus duidelijk om het indammen van de immigratie.

Cameron kon weinig anders doen dan de Britse kiezers waarschuwen voor de negatieve gevolgen van het vertrek uit de EU: de schade voor de Londense City, de Britse export, de status van Groot-Brittannië in de wereld, enzovoort. Hij verzocht Obama zelfs om een bezoek te brengen aan Groot-Brittannië en zijn steun uit te spreken voor het *Remain*-kamp. Ondanks al hun eerdere meningsverschillen stemde Obama toe. Hij schreef een artikel voor *The Daily Telegraph*, die probrexit was, en wees erop dat de Verenigde Staten na de brexit niet snel een handelsakkoord met Groot-Brittannië zouden sluiten. Integendeel, zei hij, een zin herhalend die hem door medewerkers van Downing Street was ingefluisterd, Groot-Brittannië zou weer 'achteraan moeten aansluiten'.[38] Tijdens een gezamenlijk persconferentie had hij het zelfs over zijn liefde voor Winston Churchill – een gevoel waaraan hij voor het eerst en voor het laatst uiting gaf.

Daarmee bevestigde hij uiteindelijk alleen maar het idee dat zich al in veel Britse geesten had vastgezet, namelijk dat het Remain-kamp het corrupte liberale establishment, de grote bedrijven en de plutocraten uit de Londense City vertegenwoordigde. Dat was de wereld die Cameron het beste kende. Hij kwam zelf uit een geprivilegieerd milieu en was ervan overtuigd dat mensen voor veiligheid en de status quo zouden kiezen. Hij had in zijn hele leven nog nooit een gevecht verloren. Waarom zou het nu opeens anders gaan?

Hillary Clinton, Obama's gedoodverfde opvolger, had harder voor haar positie moeten vechten dan Cameron. Maar ze was er al net zo van overtuigd dat zij door haar opleiding, expertise en progressieve reputatie de vanzelfsprekende keuze was als volgende president van de Verenigde Staten. Ze had het gevoel dat ze er recht op had, als vrouw van een ex-president, als senator van New York en minister van Buitenlandse Zaken onder Obama. Wie was er beter gekwalificeerd dan zij? Donald Trump, die riep dat de brexit iets geweldigs was en Nigel Farage prees als een groot leider, was domweg te vulgair, onwetend en bizar om de machtigste man van de westerse wereld te worden.

In april 2016, een paar maanden voor het brexitreferendum, bracht Ben Rhodes, Obama's speechschrijver en buitenlandadviseur, een bezoek aan Londen met de president. Medewerkers van Cameron wilden weten of Trump volgens hem een kans maakte. Het was een ontspannen samenzijn, bijna een intieme familiebijeenkomst. Nou, zei Rhodes, als Trump iets handiger was als politicus zou hij het verhaal over het indammen van de immigratie iets meer in zijn voordeel hebben uitgebuit. Toen nam Rhodes 'een slokje rode wijn en genoot van de ontspannen kwetterende stemmen van een zaterdagavondpubliek in een comfortabel Londens restaurant. "Maar weet je," zei ik, "net als jullie moeten we hopen dat mensen uiteindelijk voor de veiliger keuze gaan."'[39]

13
Grootse illusies

Het fascisme kwam op als een godsdienst van de teleurstelling, een woekerende walging over de hypocrisie van de heersers van de twintigste eeuw. Het is belangrijk om in te zien dat het fascisme een ziekte is en even besmettelijk als de griep.

Cyril Connolly

Binnenkort noemen ze me MR. BREXIT!

Donald Trump

De eerste buitenlandse leider die Donald Trump feliciteerde nadat hij was gekozen als de vijfenveertigste president van de Verenigde Staten, was de Egyptische militaire dictator Abdel Fattah al-Sisi. De tweede was de Australische premier Malcolm Turnbull, die Trumps mobiele nummer via de beroemde golfer Greg Norman had weten te bemachtigen. Waar de Britse premier Theresa May in de telefonische pikorde stond weet ik niet precies, maar toen ze belde liet Trump haar weten dat ze vooral contact moest opnemen als ze ooit plannen had om naar de Verenigde Staten te komen.

De eerste buitenlandse politicus die Trump in levenden

lijve ontmoette na zijn verkiezingsoverwinning was een Britse volksmenner die nooit in een regering had gezeten, de man die in 2016 door Trumps aanhangers werd bejubeld toen hij tijdens een campagnebezoek aan Jackson, Mississippi, beloofde dat de 'politieke klasse', 'het establishment', 'de experts', de elites van 'het moderne, mondiale corporatisme' en natuurlijk 'Washington' zouden worden verpletterd door 'de kleine man', 'de gewone, fatsoenlijke mensen'.

Een paar maanden later, op 12 november, stonden ze met zijn tweeën breed te grijnzen en hun duimen op te steken in de weerspiegelde gloed van Trumps vergulde liftdeuren in de Trump Tower in New York: de zojuist gekozen president en Nigel Farage, voorzitter van de UK Independence Party, door Trump tegen zijn adorerende fans omschreven als 'Mr. Brexit'. 'We stonden allebei te brullen van het lachen,' vertelde Farage later. 'Opeens hadden we gewonnen, weet je.'[1]

Je zou dit Anglo-Amerikaanse duo ook kunnen zien als karikaturen van een bepaald soort nationale stereotypes: Trump als de tweedehandsautoverkoper, de opgeblazen dikdoener, de billenknijpende kermisklant, de *ugly American* uit de jaren vijftig, en Farage als de joviale oplichter, de man in een schreeuwerig tweedjasje die schuine moppen tapt, de drammer in de pub met rechtse opinies en een hekel aan buitenlanders. Volgens Trump moest zijn Engelse vriend premier van het Verenigd Koninkrijk worden. Omdat die kans voorlopig nihil was, drong hij er bij de Britse regering publiekelijk op aan om Farage te benoemen tot ambassadeur in de Verenigde Staten, een opmerkelijk ongevraagd advies van een zojuist gekozen president.

De parallellen tussen hun campagnes om hun land te heroveren op de immigranten, de internationale bankiers, de liberale media, de insiders in Washington, de gladde zakenlieden in de Londense City, 'Europa' en andere vijanden van de gewone, fatsoenlijke mensen, waren hun allebei duidelijk. Beiden bewonderden ook de Russische leider Vladimir Poetin, wiens geheime diensten de publieke opinie in Groot-Brittannië en de Verenigde Staten hadden gemanipuleerd ten gunste van Trump en de brexit. En ze hadden allebei een hartgrondige hekel aan de financier en filantroop George Soros, die een fortuin had uitgegeven aan progressieve projecten over de hele wereld. De subtekst van de Soros-haat, die door haast alle ophitsers in Europa en de Verenigde Staten werd gedeeld, werd bondig samengevat door de louche Britse zakenman Arron Banks. Banks, die veel geld had verdiend met zijn diamantmijnen in Zuid-Afrika, was de financier van de brexitcampagne van Farage. Hij zei: 'Je hebt goede Joden en slechte Joden, en dan heb je ook nog George Soros.'[2]

Hoewel er ook echo's weerklonken van oudere vooroordelen over 'vrienden en verwanten', kreeg de Bijzondere Relatie onder Trump en Farage een compleet nieuwe wending. Het bondgenootschap speelde handig in op de woede en rancune van mensen die zich 'in de steek gelaten voelden' en daarvoor vooral buitenlandse zondebokken zochten. Dat Trump Duitse wortels heeft en Farage Franse was voor hun aanhangers misschien minder belangrijk dan hun nauwelijks verhulde minachting voor mensen die niet wit of van het mannelijke geslacht waren.

Maar Nigel Farage vertegenwoordigde zoals gezegd geen enkele overheid. In 2016 was Theresa May de premier. Toch hadden er zonder Farage en zijn UK Independence Party nooit genoeg mensen voor de brexit gestemd. Hij was het duistere gezicht van de brexitcampagne en knapte samen met andere schimmige ritselaars van rechts het vuile werk op voor de brexiteers van de Conservatieve Partij. De tory's konden beschaafd afstand nemen van openlijke onverdraagzaamheid en xenofobie zolang de UKIP dat vuur maar bleef opstoken. Maar het was wel duidelijk dat 'die klootzakken', die in de loop der jaren al zoveel Conservatieve leiders het leven zuur hadden gemaakt, ten slotte hadden gewonnen. De verlangde breuk met 'Europa' was eindelijk tot stand gebracht, maar daarvoor betaalde Groot-Brittannië de prijs die de Amerikanen ook hadden betaald voor Trumps machtsovername bij de Republikeinen. Door de brexit radicaliseerde de Britse politiek en raakte het gewoonlijk zo pragmatische Britse publiek verdeeld in twee vijandige stammen die werden opgehitst door ideologische schreeuwlelijken en de tabloids; het politieke midden begon weg te smelten. Theresa May probeerde de brexithardliners tegemoet te komen, maar veranderde daardoor in de hulpeloze aangever op het toneel waarop zij de show stalen. Al haar moeite om tot een verstandige brexitdeal met de EU te komen was voor niets. Daardoor kreeg haar poging om de banden met de Verenigde Staten weer aan te halen iets wanhopigs.

Vrijwel onmiddellijk na Trumps inauguratie vloog ze naar Washington voor een ontmoeting. Ze werd met de gebruikelijke beleefdheden onthaald. Beide leiders poseerden voor Churchills borstbeeld in het Oval Office. Trump riep dat de brexit iets geweldigs was voor Groot-Brittannië. May, die tegen de brexit had gestemd, zag haar bezoek als een bevestiging van het belang van 'de bijzondere relatie tussen onze landen, een relatie die is gebaseerd op de verbondenheid van geschiedenis, familie, verwantschap en gemeenschappelijke belangen'.[3] Ze nodigde Trump uit voor een staatsbezoek aan Groot-Brittannië, hoewel ze daar best nog even mee had kunnen wachten. Het enige ongemakkelijke moment deed zich voor toen de politiek verslaggever van de BBC tijdens de gezamenlijke persconferentie de euvele moed had om de president te vragen naar zijn besluit om moslims de toegang tot de Verenigde Staten te weigeren en naar zijn klaarblijkelijk positieve opvattingen over marteling. Trump bedoelde het hopelijk spottend toen hij tegen May zei: 'Die vragen heb jij gekozen. Daar gaat onze relatie.'[4]

May deed vreselijk haar best, maar slaagde er niet in om eenzelfde soort verstandhouding met Trump te krijgen als Farage. Trumps snoeverige machismo viel niet goed bij de strenge, enigszins onbeholpen dochter van een anglicaanse predikant. Zijn demagogische populisme was mijlenver verwijderd van haar ouderwetse Engelse conservatisme. Farage had Trump geprezen omdat hij Hillary Clinton had 'gedomineerd' als een 'zilverruggorilla'. Dat was helemaal niet Mays stijl. Ze kon onvermurwbaar en zelfs meedogenloos zijn en had bijna even geborneerde ideeën over niet-Engelssprekenden als Trump. Maar ze was geen gorilla en ook geen bewonderaar van dominante mannen.

In de zomer van 2019 legde Trump eindelijk zijn staatsbezoek aan Groot-Brittannië af; het moest enkele malen worden uitgesteld uit vrees voor demonstranten die zijn gevoelens zouden kwetsen. Hij begon met een belediging aan Theresa May door kritiek te leveren op haar onderhandelingen met de EU. Daar deed hij nog een schepje bovenop door Nigel Farage nog eens op te hemelen. Hij voegde eraan toe dat Boris Johnson, de leider van de brexithardliners, een fantastische premier zou zijn. En terwijl hij toch bezig was, maakte Trump ook de burgemeester van Londen, een moslim en de zoon van Pakistaanse immigranten, uit voor 'stone cold loser' en de schoondochter van de koningin, de Afro-Amerikaanse Meghan Markle, voor 'nasty', een vals loeder. Maar hij mocht de koningin wel, zei hij: 'We hebben ons geweldig vermaakt.' Ze had hem een eerste druk van *The Second World War* van Churchill cadeau gegeven.

Rechts populisme en rancunepolitiek komen natuurlijk niet alleen voor in Groot-Brittannië en de Verenigde Staten. Integendeel. Zulke tendensen kennen een lange geschiedenis in landen als Italië en Frankrijk en zijn in Oost-Europa opgelaaid door de corruptie in het post-Sovjettijdperk. Maar die verschijnselen lijken schokkender in Groot-Brittannië en Amerika, want het tijdperk van Trump en de brexit betekent een radicale breuk met de naoorlogse periode die door Churchill en Roosevelt is vormgegeven. Alle Britse premiers, met uitzondering van Edward Heath, en af en toe Macmillan en Blair, voelden zich ongemakkelijk bij het idee dat Groot-Brittannië moest worden ingepast in een Europese unie. Sommigen voelden zich superieur aan andere Europeanen. Anderen hadden heimwee naar het Gemenebest. Ze waren bijna allemaal gehecht aan de Bijzondere Relatie. Maar sinds Groot-Brittannië in 1973 lid was geworden van de Europese Economische Gemeenschap hadden ze geen van allen ooit aan een scheiding gedacht. En geen enkele president van de Verenigde Staten zou die hebben goedgekeurd, laat staan toegejuicht.

Trump, Farage en de meest rabiate brexiteers van de Conservatieven bleven maar herhalen dat ze hun land moesten heroveren en weer *great* moesten maken. Het beeld dat ze schetsten was of hoogdravend – Groot-Brittannië als wereldmacht – ofwel een weerspiegeling van een bekrompen, chauvinistisch wereldbeeld dat Churchill en Roosevelt zouden hebben verafschuwd. Trump leende zijn slogan 'America First' van de isolationisten uit de jaren dertig, die soms warmliepen voor de nazi's en een Amerika voor ogen hadden waar Roosevelt zich actief tegen verzette. In het tijdperk van Trump en brexit betekende het herstellen van de *greatness* de stelselmatige afbraak van de idealen – openheid, internationalisme, liberalisme – die voor veel mensen vroeger juist een reden waren om de Anglo-Amerikaanse orde te bewonderen. Dat Groot-Brittannië en de Verenigde Staten hun eigen idealen lang niet altijd waarmaakten, maakt de sloop ervan niet minder angstwekkend.

Uiteindelijk moest de Duitse bondskanselier Angela Merkel zich uitspreken voor de liberale maatstaven die Groot-Brittannië en de Verenigde Staten in 1941 in het Atlantisch Handvest hadden vastgelegd. Haar formele gelukwensen aan Trump bevatten de volgende woorden: 'Duitsland en Amerika zijn met elkaar verbonden door de waarden democratie, vrijheid en respect voor de wet en de waardigheid van de mens, ongeacht afkomst, huidskleur, religie, geslacht, seksuele voorkeur of politieke overtuigingen. Op basis van deze waarden ben ik bereid nauw met de volgende president samen te werken.' Dit zei ze in december 2016. Het daaropvolgende jaar gaf Trump blijk van zijn minachting voor naoorlogse organisaties als de NAVO, die juist door de Verenigde Staten waren opgericht om deze waarden te verdedigen, en zei Merkel dat de westerse democratieën niet meer op hun Anglo-Amerikaanse bondgenoten konden rekenen. De EU moest zich erop voorbereiden 'haar lot in eigen hand te nemen'.

Er zijn veel redenen waarom het zover was gekomen, en die redenen doen zich niet alleen in Groot-Brittannië en de Verenigde Staten voor. Het vertrouwen in politieke elites was aangetast door de financiële crisis van 2008, toen politici van alle grote partijen ervan werden beschuldigd dat ze de bankiers tegen de gevolgen van hun wanbeheer beschermden. De Europese Unie, oorspronkelijk opgericht om de vrede, democratie en welvaart te bevorderen, komt in tijden van een economische crisis op veel mensen over als een schimmig genootschap van kille technocraten die hun eigen belangen dienen en het contact met de gewone burgers hebben verloren. De traditionele media, met hun redacties die feiten en onzin van elkaar proberen te scheiden, worden door de opkomst van het internet steeds vaker als verouderd beschouwd en door demagogen weggezet als elitaire verspreiders van 'nepnieuws'. Immigranten uit arme landen, die aanvankelijk waren binnengehaald als goedkope arbeidskrachten, werden ondertussen gezien als een bedreiging voor de werkgelegenheid van de oorspronkelijke bevolking. Door terroristische aanslagen van islamistische fanatici sloegen oude vooroordelen tegen moslims om in regelrechte vijandigheid. In het Westen heerste angst voor een 'demografische revolutie' en 'etnische vervanging': Europa zou veranderen in 'Eurabië' en het witte Amerika zou worden 'overspoeld' door Mexicanen en andere 'ongewenste buitenlanders'. Dit waren de ideale omstandigheden voor opruiende demagogen die korte metten zouden maken met de 'corrupte' elites en hun land zouden 'heroveren' in naam van 'de wil van het volk'.

In de jaren dertig zijn Groot-Brittannië en de Verenigde Staten ondanks de America Firsters en de British Union of Fascists van Oswald Mosley niet voor dergelijke neigingen gezwicht en redden ze Europa van de nazi's. Veel vluchtelingen uit de Europese totalitaire staten vonden een veilig heenkomen in Groot-Brittannië en Amerika. Beide landen zijn nu geen baken van hoop en vrijheid meer en dreigen zich steeds meer te isoleren. Ze lijken in de greep van een existentiële angst voor immigranten en bezwijken voor de verleidingen van illiberaal leiderschap.

De oorzaak van de meeste varianten van modern populisme is rancune; mensen hebben het gevoel dat ze worden voorbijgestreefd, afgedankt, genegeerd, ingehaald; dat ze hun macht en privileges aan het verliezen zijn. Dat gevoel kan gebaseerd zijn op economische tegenspoed, etniciteit of de achteruitgang van hun land. Voor de Duitsers is het uit met grootse dromen; zij hebben hun les geleerd toen de verwezenlijking van dergelijke fantasieën faliekant was mislukt. Een herleving van de Franse *gloire* is ook niet meer geloofwaardig. De Chinezen dromen er nog wel van om weer een grootmacht te worden. En terwijl de invloed van China groeit, merken de Amerikanen dat ze steeds minder macht hebben. Dure oorlogen in het Midden-Oosten waaraan maar geen einde lijkt te komen en waarvan de overwinning beslist niet in zicht is, hebben bijgedragen aan dat gevoel. Het isolationisme van Trump voelt als een vlaag van gepikeerdheid, waarvan er wel meer voorbeelden zijn in de Amerikaanse geschiedenis, een doelbewust afwenden van de buitenwereld die de Amerikanen in de boot zou hebben genomen.

Maar dat is niet de enige reden voor de trumpiaanse verbittering. De rancunepolitiek in Amerika is niet simpelweg te wijten aan een gekwetst nationaal ego. De volkswoede in de Verenigde Staten heeft vaak een raciale basis, het gevoel bij bepaalde witte mensen dat ze hun etnische privileges zijn kwijtgeraakt toen Lyndon Johnson in de jaren zestig de wetten tekende waardoor alle Amerikanen burgerrechten kregen. Dit verklaart waarom veel mensen die veelal, maar lang niet altijd, op het platteland wonen en niet erg geschoold zijn, woedend waren over de verkiezingsoverwinning van Obama: hij was beter opgeleid dan de meeste mensen, had aan de beste universiteiten gestudeerd, maar was bovendien ook deels Afrikaans. Een hoogopgeleide zwarte president riep de sociale en raciale angsten op die hebben geholpen om Donald Trump aan de macht te brengen.

De maatschappelijke verdeeldheid over de brexit in Groot-Brittannië kwam grofweg overeen met die over de verkiezingsoverwinning van Trump in de Verenigde Staten: stad versus platteland, hoogopgeleid versus laagopgeleid, oud versus jong. Maar de combinatie van oorlogsretoriek en etnisch nationalisme gaf de brexitcampagne een speciaal soort venijn. Niet alleen werd er vaak verwezen naar *Britain's finest hour*, maar ook werden mensen die in het *remain*-kamp zaten of hun twijfels hadden over sommige tactieken van de brexiteers als verraders beschouwd. Drie rechters van het Hooggerechtshof van het Verenigd Koninkrijk die oordeelden dat de goedkeuring van het parlement vereist was voor een brexitdeal werden op de voorpagina van een rechtse sensatiekrant uitgemaakt voor 'Volksvijanden'.[5] Een bekende columniste schreef: 'Wil de brexit slagen, dan hebben we de geest van Duinkerken nodig en geen negatieve tuthola's.'[6]

Soms was de taal niet alleen opruiend, maar ook misleidend. Het probleem voor Theresa May was dat geen enkele mogelijke brexitdeal op de steun van een meerderheid in het parlement kon rekenen. Groot-Brittannië was ofwel gebonden aan de EU-regelgeving, zonder de mogelijkheid om daarop invloed uit te oefenen, of uitgesloten van de interne markt, waardoor het Britse bedrijfsleven grote schade zou oplopen. Toen Theresa May met veel moeite een overeenkomst tot stand wist te brengen waarbij Groot-Brittannië verplicht was om zich gedurende een overgangsperiode aan de EU-regels te houden, bulderde de hoofdredacteur van een belangrijke krant: 'Groot-Brittannië kan deze afgrijselijke, vernederende overgave aan de EU niet accepteren.'[7] Een columnist in dezelfde krant riep: '*No Surrender*, Mrs. May: De EU Is Zwak En Groot-Brittannië Is Sterk.'

Het was dus duidelijk: Groot-Brittannië was in oorlog, in elk geval in de ogen van een groot aantal brexiteers. Theresa May was Neville Chamberlain, die abjecte appeasementpolitiek bedreef, geen voet bij stuk hield en het land in de steek liet. Ze hielp haar eigen zaak niet door toe te geven aan de chauvinisten en een aantal van hun slogans over te nemen. Kosmopolieten waren volgens haar 'burgers van nergens', die zich gedroegen 'alsof ze meer gemeen hebben met internationale elites dan met de mensen verderop in de straat.'[8] En daardoor werd ze de laatste premier die ten val kwam in de oneindige Britse burgeroorlog om 'Europa' en de zoektocht naar een rol voor de natie na de teloorgang van het imperium.

Theresa Mays opvolger, Boris Johnson, was al net zo'n zelfgeschapen karikatuur als Trump en Farage. Johnson kwam niet uit een deftige oude familie, maar overdreef bewust de bekakte maniertjes die hij zich in Eton en Oxford eigen had gemaakt: de stotterige hete aardappel, de zelfspot die je je alleen kunt permitteren wanneer je je superieur waant, het gecultiveerde dilettantisme, de Latijnse citaten, de zorgvuldig bestudeerde slordige kledingstijl. In tegenstelling tot David Cameron, die ongeveer tegelijk met hem op Eton en in Oxford zat en uit een veel deftiger milieu kwam maar zich volks probeerde te gedragen zonder iemand te overtuigen, besefte Johnson dat hij alleen maar onbetrouwbaar zou overkomen wanneer hij zou doen alsof hij geen chique opleiding had genoten. Daarom overdreef hij bewust. Zijn voorbeeld was Winston Churchill, wiens manieren hij leek te imiteren, tot de voorovergebogen houding van de oude man aan toe.

Johnsons churchilliaanse retoriek over de brexitonderhandelingen – 'Ik lig liever dood in een greppel' dan dat ik de brexit uitstel – speelde in op het heimwee naar glorieuze tijden en het verlangen om 'Duinkerken' opnieuw mee te maken. Daarbij speelde klasse een rol, zoals ras een rol speelde in Trumps Amerika. Met zijn imitatie van de oorlogsretoriek overtuigde Johnson niet veel jonge mensen in de grote steden, en hij viel ook niet goed bij de meeste hoogopgeleide Britten, maar hij was wel populair onder de oudere generatie in de provincie en bij boze witte mannen uit de arbeidersklasse. Johnson appelleerde ook aan de hooliganmentaliteit, die 'van nut zou kunnen zijn', zoals Alan Clark, de rechtse tory, me ooit had verzekerd. Als je het iets vriendelijker zou willen uitdrukken, zou je zeggen dat bij Johnson de strijdlustigheid van de upper class samenging met het patriottisme van de arbeidersklasse.

Een ander opvallend aspect van de brexitcampagne was dat de beweging werd geleid door leden van de traditionele Britse upper class die op dure kostscholen hadden gezeten, maar deden alsof ze 'het volk' vertegenwoordigden in de strijd tegen 'de elite'. In wezen wáren Johnson of zijn medeparlementslid Jacob Rees-Mogg – oud-leerling van Eton, zoon van een voormalig hoofdredacteur van *The Times* – natuurlijk de elite.

Er wordt wel gezegd dat de Britten terugverlangen naar hun verloren imperium. Dat is te algemeen en waarschijnlijk overdreven. De meeste mensen kan het niet veel schelen. Maar het zou wel een verklaring kunnen zijn voor de vijandigheid jegens 'Europa' onder bepaalde leden van de elite, zoals Johnson en Rees-Mogg. Toen Johnson als minister van Buitenlandse Zaken een bezoek bracht aan Myanmar begon hij bij de beroemde gouden pagode in Yangon Kiplings gedicht 'Mandalay' te citeren: 'Kom nu terug, jij Britse soldaat.' Met zijn tactloze herinnering aan het imperium bracht hij zijn gastheren en gastvrouwen ernstig in verlegenheid, tot grote schrik van de Britse ambassadeur, die tegen Johnson moest fluisteren dat dit echt 'heel ongepast' was. Zo'n voorval betekent niet dat Johnson verlangt naar het herstel van het koloniaal bestuur. Maar het gevoel dat het EU-lidmaatschap de oorzaak was van een verlies aan Britse soevereiniteit, die nu moet worden terugveroverd, heeft vele lagen. Een daarvan is de angst dat het delegeren van de wetgevende macht aan pannationale instellingen gepaard gaat met een aantasting van de macht van een nationaal parlement. Dat is misschien een onvermijdelijke en noodzakelijke consequentie van een overeenkomst die juist ook grote voordelen oplevert. Maar het is legitiem om je daar zorgen over te maken.

Er is echter nog een reden voor de rancune. Een eeuw geleden, toen het imperium nog intact was, konden mannen als Johnson en Rees-Mogg erop rekenen dat ze vanuit Londen een groot deel van de wereld, of anders in elk geval grote stukken van India, zouden besturen. De Europese Unie is niet de reden waarom dit niet meer kan, maar voor sommige mensen staat de Unie symbool voor de afgenomen status en macht van Groot-Brittannië. Daarom brulden Britse hooligans in het buitenland, tot verbijstering van de plaatselijke bevolking, 'Can't wait to get out of the EU!' en ontvouwt Johnson grandioze visioenen over de Britse leeuw die weer zal brullen. In 2002 schreef hij per slot van rekening in *The Spectator* over het imperium: 'Het probleem is niet dat we vroeger de baas waren, maar dat we nu niet meer de baas zijn.'

Churchill zou in zijn glorietijd met deze gevoelens hebben ingestemd. En net als Johnson was hij iemand uit de hogere klassen die zich geliefd wist te maken bij de patriottische arbeider. Maar Churchill was ook toegewijd aan de parlementaire democratie. Hij was gehecht aan het parlement. Tijdens de Eerste Wereldoorlog keek Churchill naar de donkere lege zaal van het Lagerhuis en merkte hij op: 'Deze kleine plek vormt het verschil tussen ons en Duitsland.' Het citaat staat in Johnsons biografie van zijn held.

Maar om de brexitoorlog in Groot-Brittannië te winnen heeft Johnson zichzelf bevorderd tot de volkstribuun die optreedt tegen het parlement. Net als andere brexiteers heeft Johnson zichzelf uitgeroepen tot dienaar van 'de wil van het volk'; en die wil zou zijn uitgedrukt in een referendum (een vorm van volksraadpleging die door zowel Clement Attlee als Margaret Thatcher is afgewezen omdat deze on-Brits zou zijn). Om ervoor te zorgen dat politici de volkswil niets in de weg zouden leggen, besloot Johnson in september 2019 alle mogelijke debatten over het onderwerp af te kappen en het parlement te schorsen. Toen eenentwintig leden van zijn eigen partij, onder wie Churchills kleinzoon, zich uitspraken voor een wetsvoorstel waarmee een *no-deal*-brexit zonder goedkeuring van het parlement kon worden geblokkeerd, werden ze zonder pardon uit de partij gezet. Ze waren 'collaborateurs' van de EU, meende Johnson, die 'een capitulatieoorkonde' wilden aanbieden. Ze 'hesen de witte vlag'. En zo ging de oorlog verder, met Churchills zelfbenoemde erfgenaam die de ongeschreven normen van de liberale democratie aan zijn laars lapte, en dat allemaal in naam van het volk.

Trump had enorme bewondering voor wat Johnson

deed. Johnson was, zoals de president tweette, 'precies wat het Verenigd Koninkrijk nodig heeft' – hij was zelfs 'Britain Trump', zoals de president het formuleerde. Dit was de hoogste lof die hij de Britse premier had kunnen toezwaaien. Groot-Brittannië en de Verenigde Staten zijn in veel opzichten heel verschillend en je moet de parallellen tussen Trumps grillige beleid en de brexit niet te ver doortrekken. Maar de twee leiders hebben meer met elkaar gemeen dan veel presidenten en premiers die hun voorgingen. Ze waren allebei mannen met een grenzeloze ambitie en weinig vaststaande ideeën, die hun kans om aan de macht te komen hebben gegrepen door de volkswoede op te stoken. Hun doel was om hun land weer *great* te maken, maar ze hebben met zoveel normen gebroken dat ze de grondslag van de zaken waardoor Groot-Brittannië en Amerika volgens veel mensen in de hele wereld *great* waren hebben vernietigd.

Tijdens een van zijn vruchteloze reizen naar het Europese vasteland, waar hij de EU wilde overhalen in te stemmen met een brexitakkoord dat gunstig zou zijn voor Groot-Brittannië maar zeer nadelig voor de rest van Europa, kwam Johnson met een verbazingwekkende vergelijking. Als de EU weigerde om Johnsons eisen in te willigen, zei hij, zou Groot-Brittannië 'uit zijn "boeien" losbreken als de Incredible Hulk'. En hij waarschuwde het parlement wat er zou gebeuren wanneer men zou proberen hem tegen te houden: 'Hoe bozer Hulk wordt, hoe sterker Hulk wordt.'[9]

Het is een bizarre en jammerlijke vergelijking: Groot-Brittannië als de woedende humanoïde met de groene huid uit een Amerikaans stripverhaal, die volgens zijn schepper, Stan Lee, is geïnspireerd op het monster van Frankenstein. Het beeld van Anglo-Amerika dat in het tijdperk van Trump en brexit door de twee leiders wordt gepresenteerd is een groteske karikatuur: een lomp, gespierd, boos, zelfingenomen wezen dat prat gaat op zijn brute kracht. In één stripversie van de Hulk lijdt het monster aan een meervoudigepersoonlijkheidsstoornis.[10]

Net als de meeste dingen zal ook dit voorbijgaan. De angstaanjagende krantenkoppen van vandaag zijn het oude nieuws van morgen. Misschien slagen genoeg 'volksvijanden' erin om iets te redden uit de ravages van de brexit en zal Trump op een dag worden gezien als een tijdelijke fase van krankzinnigheid in de trotse democratische geschiedenis van Amerika, als net zo'n figuur als senator Joe McCarthy, die voor toekomstige generaties zal dienen als voorbeeld van een weg die juist niet moet worden ingeslagen. Maar de Anglo-Amerikaanse wereld waar ik naar opkeek tijdens mijn jeugd, misschien wat naïef, maar wel om redenen die gebaseerd waren op de historische waarheid, heeft ernstige schade opgelopen.

Tranen laten bij het zien van een achterhaalde Hollywoodfilm waarin Amerikaanse en Britse soldaten de stranden van Normandië op kruipen om mijn continent te bevrijden is zeker sentimenteel. Maar de idealen die Roosevelt en Churchill in het Atlantisch Handvest hebben vastgelegd en de instellingen die ze hebben opgericht, vertegenwoordigden wel iets nobels, ondanks de domme en rampzalige oorlogen die zijn gevoerd door hun opvolgers, die te graag als de opvolgers van Churchill wilden worden gezien. De orde die na de Tweede Wereldoorlog is ontstaan loopt nu ten einde. Mensen weten steeds minder goed waarom die oorlog werd gevoerd. Voor mij is dat een reden om triest te zijn. Want de politieke vrijheid en openheid van Groot-Brittannië en de Verenigde Staten gaven veel mensen hoop. Dat die idealen vaak werden verraden is geen reden om ze niet hoog te houden.

Dankwoord

Vertalen is ondankbaar werk. De vertaalde tekst is nooit precies wat de auteur in de oorspronkelijke taal voor ogen had (wat niet wil zeggen dat een vertaling altijd een verarming is; integendeel, soms is het een verrijking). Dit geldt helemaal voor een auteur die de taal waarin zijn werk wordt omgezet machtig is.

Ik zeg dit om nog eens extra mijn dank te betuigen aan Arthur Wevers. Een betere vertaler is niet denkbaar. Hij doet zijn uitstekende werk in de volle wetenschap dat de schrijver meekijkt en dat hij moet rekenen op knorrig commentaar. Kortom: chapeau!

Veel dank ben ik ook verschuldigd aan Hanca Leppink, die haar lange ervaring in het beoordelen en redigeren van teksten heeft aangewend voor de Nederlandse edities van mijn boeken.

Hanca noch Arthur is natuurlijk verantwoordelijk voor eventuele fouten in de tekst. De schuld daarvoor ligt geheel bij mij.

Het schrijven van dit boek vond plaats in een tijd die voor mij persoonlijk niet altijd makkelijk was. De morele steun van mijn vrienden in Nederland was even roerend als onmisbaar. Dank aan: Willem Diepraam, Shamanee Kempedoo, Hans Baaij, Hanca Leppink, Arnon Grunberg, Hans Steketee, Monique Snoeien, Adriaan van Dis, Joggli Meihuizen, Geert Mak, Abram de Swaan, Nelleke Noordervliet, Livia Verstegen, Jan Donkers, Lien Heyting, Hans Ree, Emile Brugman, Ellen Schalker, Merlijn Olnon, Bas Heijne, Rob Schipper, Harko Keijzer, Rem Koolhaas, Petra Blaisse.

De enige reden waarom Leonoor Broeder en Marjet Knake van Atlas Contact op dit lijstje ontbreken is dat ik hun speciaal wil bedanken voor hun even professionele als vriendschappelijke toewijding. Tenslotte wil ik mijn redacteur, Simon Dikker Hupkes, bedanken voor zijn voortreffelijke begeleiding.

Noten

1 Het teken van de overwinning

1 Christopher Hitchens, *Blood, Class, and Nostalgia: Anglo-American Ironies* (New York: Farrar, Straus and Giroux, 1990), p. 214.

2 Boris Johnson, geciteerd in *The Guardian*, 21 januari 2017.

2 Bloed en geschiedenis

1 Trent A. Watts, *One Homogeneous People: Narratives of White Southern Identity, 1890-1920* (Knoxville: University of Tennessee Press, 2010), p. 116.

2 Hitchens, *Blood, Class, and Nostalgia*, p. 135.

3 Robin Renwick, *Fighting with Allies: America and Britain in Peace and War* (New York: Times Books, 1996), p. 52.

4 Max Hastings, *Winston's War: Churchill, 1940-1945* (New York: Vintage, 2011), p. 149.

5 Renwick, *Fighting with Allies*, p.11.

6 Andrew Roberts, 'When Churchill Dissed America', *Smithsonian Magazine*, november 2018.

7 Marc Wortman, *1941: Fighting the Shadow War: A Divided America in a World at War* (New York: Grove Atlantic, 2017), p. 37.

8 Renwick, *Fighting with Allies*, p. 74.

9 Peter Clarke, *Mr. Churchill's Profession: The Statesman as Author and the Book That Defined the 'Special Relationship'* (New York: Bloomsbury Press, 2012), p. 101.

10 Thomas F. Gossett, *Race: The History of an Idea in America* (New York: Oxford University Press, 1997), p. 100.

11 Derek Leebaert, *Grand Improvisation: America Confronts the British Superpower 1945-1957* (New York: Farrar, Straus and Giroux, 2018), p. 219.
12 Clarke, *Mr. Churchill's Profession*, p. 60.
13 Arthur Schlesinger, Jr., 'The Supreme Partnership', *Atlantic*, oktober 1984.
14 Alfred Thayer Mahan, *The Influence of Sea Power Upon History 1660-1783* (Boston: Little, Brown, 1918), p. 52.
15 Mahan, *The Influence of Sea Power*, p. 55.
16 Hitchens, *Blood, Class, and Nostalgia*, p. 110.
17 Renwick, *Fighting with Allies*, p. 32.
18 Clarke, *Mr. Churchill's Profession*, p. 255.
19 Clarke, *Mr. Churchill's Profession*, p. 101.
20 Jon Meacham, *Franklin and Winston: An Intimate Portrait of an Epic Friendship* (New York: Random House, 2003), p. 124.
21 Speech to Mansion House, 10 november 1941. Transcript op http://www.ibiblio.org/pha/policy/1941/1941-11-10a.html.
22 Clarke, *Mr. Churchill's Profession*, p. 88.
23 Erik Larson, *The Splendid and the Vile: A Sage of Churchill, Family, and Defiance During the Blitz* (New York: Crown, 2020), p. 352.
24 Winston S. Churchill, *The Second World War*, vol. 3, *The Grand Alliance* (Boston: Houghton Mifflin, 1950), p. 381.
25 Bosley Crowther, '"That Hamilton Woman", the Story of a Historic Love Affair, at the Music Hall – Other New Films at the Roxy, Capitol and Palace', *New York Times*, 4 april 1941.
26 Wortman, *1941: Fighting the Shadow War*, p. 274.
27 Wortman, *1941*, p. 386.
28 Warren F. Kimball, red., *Churchill and Roosevelt: The Complete Correspondence*, vol. 3 (Princeton University Press, 1984), p. 140.
29 Kimball, *Churchill and Roosevelt*, vol. 1: 281.

30 Meacham, *Franklin and Winston*, p. 134.
31 Churchill, *The Second World War*, 3: 615.
32 Churchill, *The Second World War*, vol. 4, *The Hinge of Fate* (Boston: Houghton Mifflin, 1950), p. 109.
33 Renwick, *Fighting with Allies*, p. 53.
34 Hastings, *Winston's War*, p. 182.
35 David Reynolds, *Summits: Six Meetings That Shaped the Twentieth Century* (New York: Basic Books, 2007), p. 106-107.
36 Lord Moran, *Churchill Taken from the Diaries of Lord Moran: The Struggle for Survival 1940-1965* (Boston: Houghton Mifflin, 1966), p. 88.
37 Lord Moran, *Churchill Taken from the Diaries*, p. 140.
38 Lord Moran, *Churchill Taken from the Diaries*, p. 141.
39 Churchill, *The Second World War*, 5: 339.
40 Churchill, *The Second World War*, 5: 360.

3 Het imperium is dood, lang leve het imperium

1 John Bew, *Citizen Clem: A Biography of Attlee* (London: Riverrun, 2016), p. 432.
2 David McCullough, *Truman* (New York: Simon and Schuster, 1992), p. 447.
3 Bew, *Citizen Clem*, p. 352.
4 Bew, *Citizen Clem*, p. 383.
5 Dean Acheson, *Present at the Creation: My Years in the State Department* (New York: W.W. Norton, 1969), p. 594.
6 Hitchens, *Blood, Class and Empire*, p. 23.
7 Leebaert, *Grand Improvisation*, p. 49.
8 David S. McLellan, *Dean Acheson: The State Department Years* (New York: Dodd, Mead, 1976), p. 274.
9 Acheson, *Present at the Creation*, p. 478.
10 Bew, *Citizen Clem*, p. 494.
11 Acheson, *Present at the Creation*, p. 481.

12 Dean Acheson, *The Korean War* (New York: W.W. Norton, 1971), p. 91.
13 Leebaert, *Grand Improvisation*, p. 299.
14 Hugo Young, *This Blessed Plot: Britain and Europe from Churchill to Blair* (Woodstock, NY: Overlook Press, 1998), p. 24.
15 Wm. Roger Louis en Hedley Bull, red., *The 'Special Relationship': Anglo-American Relations since 1945* (Oxford: Clarendon Press, 1986), p. 80.
16 Harold Nicolson, 'Marginal Comment', *Spectator*, 30 juni 1950.
17 *New York Times*, 16 juni 1950.
18 Young, *This Blessed Plot*, p. 37.
19 Winston Churchill, 'The United States of Europe', *Saturday Evening Post*, 15 februari 1930.
20 Acheson, *Present at the Creation*, p. 385.

4 De weg naar Suez

1 Lord Moran, *Churchill Taken from the Diaries*, p. 368.
2 Lord Moran, *Churchill Taken from the Diaries*, p. 377.
3 Acheson, *Present at the Creation*, p. 597.
4 David Dilks, *Churchill and Company: Allies and Rivals in War and Peace* (London: I.B. Tauris, 2012), p. 228.
5 Leebaert, *Grand Improvisation*, p. 301.
6 Leebaert, *Grand Improvisation*, p. 313.
7 Robert Rhodes James, *Anthony Eden: A Biography* (London: McGraw-Hill, 1987), p. 456.
8 Harry S. Truman, *Memoirs by Harry S. Truman: 1945 Year of Decisions* (Saybrook, CT: William S. Konecky Associates, reissue edition, 1999), p. 275.
9 H.W. Brands, Jr., *Cold Warriors: Eisenhower's Generation and American Foreign Policy* (New York: Columbia University Press, 1988), p. 206.
10 Brands, *Cold Warriors*, p. 202.

11 Renwick, *Fighting with Allies*, p. 200.
12 Lewis en Bull, *The Special Relationship*, p. 79.
13 Leebaert, *Grand Improvisation*, p. 413.
14 Acheson, *Present at the Creation*, p. 388.
15 Acheson, *Present at the Creation*, p. 600.
16 Jean Edward Smith, *Eisenhower in War and Peace* (New York: Random House, 2012), p. 619.
17 Smith, *Eisenhower in War and Peace*, p. 620.
18 Lord Moran, *Churchill Taken from the Diaries*, p. 587.
19 Lord Moran, *Churchill Taken from the Diaries*, p. 436.
20 Lord Moran, *Churchill Taken from the Diaries*, p. 529.
21 Lord Moran, *Churchill Taken from the Diaries*, p. 538.
22 Dwight D. Eisenhower, *Mandate for Change: 1953-1956*, (New York: Doubleday, 1963), p. 247.
23 Rhodes James, *Anthony Eden: A Biography*, p. 375.
24 Eisenhower, *Mandate for Change*, p. 247.
25 Rhodes James, *Anthony Eden: A Biography*, p. 350.
26 Persoonlijke mededeling door Hugo Young aan de auteur.
27 Young, *This Blessed Plot*, p. 83.
28 *The Poisoned Chalice*, BBC, uitzending 9 mei 1996. Gepresenteerd door Michael Elliott, productie John Bridcut.
29 *The Poisoned Chalice*.
30 Smith, *Eisenhower in War and Peace*, p. 695.
31 Rhodes James, *Anthony Eden: A Biography*, p. 505-506.
32 Peter G. Boyle, red., *The Eden-Eisenhower Correspondence 1955-1957* (Chapel Hill: University of North Carolina Press, 2005), p. 181.
33 Emmet John Hughes, *The Ordeal of Power: A Political Memoir of the Eisenhower Years* (New York: Atheneum, 1963), p. 213.
34 Christopher Sandford, *Harold and Jack: The Remarkable Friendship of Prime Minister Macmillan and President Kennedy* (Buffalo, NY: Prometheus, 2014), p. 19.
35 Smith, *Eisenhower in War and Peace*, p. 704.

5 Een Anglo-Amerikaanse Band

1 Richard Davenport-Hines, *An English Affair: Sex, Class and Power in the Age of Profumo* (New York: Harper Press, 2013), p. 44.

2 Alistair Horne, *Macmillan: 1957-1986*, vol. 2 (New York: Viking Adult, 1989), p. 27.

3 Sandford, *Harold and Jack*, p. 109.

4 Horne, *Macmillan*, p. 27.

5 Dit zei Douglas Hurd in 1993 op het Royal Institute for International Affairs (Chatham House).

6 Lewis en Bull, *The Special Relationship*, p. 253.

7 Renwick, *Fighting with Allies*, p. 237.

8 Horne, *Macmillan*, p. 105.

9 Sandford, *Harold and Jack*, p. 96.

10 Sandford, *Harold and Jack*, p. 153.

11 Horne, *Macmillan*, p. 53.

12 D. R. Thorpe, *Supermac: The Life of Harold Macmillan* (London: Chatto and Windus, 2010), p. 394.

13 John Baylis, *Anglo-American Relations since 1939: The Enduring Alliance Documents in Contemporary History* (Manchester University Press, 1997), p. 102.

14 Renwick, *Fighting with Allies*, p. 254.

15 Young, *This Blessed Plot*, p. 118.

16 Horne, *Macmillan*, p. 229.

17 Horne, *Macmillan*, p. 231.

18 Julian Jackson, *Charles de Gaulle* (London: Haus, 2003), p. 96.

19 Jackson, p. 99.

20 Sandford, *Harold and Jack*, p. 52.

21 Lawrence Freedman, *Kennedy's Wars: Berlin, Cuba, Laos, and Vietnam* (Oxford: Oxford University Press, 2000), p. 301.

22 Horne, *Macmillan*, p. 292.

23 Freedman, *Kennedy's Wars*, p. 310.
24 Horne, *Macmillan*, p. 310.
25 Reynolds, *Summits*, p. 211.
26 Sandford, *Harold and Jack*, p. 104.
27 Horne, *Macmillan*, p. 375.
28 Horne, *Macmillan*, p. 378.
29 Renwick, *Fighting with Allies*, p. 251.
30 Renwick, *Fighting with Allies*, p. 260.
31 Sandford, *Harold and Jack*, p. 171.
32 Horne, *Macmillan*, p. 301.
33 Sandford, *Harold and Jack*, p. 264.
34 Ben Pimlott, *Harold Wilson* (London: HarperCollins, 1992), p. 296.

6 De nauwe relatie

1 David Farber, red., *The Sixties: From Memory to History* (Chapel Hill: University of North Carolina Press, 1994), p. 19.
2 Sylvia Ellis, *Britain, America, and the Vietnam War* (Westport, CT: Praeger, 2004), p. 12.
3 Ellis, *Britain, America, and the Vietnam War*, p. 15.
4 Richard Crossman, The *Diaries of a Cabinet Minister*, vol. 1, 1964-66 (Londen: Bookclub Associates, 1976), p. 117.
5 Speech to the House of Commons, 3 augustus 1961. https://www.theyworkforyou.com /debates/? id=1961-08-03a.1665.1.
6 Ellis, *Britain, America, and the Vietnam War*, p. 184.
7 Jonathan Colman, *A Special Relationship?: Harold Wilson, Lyndon B. Johnson, and Anglo American Relations 'At the Summit', 1964-68* (Manchester: Manchester University Press, 2005), p. 48.
8 Colman, *A Special Relationship?*, p. 49.
9 Crossman, *Diaries of a Cabinet Minister*, deel 1, p. 95.
10 Colman, *A Special Relationship?*, p. 56.
11 Colman, *A Special Relationship?*, p. 61.

12 Colman, *A Special Relationship?*, p. 77.

13 *New Statesman*, 7 mei 1965.

14 Ellis, *Britain, America, and the Vietnam War*, p. 31.

15 Young, *This Blessed Plot*, p. 196.

16 Young, *This Blessed Plot*, p. 194.

17 Crossman, *Diaries of a Cabinet Minister*, deel 1, p. 595.

18 Ellis, *Britain, America, and the Vietnam War*, p. 250.

19 Ellis, *Britain, America, and the Vietnam War*, p. 229.

20 Renwick, *Fighting with Enemies*, p. 284.

21 Ellis, *Britain, America, and the Vietnam War*, p. 251.

7 Naar Europa en weer terug

1 Richard Nixon, RN: *The Memoirs of Richard Nixon* (New York: Grosset and Dunlap, 1978), p. 270.

2 Nixon, RN, p. 371.

3 Kathleen Burk, *Old World, New World: Great Britain and America from the Beginning* (New York: Atlantic Monthly Press, 2008), p. 622.

4 Edward Heath, *The Autobiography of Edward Heath: The Course of My Life* (London: Hodder and Stoughton, 1998), p. 471.

5 *Edward Heath: A Biography*, John Campbell (London: Jonathan Cape, 1993), p. 342.

6 Young, *This Blessed Plot*, p. 217.

7 Young, *This Blessed Plot*, p. 218.

8 Young, *This Blessed Plot*, p. 238.

9 Henry Kissinger, *The White House Years* (New York: Little, Brown, 1979), p. 95-96.

10 Campbell, *Edward Heath: A Biography*, p. 344.

11 Baylis, *Anglo-American Relations since 1939*, p. 186.

12 Campbell, *Edward Heath: A Biography*, p. 345.

13 Heath, *The Autobiography of Edward Heath*, p. 492.

14 Burk, *Old World, New World*, p. 621.

15 Burk, *Old World, New World*, p. 626.
16 Pimlott, *Harold Wilson*, p. 624.
17 Pimlott, *Harold Wilson*, p. 627.
18 Interview met Llew Gardner op Thames TV, 15 mei 1975.
19 Young, *This Blessed Plot*, p. 278.
20 Kenneth O. Morgan, *Callaghan: A Life* (Oxford: Oxford University Press, 1998), p. 614.
21 John Dumbrell, *The Carter Presidency: A Re-evaluation* (Manchester: Manchester University Press, 1993), p. 138.
22 Peter G. Bourne, *Jimmy Carter: A Comprehensive Biography from Plains to Post-Presidency* (New York: Scribner, 1997), p. 398.
23 Dumbrell, *The Carter Presidency*, p. 131.
24 Dumbrell, *The Carter Presidency*, p. 133.
25 Dumbrell, *The Carter Presidency*, p. 131.
26 Jimmy Carter, *Keeping Faith: Memoirs of a President* (New York: Bantam Books, 1982), p. 113.
27 Morgan, *Callaghan*, p. 603.
28 Morgan, *Callaghan*, p. 619.

8 Een buitengewone relatie

1 Margaret Thatcher, *Mijn Jaren in Downing Street 10* (vertaald door M. Benninga; Amsterdam: Areopagus, 1993), p. 652.
2 Baylis, *Anglo-American Relations since 1939*, p. 205.
3 Baylis, *Anglo-American Relations*, p. 207.
4 Baylis, *Anglo-American Relations*, p. 203.
5 George R. Urban, *Diplomacy and Disillusion at the Court of Margaret Thatcher: An Insider's View* (Londen: I.B. Tauris, 1996), p. 34.
6 Thatcher, *Mijn jaren in Downing Street 10*, Amsterdam, Areopagus, 1993, p. 91.
7 Thatcher, *Mijn jaren in Downing Street 10*, p. 70.

8 Thatcher, *Mijn jaren in Downing Street 10*, p. 167.
9 Charles Moore, *Margaret Thatcher: From Grantham to the Falklands* (New York: Knopf, 2013), p. 322.
10 Charles C. Johnson, 'Thatcher and the Jews', *Tablet*, 18 december 2011.
11 Urban, *Diplomacy and Disillusion*, p. 28.
12 Douglas Keay, 'Aids, Education and the Year 2000', *Woman's Own*, 31 oktober 1987.
13 Thatcher, *Mijn jaren in Downing Street 10*, p. 166-167.
14 Richard Aldous, *Reagan and Thatcher: The Difficult Relationship* (New York: W.W. Norton, 2012), p. 43.
15 Geciteerd in *The New York Times*, 27 februari 1981.
16 BBC News, 3 april 2002.
17 R. Gerald Hughes, *The Postwar Legacy of Appeasement: British Foreign Policy Since 1945* (Londen: Bloomsbury, 2014), p. 92.
18 *New York Times*, 5 januari 2013.
19 Moore, *Margaret Thatcher*, p. 738.
20 Thatcher, *Mijn jaren in Downing Street 10*, p. 204.
21 Thatcher, *Mijn jaren in Downing Street 10*, p. 205.
22 Aldous, *Reagan and Thatcher*, p. 91.
23 Thatcher, *Mijn jaren in Downing Street 10*, p. 249-250.
24 Rede voor het parlement, 8 juni 1982.
25 Aldous, *Reagan and Thatcher*, p. 156.
26 Rede voor het parlement, 26 oktober 1983, *Public Papers of the Presidents of the United States: Ronald Reagan*, 1982, p. 745.
27 Thatcher, *Mijn jaren in Downing Street 10*, p. 348.
28 Urban, *Diplomacy and Disillusion*, p. 86.
29 Urban, *Diplomacy and Disillusion*, p. 52.
30 Thatcher, *Mijn jaren in Downing Street 10*, p. 466.
31 Thatcher, *Mijn jaren in Downing Street 10*, p. 469.
32 Aldous, *Reagan and Thatcher*, p. 224.

33 Thatcher, *Mijn jaren in Downing Street 10*, p. 469.
34 Thatcher, *Mijn jaren in Downing Street 10*, p. 497.
35 Thatcher, *Mijn jaren in Downing Street 10*, p. 498.
36 Thatcher, *Mijn jaren in Downing Street 10*, p. 72.
37 Thatcher, *Mijn jaren in Downing Street 10*, p. 779.
38 Thatcher, *Mijn jaren in Downing Street 10*, p. 85. Het gedicht 'Normandiërs en Saksen (a.d. 1011)' verscheen in 1911.
39 Dominic Lawson, 'Saying the Unsayable about the Germans', *Spectator*, 14 juli 1990.
40 Thatcher, *Mijn jaren in Downing Street 10*, p. 796.
41 Young, *This Blessed Plot*, p. 348.
42 Thatcher, *Mijn jaren in Downing Street 10*, p. 798.
43 George Bush en Brent Scowcroft, *A World Transformed: The Collapse of the Soviet Empire, the Unification of Germany, Tiananmen Square, the Gulf War* (New York: Knopf, 1998), p. 151.
44 Bush en Scowcroft, *A World Transformed*, 187.
45 Thatcher, *Mijn jaren in Downing Street 10*, p. 841.
46 Thatcher, *Mijn jaren in Downing Street 10*, p. 850-851.
47 Thatcher, *Mijn jaren in Downing Street 10*, p. 833.
48 Bush en Scowcroft, *A World Transformed*, p. 83.
49 Thatcher, *Mijn jaren in Downing Street 10*, p. 841-842.
50 Aldous, *Reagan and Thatcher*, p. 290.
51 Charles Moore, *Margaret Thatcher: The Authorized Biography, vol. 3, Herself Alone* (New York: Knopf, 2019), p. 638.
52 Bush en Scowcroft, *A World Transformed*, p. 340.
53 Thatcher, *Mijn jaren in Downing Street 10*, p. 826.
54 Thatcher, *Mijn jaren in Downing Street 10*, p. 842.
55 *Los Angeles Times*, 7 februari 1993.

9 Vriendelijker, zachter

1 Anthony Seldon, *Major: A Political Life* (Londen: Weidenfeld and Nicolson, 1997), p. 131.

2 Earl A. Reitan, *The Thatcher Revolution: Margaret Thatcher, John Major, Tony Blair, and the Transformation of Modern Britain, 1979-2001* (Lanham, MD: Rowman and Littlefield, 2002), p. 118.
3 Geciteerd in Timothy Garton Ash, 'Why We Must Not Let Europe Break Apart', *The Guardian*, 9 mei 2019.
4 Seldon, *Major*, p. 231.
5 Bush en Scowcroft, *A World Transformed*, p. 383.
6 Seldon, *Major*, p. 153.
7 Jerry W. Sanders, 'Breaking Out of Containment Syndrome', *World Policy Journal* (L:1, voorjaar 1991).
8 *New York Times*, 24 oktober 1990.
9 Bush en Scowcroft, *A World Transformed*, p. 430.
10 *Washington Post*, 17 april 1991.
11 *New York Times*, 17 januari 1991.
12 Baylis, *Anglo-American Relations since 1939*, p. 224.
13 Sanders, 'Breaking Out'.
14 Seldon, *Major*, p. 159.
15 Bush en Scowcroft, *A World Transformed*, p. 487.
16 Reitan, *The Thatcher Revolution*, p. 123.
17 Toespraak voor een Gezamenlijke Sessie van het Congres, 11 september 1990.
18 Baylis, *Anglo-American Relations since 1939*, p. 225.
19 Renwick, *Fighting with Allies*, p. 385.
20 Seldon, *Major*, p. 165.
21 Seldon, Major, p. 244.
22 Young, *This Blessed Plot*, p. 443.
23 *Economist*, 25 september 1993.
24 Young, *This Blessed Plot*, p. 465
25 James A. Baker III, *The Politics of Diplomacy: Revolution, War & Peace 1989-1992* (New York: Putnam Adult, 1995), p. 645.
26 Baker, *The Politics of Diplomacy*, p. 637.

27 Brendan Simms, *Unfinest Hour: Britain and the Destruction of Bosnia* (Londen: Allen Lane, 2001), p. 5.
28 Simms, *Unfinest Hour*, p. 50.
29 Simms. *Unfinest Hour*, p. 40.
30 Simms, *Unfinest Hour*, p. 7.
31 *Daily Telegraph*, 10 mei 2019.
32 J.F. McAllister, 'Atrocity and Outrage', *Time*, 17 augustus 1992.
33 Simms, *Unfinest Hour*, p. 50.
34 Baker, *The Politics of Diplomacy*, p. 651.
35 Sidney Blumenthal, 'The Order of the Boot', *New Yorker*, 7 december 1992, p. 62.
36 Blumenthal, 'The Order of the Boot', p. 62.

10 Te veel overtuiging

1 John Dickie, *'Special' No More: Anglo-American Relations – Rhetoric and Reality* (Londen: Weidenfeld and Nicolson, 1994) p. 250.
2 Seldon, *Major*, p. 364.
3 Peter Riddell, *Hug Them Close: Blair, Clinton, Bush and the 'Special Relationship'* (Londen: Politico's, 2004), p. 55.
4 Seldon, *Major*, p. 364.
5 Seldon, *Major*, p. 365.
6 Simms, *Unfinest Hour*, p. 60.
7 Simms, *Unfinest Hour*, p. 96.
8 Young, *This Blessed Plot*, p. 465.
9 Seldon, *Major*, p. 726.
10 Seldon, *Major*, p. 723.
11 Blairs toespraak tijdens zijn eerste partijconferentie als premier.
12 Alastair Campbell, *The Blair Years: The Alastair Campbell Diaries* (New York: Knopf, 2007), p. 96.
13 Geoffrey Wheatcroft, *Yo' Blair: Tony Blair's Disastrous Premiership* (Londen: Politico's, 2007), p. 28.

14 Blair zei dit tijdens een toespraak aan de universiteit van Sofia in Bulgarije op 17 mei 1999.
15 Tony Blair, *Memoires* (vertaald door Bep Fontijn e.a.; Amsterdam: De Bezige Bij, 2010), p. 97.
16 Sidney Blumenthal, *The Clinton Wars* (New York: Farrar, Straus and Giroux, 2003), p. 634.
17 Blumenthal, *The Clinton Wars*, p. 308.
18 Riddell, *Hug Them Close*, p. 83.
19 Young, *This Blessed Plot*, p. 484-85.
20 Blair, *Memoires*, p. 454.
21 Riddell, *Hug Them Close*, p. 71.
22 John Kampfner, *Blair's Wars* (New York: Free Press, 2003), p. 32.
23 Kampfner, *Blair's Wars*, p. 16.
24 Blumenthal, *The Clinton Wars*, p. 156.
25 Riddell, *Hug Them Close*, p. 95.
26 Blair, *Memoires*, p. 252.
27 Blair, *Memoires*, p. 253.
28 Blair, *Memoires*, p. 257.
29 Blair, *Memoires*, p. 255.
30 Blair, *Memoires*, p. 236-237.
31 Blair, *Memoires*, p. 258.
32 Kampfner, *Blair's Wars*, p. 56.
33 Blumenthal, *The Clinton Wars*, p. 635.
34 Blumenthal, *The Clinton Wars*, p. 639.
35 Blair, *Memoires*, p. 266-267.
36 Blair, 'Doctrine of the International Community', toespraak voor de Chicago Economic Club, 22 april 1999, https://www.globalpolicy.org/component/content/article/154/26026.html.
37 Paul Berman, geciteerd in *Yo' Blair*, p. 60.
38 Campbell, *The Blair Years*, p. 397.
39 Campbell, *The Blair Years*, p. 397.
40 Blair, *Memoires*, p. 227.

41 Kampfner, *Blair's Wars*, p. 73.
42 Riddell, *Hug Them Close*, p. 135.
43 Christopher Meyer, *DC Confidential: The Controversial Memoirs of Britain's Ambassador to the US at the Time of 9/11 and the Run-Up to the Iraq War* (Londen: Phoenix, 2006), p. 1.

11 The finest moment

1 Blair, *Memoires*, p. 454.
2 Meyer, *DC Confidential*, p. 59.
3 Blair, *Memoires*, p. 391-392.
4 George Tenet, *At the Center of the Storm: My Years at the CIA* (New York: HarperCollins, 2007), p. 174.
5 Riddell, *Hug Them Close*, p. 147.
6 Wheatcroft, *Yo' Blair*, p. 84.
7 Toespraak voor de conferentie van de Labour Party, 2 oktober 2001, https://www.americanrhetoric.com/speeches/tblair10-02-01.htm.
8 *Times* (Londen), 1 januari 2002.
9 Bob Woodward, *Bush at War* (New York: Simon and Schuster, 2002), p. 107.
10 Blair, *Memoires*, p. 396.
11 Blair, *Memoires*, p. 396.
12 Tenet, *At the Center of the Storm*, p. 310.
13 Michael Isikoff en David Corn, *Hubris: The Inside Story of Spin, Scandal, and the Selling of the Iraq War* (New York: Crown, 2006), p. 3.
14 Kampfner, *Blair's Wars*, p. 167.
15 Campbell, *The Blair Years*, p. 612.
16 Blair, *Memoires*, p. 431.
17 Campbell, *The Blair Years*, p. 614.
18 'Bush's Brain Trust', interview met Sam Tanenhaus, *Vanity Fair*, juli 2003.

19 *The New York Times*, 3 oktober 2004.
20 Blair, *Memoires*, p. 415-416.
21 John Walcott, 'What Donald Rumsfeld Knew We Didn't Know About Iraq', *Politico*, 14 januari 2016, https://www.politico.com/magazine/story/2016/01/iraq-war-wmds-donald-rumsfeld-new-report-213530.
22 Interview met Christiane Amanpour aan de University of California, Berkeley, 18 maart 2004.
23 *Financial Times*, 7 januari 2003.
24 Blair, *Memoires*, p. 478.
25 Kampfner, *Blair's Wars*, p. 279.
26 Blair, *Memoires*, p. 655.
27 Blair, *Memoires*, p. 659.
28 Wheatcroft, *Yo' Blair*, p. 107.

12 Na de crash

1 *Washington Post*, 2 augustus 2007.
2 BBC, 13 juli 2007.
3 *New York Times*, 30 juli 2007.
4 Andrew Rawnsley, *The End of the Party: The Rise and Fall of New Labour* (Londen: Viking, 2010), p. 447.
5 Gordon Brown, *My Life, Our Times* (Londen: Bodley Head, 2017), p. 429.
6 Brown, *My Life, Our Times*, p. 425.
7 Brown, *My Life, Our Times*, p. 423.
8 *Christian Science Monitor*, 14 september 2009.
9 Mansion House speech, 20 juni 2007.
10 Mansion House speech, 21 juni 2006.
11 *New York Times*, 9 november 2009.
12 Brown, *My Life, Our Times*, p. 339.
13 Barack Obama, *The Audacity of Hope: Thoughts on Reclaiming the American Dream* (New York: Crown, 2006), p. 309.
14 Brown, *Our Life, Our Times*, p. 329.

15 Rawnsley, *End of the Party*, p. 626.
16 Brown, *My Life, Our Times*, p. 339.
17 *Independent*, 25 maart 2010.
18 Brown, *My Life, Our Times*, p. 429.
19 Hillary Clinton, *Cruciale keuzes* (Amsterdam: Balans, 2014), p. 215-216.
20 Rawnsley, *End of the Party*, p. 345.
21 David Cameron, *For the Record* (New York, Harper, 2019), p. 151.
22 Toespraak aan de Ninestiles School, Birmingham, juli 2015. Gepubliceerd in *The Independent*, 20 juli 2015.
23 Ben Rhodes, *Mijn jaren met Obama* (vertaald door Ineke van den Elskamp e.a.; Amsterdam: De Bezige Bij, 2018), p. 152.
24 *New York Times*, 3 maart 2011.
25 Cameron, *For the Record*, p. 284.
26 Jeffrey Goldberg, 'The Obama Doctrine', *Atlantic*, april 2016.
27 Goldberg, 'The Obama Doctrine'.
28 *The Independent*, 15 november 2015.
29 Cameron, *For the Record*, p. 286.
30 *Washington Post*, 18 augustus 2011.
31 28 maart 2012.
32 Clinton, *Cruciale keuzes*, p. 467.
33 *The Guardian*, 29 augustus 2013.
34 Cameron, *For the Record*, p. 466.
35 https://twitter.com/paddyashdown/status/373339499868467201.
36 BBC News, 30 augustus 2013.
37 *The Independent*, 15 november 2016.
38 Rhodes, *Mijn jaren met Obama*, p. 477.
39 Rhodes, *Mijn jaren met Obama*, p. 479.

13 Grootse illusies

1 Sam Knight, 'Nigel Farage on the Story Behind His Friendship with Trump', *New Yorker,* 30 november 2016.
2 Ed Caesar, 'The Chaotic Triumph of Arron Banks, the "Bad Boy of Brexit"', *New Yorker,* 25 maart 2019.
3 *Daily Telegraph*, 28 januari 2017.
4 *Daily Telegraph*, 28 januari 2017.
5 *Daily Mail*, 4 november 2016.
6 Allison Pearson, '*For Brexit to Work, We Need Dunkirk Spirit not "Naysaying Nellies"*', *Daily Telegraph*, 1 augustus 2017.
7 *Daily Telegraph*, 14 november 2008.
8 Toespraak voor de conferentie van de Conservatieve Partij, 5 oktober 2016, https://www.youtube.com/watch?v=o8JN73K1JDc.
9 Interview in *The Daily Mail*, 14 september 2019.
10 *Incredible Hulk* #227 (New York: Marvel, September 1978).

Register